* 오월구일은 주식회사 해와달콘텐츠그룹의 단행본 브랜드입니다.

특수상황투자

Special Situation Investments

모리스 실러 지음
최형규 엮음 · 심혜섭 옮김

특수상황투자

Special Situation Investments

모리스 실러 지음

최형규 엮음 · 심혜섭 옮김

오월구일

들어가며

진심으로 환영합니다.

우연히 이 책을 들었는지 누군가 추천해주었는지 모르겠습니다만, 아마도 여러분은 벤저민 그레이엄Benjamin Graham이 얘기하는 진취적인 투자자일 것이고, 주식시장의 보물찾기를 즐기며, 발전하려 하는 사람일 것입니다. 포털 사이트에서 잘 정돈해 보여주는 평범한 뉴스엔 무관심하리라 생각합니다. 그 대신 알고 싶어 하는 게 있다면, 게걸스레 정보의 쓰레기더미를 뒤지는 스타일일 것입니다. 지적이고, 호기심이 많으며, 정확한 판단을 했다는 사실 자체에 큰 희열을 느낄 것입니다. 유명한 특수상황투자자들 사이에서 자주 보이는 이런 성향을 이 책을 들고 계신 여러분도 갖추셨을 것이라 생각합니다.

특수상황투자는 가치투자의 일부분입니다. 특수상황투자는 초보자든 중급자 이상이든 가치투자자가 꼭 알아야 하는 투자 접근법입니다. 시중엔 가치투자를 다룬 책이 많고 대부분은 가치투자의 철학이나 전략에 관한 것입니다. 이 책은 특수상황이 주제지만, 특수상황을 더 잘 이해하고 싶은 분들을 위해 간단히 가치투자의 핵심원칙을 짚고 넘어가고자 합니다. 생각보다는 알아야 할 게 많지 않습니다.

- 투자는 현재의 소비를 포기하는 대신 미래구매력 확대를 위해, 제한된 정보를 가지고 불확실한 미래를 예측하여 자금을 배분하는 일입니다.
- 가치투자는 (내재적인)가치가 있는 금융상품을 낮은 (내재가치 대비 시장)가격에 사는 것입니다.
- 주식은 단순히 숫자만 오르내리는 종잇조각이 아닙니다. 기업의 일부를 소유하는 권리를 증권으로 만든 것입니다. 그러므로 주식을 산다는 건, 기업을 사는 것과 같습니다.
- 안전마진의 확보가 가장 중요합니다.
- 첫째 목표는 원금을 잃지 않는 것입니다. 다음의 목표는 돈을 복리로 오랫동안, 가장 나은 방법을 써 불리는 것입니다.

기업에서는 분할, M&A, 공개매수 같은 활동이 일어납니다. 바로 여기가 특수상황이 발생하는 지점입니다. 이런 활동 중 어떤 구조적인 이유로 또는 시장이 오해해서 가격이 잘못 매겨지는 경우가 자주 발생합니다. 자연스럽게 안전마진이 생기는 이런 기회는 회사의 내재가치가 발현되면서 투자자들이 부담하는 위험 대비 높은 수익을 주는 경우가 많습니다. 특수상황투자는 기관이라고 해서 개인보다 유리하지 않습니다. 오히려 특수상황과 같이 제도권에서 벗어난 기회들은 개인이 기관보다 구조적으로 유리할 수도 있습니다. 특히나 여러분처럼 싼 것을 찾아 탐구하고, 호기심이 많으며, 열정적으로 분석하는 사람이라면 더욱 그렇습니다. 늘 이길 수 있는 전략이란 존재하지 않습니다. 특수상황투자 역시 마찬가지입니다. 그러나, 이 책의 모든 부분에서 저자가 반복적으로 강조하듯, 특수상황투자는 위험이 훨씬 적고, 승률이 높습니다.

그런데 왜 특수상황투자를 공부해야 할까요?

질문: 타이거 우즈를 상대로 이기려면 어떻게 해야 할까요?

답변: 골프 말고 다른 거로 시합하면 됩니다.

- 조엘 그린블라트Joel Greenblatt

조엘 그린블라트는 현대 특수상황투자를 개척한 사람입니다. 특수상황투자에 관한 중요한 방법론을 다수 고안해냈습니다. 그는 복잡하고, 지루하고, 규모가 너무 작고, 특히 성가실 정도로 귀찮아서 다른 사람들은 그냥 넘기는 투자 기회를 절대 넘기지 말라고 이야기합니다. 즉 특수상황투자는 일반적인 투자자들처럼 골프로 타이거우즈를 이기려하는 시합을 하지 않는 게 핵심입니다.

특수상황은 기업의 크기를 가리지 않습니다. 거대한 기관투자자라면 거들떠보지도 않을 만한 작은 기업에서 오히려 더욱 매력적인 투자상황이 발생합니다. 실제로 운영자산이 적은 투자자가 작은 회사에서 발생하는 특수상황투자를 이용하여 큰 수익을 달성하며 점점 위대한 투자자로 성장하는 경우는 예전부터 있었습니다. 이 중엔 워런 버핏Warren Buffett도 있습니다. 버핏은 젊은 시절 투자조합을 운영했는데, 이때 특수상황투자를 늘 핵심적인 투자전략으로 사용했습니다. 영화 〈빅쇼트〉로 스타가 된 마이클 버리Michael Burry도 마찬가지입니다. 그는 현재까지 특수상황투자를 자주 사용하는 편입니다. 부실채권, 부실기업 투자의 최고봉인 세스 클라만Seth Klarman, 하워드 막스Howard Marks, 행동주의 투자 분야에서 성공한 빌 애크먼Bill Ackman도 빼놓을 수 없습니다. 이 외에도 유명 투자자는 많지만, 일일이 거론하기보다는 버핏이 투자조합원들에게 보낸 서한을 인용해 이런 위대한 투자자들이 어떻게 특수상황투자를 접근했는지 살펴보겠습니다. 버핏은 특수상황을 '워크아웃work-out'이라고 불렀습니다. 버핏은 워크아웃을 잘 이용해 버크셔 해서웨이Berkshire Hathaway, Inc.의 주춧돌을 놓았습니다.

우리의 두 번째 전략은 워크아웃입니다. 워크아웃은 투자 결과를 기업의 활동 그 자체로부터 예상할 수 있습니다. 시장의 수요 공급과 무관하게 말이죠. 이 전략엔 예상할 수 있는 시간표가 있습니다. 실수할 가능성도 한정되어 있습니다. 얼마를 벌지, 만약 망친다면 무엇 때문에 망치게 될지도 알 수 있습니다. 합병, 청산, 구조조정, 분할 등 워크아웃 상황이 생기는 기업의 활동은 많습니다. 최근엔 석유 기업들이 메이저 석유복합기업에 흡수되는 과정에서 워크아웃 상황들이 많이 일어났습니다.

- 버핏이 투자조합원들에게 보낸 서한, 1963

시장의 침체로 저평가 주식을 사기 쉬운 편입니다. 덕분에 우리의 포트폴리오를 작년과 비교하면 워크아웃보다 저평가 주식의 비중이 늘었습니다. 여기서 먼저 워크아웃이 무엇인지 설명드려야 겠네요. 워크아웃은 저평가된 주식을 미리 사서 기다리는 일반적인 투자가 아닙니다. 워크아웃은 특정한 기업의 활동에서 이익을 얻는 투자입니다. 워크아웃투자의 기회는 매각, 합병, 청산, 공개매수 등의 활동에서 일어납니다. 워크아웃투자에서 위험은 뭔가가 상황을 망쳐버리거나, 계획이 철회될 때 생겨납니다. 경제적으로 불황이 오거나 주식시장이 약세장이 되는 것과는 무관하게 말이죠. 1956년 말을 기준으로 일반 저평가 주식과 워크아웃투자의 비중은 70:30이었습니다. 현재는 85:15정도입니다.

- 버핏이 투자조합원들에게 보낸 서한, 1957

여러분은 '특수상황'이라는 간판을 단 펀드를 비교적 쉽게 찾을 수 있을 것입니다. 이런 펀드는 부동산 메자닌[1], 매출채권, 인프라, IPO 등에 투자하나 문제는 이들 대부분 투자금이 적은 개인이 접근하기 어려운 사모펀드입니다. 그렇지만 이 책의 저자 모리스 실러Maurece Schiller가 소개하는 '공모시장'에서의 특수상황투자는 특히 개인투자자들에게 좋은 방법입니다. 실러가 다룰 특수상황투자를 바탕으로 시장을 접근하면, 수익 대비 큰 위험을 떠안으면서 타이거 우즈와 골프 시합을 하지 않아도 됩니다.

이 책의 주제

특수상황투자는 옛날부터 가치투자자가 꼭 배워야 하는 투자 방법이었습니다. 진지하게 가치투자를 실천하는 사람이라면 더욱 그렇습니다. 가치투자의 아버지이자 《증권분석》, 《현명한 투자자》의 저자인 벤저민 그레이엄은 특수상황투자를 단순히 기다리는 투자가 아니라 미래의 특정시점에, 측정할 수 있는 수익을 좋아하는 진정한 투자자들에게 행복한 사냥터라 불렀습니다. 벤저민 그레이엄은 특수상황투자를 극찬했지만, 그의 책에서는 간략하게만 다루었습니다. 그리고 한참이 지난 1997년 위대한 투자자인 조엘 그린블라트가 《주식시장의 보물찾기You Can be a Stock Market Genius》라는 책을 냅니다. 이 책은 개인투자자들을 위해 낸 것이지만, 얼마 지나지 않아 MBA 학생이나 헤지펀드 매니저들도 반드시 읽어야 할 책이 되었고 오늘날의 가치투자자라면 진지하게 공부해야 하는 책이 되었습니다. 세계적으로 많은 헤지펀드 매니저들이

1 담보권이나 이율, 이익배당 등의 순위에서 중간적인 순위를 가지는 채권, 주식_역주

이 책의 전략들을 여전히 따라하고 있습니다. 많은 펀드들이 시장의 오해가 있거나 가격이 잘못 매겨진 투자처를 찾아 노골적으로 이 책의 전략을 적용하기도 합니다. 그린블라트의 가르침은 (그가 다룬 마법공식과 더불어) 오늘날에도 반드시 알아야 하는 전략입니다.

여러분은 《주식시장의 보물찾기》만이 특수상황을 다룬 유일한 책이라고 생각했을지 모릅니다. 여기서 사람들은 의문을 가졌습니다. 그린블라트가 책을 쓴 이후 온통 비슷한 기회를 잡으려고 세계 각지의 특수상황투자자들이 눈을 굴리고 있는데, 이렇게 경쟁자가 많다면 특수상황투자의 수익률이 떨어지게 되지 않을까? 그린블라트가 MBA에서 강연을 할 때도 매번 같은 질문을 받는다고 합니다. 그러자 그린블라트는 무려 1966년도에 쓰인 한 권의 책을 들어 올렸습니다. 그러고는 이렇게 말합니다.

"과거에 통했고, 오늘날에도 통합니다."

잠깐만, 갑자기 어디서 이렇게 오래된 책이 나온 거죠? 처음 듣는 책인데?

허클베리 매니지먼트Huckleberry Management의 톰 제이콥스Tom Jacobs도 이 책에 대한 의문을 가졌습니다. 그리고 현재는 고인이 된 모리스 실러의 기록을 찾기 시작했죠(톰은 호기심 가득한 특수상황투자자임이 분명합니다). 톰의 오랜 노력 끝에 결국 모리스 실러의 가족과 연락이 닿았고, 실러가 생전 집필한 5권의 책을 찾았습니다. 1955년부터 1966년까지 나온 책들이었고 모두 특수상황투자를 다루고 있었습니다. 톰은 크라우드 펀딩을 통해 특수상황투자에 진심인 가치투자자들, 헤지펀드 매니저들의 투자금으로 실러의 5권의 책을 편집했고, 결국 잊혀졌던 이 책들이 수십 년 만에 다시 세상의 빛을 보게 되었습니다. 사실 벤저민 그레이엄이 특수상황투자를 이야기하고 워런 버핏이 '워크아웃'을 이야기한 때와 조엘 그린블라트가 《주식시장의 보물찾기》를 펴낸

1997년 사이에는 거대한 시간적 간격이 존재합니다. 그 간격을 메꾸는 책이 바로 여러분이 들고 있는 이 책입니다. 이 책은 아래 모리스 실러의 책 5권을 통합한 책입니다.

- ○ 《주식과 채권에 있어 특수상황투자Special Situations in Stocks and Bonds》(1955)
- ○ 《주식시장의 특수상황에서 수익을 거두는 법How to Profit from Special Situations in the Stock Market》(1959)
- ○ 《주식시장의 특수상황에 존재하는 부Fortunes in Special Situations in the Stock Market》(1961)
- ○ 《특수상황투자를 통해 거두는 주식시장의 수익Stock Market Profits Through Special Situations》(1964)
- ○ 《주식시장에서 특수상황투자를 하는 투자자를 위한 안내서Investor's Guide to Special Situations in the Stock Market》(1966)

《주식시장을 더 이기는 마법의 멀티플》 저자이자 퀀트 가치투자자인 토비아스 칼라일Tobias Carlisle이 말하듯, 진정한 가치투자자라면 책장에 모리스 실러의 책은 꼭 올려두어야 한다고 생각합니다.

주

모든 투자활동이 그렇듯 특수상황투자 또한 많은 노력이 필요합니다. 특수상황투자를 하려면 많은 시간을 들여 엄청난 양의 자료를 읽고 또 읽어야 합니다. 아무리 깊은 분석을 하고 확신을 가져도 가격은 예상대로 움직이지 않을 때가 많습니다. 어떤 경우는 변동성이 높고, 또 어떤 경우는 거래량이 없습니다. 하지만 그렇기에 특수상황은 가치투자자에게 더없이 매력적인 영역입니다. 수백만 명이 지켜보는 주식을 공부해 새로운 것을 찾아내는 것보다 말이죠.

아쉽지만 실러의 책은 처음부터 차근차근 설명하는 친절한 책이 아닙니다. 저자가 기본적인 설명을 하긴 하지만, 여러분들이 이미 기업의 회계, 가치평가의 기초, 내재적 가치를 알 수 있는 능력을 갖추고 있다고 전제합니다. 물론 이 책에서 깊이 설명하지 않는 기본 개념 및 지식들은 다른 책을 통해 충분히 보충할 수 있을 겁니다.

그리고 이 책에 나온 1950년대와 1960년대의 사례가 오늘날에도 그대로 적용된다고 생각하는 것은 금물입니다. 가치투자자로서 알아야 할 역사적인 사례를 연구하는 교재라고 생각하는 편이 좋습니다. 진정 이 책을 통해 배울 수 있는 건 어떻게 상황을 바라보고 해석하는지에 관한 태도와 시각입니다. 이 점을 잘 이해하면 얼마든지 오늘날의 투자에도 응용할 수 있습니다.

마지막으로 1950~60년대임을 감안하더라도 저자는 매우 건조한 말투로 개념을 설명합니다. 역사적으로 의미 있는 책임을 인지하고 고인이 된 저자의 가족들의 요청에 따라 원저자의 서술 방식, 문체에 충실하도록 하였습니다.

모리스 실러 시대의 특수상황투자에 비해 현대의 특수상황투자는 더욱 진화했습니다. 현 시대와 거리가 먼 실러의 예시를 보충하고자 오늘날의 사례를 필요한 챕터마다 간략히 서술해 놓았습니다. 예를 들어 실러는 맨굿Mangood Corporation을 청산의 예시로 활용했는데, 이 책에서는 피디엘 바이오파마PDL Biopharma를 추가 사례로 들어볼 예정입니다. 피디일에는 분할과 주주행동주의의 요소도 포함되어 있는데 이 역시 관련한 챕터에서 서술하겠습니다. 또 실러는 특수상황투자 자체만을 놓고 서술한 경우가 많습니다. 하지만 오늘날엔 특수상황이 벌어진 기업이 투자할 만한 기업인지, 경영진이 충분한 능력을 갖추고 있는지 등 여러 관점에서 특수상황을 관찰할 필요가 있습니다. 이 책에서는 큐레이트 리테일Qurate Retail, 오진Augean 등을 통해 이런 관점을 논의해볼 예정입니다.

이 책은 3부로 나뉘어 있습니다.

1부는 특수상황투자를 소개하는 부분입니다. 특수상황투자를 정의하고, 트레이딩 전략, 정보를 얻는 방법, 분석하는 방법 등의 요점을 정리합니다. 오늘날에도 유용한 내용입니다.

2부는 할인된 특수상황투자를 다루며, 다양한 특수상황투자의 기회를 보여줍니다. 촉매가 분명한 사례들이며, 당시 생생했던 사례들입니다.

3부는 개별적인 유형의 특수상황투자입니다. 할인된 특수상황투자와는 달리, 개별적인 유형의 특수상황은 실적이 회복되거나, 사업을 전환하거나, 많은 현금을 가지고 있거나, 사업을 인수해 나가는 기업들을 다룹니다. 우주나 인공위성 같이 차세대 성장산업에 관해서도 이야기하고 있습니다.

목차

3부
개별적인 유형의 특수상황투자

1부

특수상황 투자란 무엇인가

특수상황투자는 '기업의 중요한 활동corporate action'[2]에서 기회를 노리기 때문에 특수하다. 기업의 중요한 활동이야말로 특수상황투자의 핵심이다.

기업의 중요한 활동이란 무엇인가

기업은 두 종류의 활동을 한다. 하나는 친숙하고 일상적인 활동이다. 물건을 팔고, 서비스를 제공하고, 공장을 짓고, 설비를 들이고, 사람을 고용하고, 감독하는 등의 활동이다.

다른 하나는 주로 경영진이 결정하는 특별한 활동이다. 기업의 구조를 결정하고, 자본을 유치하고, 신사업에 진출하는 등의 활동이다. 인수acquisition, 합병merger이나 분할divestiture, 구조조정reorganization 등도 여기에 속한다. 이 활동도 길게 보면 판매와 서비스에 영향을 준다. 하지만 더욱 주목할 점은 기업활동이 진행되는 과정에서 반드시 어떤 특수한 상황이 벌어진다는 점이다. 인수, 합병을 하면 주식이 이전되거나 교환된다. 분할을 하면 주식이 주주들에게 분배된다. 그 과정에서 종종 투자수익을 올릴 기회가 생긴다. 예를 들어 분할된 기업의 주식이 분배되면 기업의 숨겨진 가치가 드러난다.

기업의 중요한 활동이 진행되어도 일상적인 활동은 변함없다. 아무것도 달라진 게 없어 보일지도 모른다. 그러나 경영진이 기업활동에 관심을 가지면,

---

2 corporate action을 바꿀 적당한 우리말이 없다. 일반투자와 구분되는 특수상황투자에 관한 연구가 발전하지 않았고, 특수상황의 근본적인 원인인 corporate action에 대한 연구도 그다지 필요성이 없었기 때문으로 추측된다. 국내 몇몇 문헌에는 '특별한 기업 변화', '회사의 근본적인 변경'이라고 번역하거나 '주주총회·유상증자·무상증자·주식배당·현금배당·회사합병·회사분할·주식매수청구·액면분할·액면병합 등 주식의 권리행사와 직간접적으로 관련되는 제반활동을 말한다'라고 하면서 corporate action이라는 용어를 그대로 사용하고 있다.
이 책에서는 대중적인 투자서의 성격상 '기업의 중요한 활동' 또는 '기업활동'이라고 번역하도록 한다._역주

관심을 가진다는 사실 자체로 주가가 변동한다. 기업의 중요한 활동은 투자자와 주주에게 큰 영향을 미치는 셈이다.

특수상황투자의 특징

특수상황투자의 특징은 다음과 같다.

1. 기업의 중요한 활동이 있다.
2. 투자수익을 미리 계산할 수 있다.
3. 정보가 공개되어 있다.
4. 시장의 출렁임과 무관하다.
5. 제한된 시간 내에 끝난다.
6. 배당이나 이자는 중요치 않다.
7. 자동으로 끝난다.
8. 리스크가 적다.

여기에서 특수상황투자의 특징을 간략히 설명하고, 책의 뒷부분에서 더 자세히 설명하겠다.

1. 기업의 중요한 활동이 있다

기업의 중요한 활동에서 특수상황이 생긴다. 특수상황투자는 이런 특수상황에서 기회를 노린다. 그러므로 기업에서 중요한 활동이 벌어지고, 잘 종료되어야 한다. 특수상황은 법률에서도 찾을 수 있다. 예컨대 미국 연방저당권협회the Federal National Mortgage Association, FNMA 혹은 Fannie Mae 설립에 관한 법률엔 국회가 정한 특수한 조항이 있다. 특수상황은 전환사채나 전환우선주의 권면에 쓰여 있을지도 모른다. 특수상황은 기업이 크게 성장할 때도 발생한다. 새로운 상품이 너무나 잘 팔려서 이례적인 수준의 이익을 기대할 수 있는 경우가 그런 경우다.

2. 이익을 계산할 수 있다

특수상황투자는 이익을 계산할 수 있다. 투자에 들어가는 단계에서 잠재적인 이익을 계산하고 들어간다. 반면 일반투자는 이익을 어림짐작할 뿐이다. 일반투자는 시장의 출렁임이나 풍문 등 다양한 영향을 받는다. 특수상황투자는 기업의 중요한 활동에서 비롯되므로, 이 활동을 따라가면 이익이 계산된다. 일반투자는 희망에 근거하고 특수상황투자는 계산에 근거한다. 예컨대 청산liquidation에서 분배금은 순자산가치를 알면 구할 수 있다. 그러니 계산되는 시점은 언제인가? 특수상황투자자가 관심을 가지는 바로 그 순간이다. 이익의 실현에만 시간이 걸릴 뿐이다. 인수나 공개매수tender invitation에서, 주식의 인수가격이나 교환 조건은 정해져 있다. 이후 인수나 공개매수가 성공적으로 끝나면 이익이 실현된다.

3. 정보가 공개되어 있다

정보를 쉽게 얻을 수 있다는 점도 특수상황투자의 특징이다. 언론보도나 공시자료를 통해 인수, 합병에 필요한 중요사항을 다 찾아볼 수 있다. 특수상황투자자는 미공개 정보나 정보의 부족으로 인한 불리함이 없다. 특히 특수상황은 일정한 절차를 거쳐야 하는 경우도 많다. 주주총회의 승인 등이 그런 절차다. 기업은 주주총회 승인을 위해 주주들에게 정보를 제공해야 한다.

자본구조의 변경recapitalization이나 구조조정도 통상 주주총회의 승인이 필요한 기업의 중요한 활동이다. 이때 주주권리의 보호가 필요하므로 재무적인 정보가 공개된다. 더불어 기업활동의 주체는 대개 경영진이다. 경영진은 자기 뜻이 잘 받아들여지기를 바란다. 그러니 정보의 제공에 큰 노력을 기울일 수밖에 없는 것이다.

4. 시장의 출렁임과 무관하다

특수상황은 기업이 주도하는 것이다. 특수상황투자는 기업이 주도하는 기업활동 과정에서 이익을 거둔다. 기업의 중요한 활동이 진행되면 주가가 움직인다. 시장의 출렁임엔 큰 영향을 받지 않는다. 기업을 인수한다는 공시가 나오고, 인수 가격이 주가보다 높다면, 주가는 인수가 종료되는 시점에 다가갈수록 인수 가격에 수렴한다.

현금성 자산을 많이 보유한 채 청산하는 기업도 마찬가지다. 청산이 진행될수록 주가가 움직인다. 그러니 특수상황투자자는 시장이 폭락한 상황이 더욱 기쁘다. 절대적인 가치보다 헐값에 매수할 수 있는 기회이기 때문이다.

5. 제한된 시간 내에 끝난다

필요한 정보만 알면, 기업활동에 걸리는 시간을 예측할 수 있다. 시간은 투자에서 중요한 요소다. 1,000달러를 투자해 1년이 걸려 100달러를 벌면 10%의 수익률이고, 2년이 걸리면 5%의 수익률이며, 반년 만에 끝난다면 20%의 수익률이다.

6. 배당이나 이자는 중요치 않다

배당이나 이자는 거의 고려하지 않는다. 특수상황투자는 절대적인 수익을 추구한다. 투자한 자금 대비 벌어들인 총수익을 중시하는 것이다. 예컨대 1만 달러를 투자해 배당으로 300달러, 매매차익으로 1,700달러를 얻는 특수상황 투자의 경우, 2,000달러가 예상되는 투자로 평가된다. 이 투자에 걸리는 기간이 1년이라면, 수익률은 20%다. 이런 식으로 1만 달러를 들여 1만 2,000달러가 되는 투자를 하나의 단위, 하나의 기회로 취급하는 게 특수상황투자다. 여기서 총수익은 2,000달러다(세금 제외).

7. 자동으로 끝난다

일반투자에서 투자자는 주식을 언제 팔지 스스로 결정한다. 그러나 특수상황투자는 기업의 중요한 활동이 끝나면 투자도 끝난다. 외부적인 조건과 상황이 투자 종료 시점을 결정하는 셈이다. 청산에서 자산(대체로 현금)이 분배되거나, 공개매수에서 대금이 지급되는 시기가 투자가 끝나는 시기다. 주식을 교환하는 방식의 인수, 합병에서 두 주식 사이의 차익거래 기회가 사라지는 때가 투자를 정리해야 할 시점이다.

끝나는 시점이 자동으로 정해지므로 특수상황투자자는 원치 않는 장기투자의 늪에 빠지지 않는다. 시간 대비 비용 문제에서 자유롭다. 일반투자를 하면 자주 물린다. 어떤 때는 주권이 은행금고 속에 묵혀 있다가 상속재산을 평가할 때가 되어서야 세상에 나온다. 시대가 바뀌어 가치가 사라지는 일도 있다. 마차를 만드는 기업에 투자한 경우를 상상해보라

한편, 특수상황투자자는 투자금을 늘 활동적으로 굴릴 수 있다. 투자자 대부분은 투자 종료 시점을 잡는 걸 어려워한다. 투자자 자신이 가장 문제다.

주식이 목표가에 도달해도 다음에 무엇을 할지 몰라 허둥댄다. 매도 시점을 놓치고, 원래의 가격으로 내려가는 여행을 떠나기 일쑤다.

개인의 심리만이 흔들림의 원인은 아니다. 세금 문제, 매도 후 투자할 만한 다른 종목을 찾지 못하는 문제도 원인이다. 다른 종목을 찾지 못하기에 잘 팔아놓고는 가격이 높고 가치가 없는 종목을 산다. 매도를 망설이는 더 근본적인 원인도 있다. 더 오르지 않을까 하는 걱정이 그것이다. 매도할 수 있다는 건 누군가는 더 오를 것으로 생각한다는 말과 같다.

특수상황투자자는 자동으로 투자를 끝내지만, 일반투자자는 기준이 없다. 가격이 더 오를지는 예상에 의존해야 한다. 이익, 배당의 증가를 예상하는 건 어려운 일이다. 계속 추적하며 가치를 평가해야 하고, 매도와 보유 사이에서 갈등해야 한다.

일반투자자는 이런 갈등을 이기기 어렵다. 약세장에서는 홀가분하게 주식을 팔아치우고, 강세장에선 욕심부리며 보유하려 한다. 결국, 겁날 때만 매도한다는 말과 같다. 우리는 감정적이다. 스트레스에 따라 행동한다. 떨어질 것 같은 공포에 매도하며, 팔았다면 좋았을 것이라 생각하며 후회한다. 충동, 심리적 욕구, 감정적인 결정이 바로 매일매일 움직이는 시장의 원동력이긴 하지만 말이다.

심리적 욕구에 휘둘리지 않으면, 갈등이 생길 일이 없다. 그러나 이는 엄청나게 어려운 일이고, 이 책의 주제도 아니다. 대신 갈등 상황 자체가 없는 투자를 하는 행운을 누려보라. 특수상황투자자는 자동으로 투자를 끝내기에 갈등을 겪지 않는다.

8. 리스크가 적다

특수상황투자는 리스크가 적다. 특히 할인discount되어 있는 상태로 구조조정이 진행되는 상황이라면 더욱 그렇다. 예컨대 델리 테일러 오일Delhi Taylor Oil Company이 청산을 발표했을 때, 청산가치는 주당 29달러 이상이었지만 주가는 더 낮았다. 이후 델리 테일러 오일이 첫 번째 청산금으로 주당 22달러를 분배한다고 공시했다. 이에 청산가치는 주당 30달러로 더 올랐지만, 가격은 23달러 근방이었다.

특수상황투자가 '적은 리스크'와 동의어이던 때가 있었다. 당시엔 투자수익을 내기가 정말 쉬웠다. 차익거래arbitrage나 헤지hedge를 다루는 투자자는 극소수였다. 차익거래나 헤지는 다른 시장, 경우에 따라선 같은 시장에서 매수와 매도를 거의 동시에 진행하므로 위험이 거의 없다. 오늘날에도 여러 특수상황투자에서 기본이 되는 방법이다. 이후 사회간접자본을 다루던 지주회사가 해체되고 철도 기업이 구조조정되는 시대를 거치면서 많은 특수상황투자 기회가 생겼다. 일반 투자자들도 이런 과정을 겪으며 특수상황투자를 알게 되었고, 리스크가 적다는 사실 또한 배웠다. 이런 배경을 통해서도 알 수 있듯, 적은 리스크는 특수상황투자의 특징이다. 이와 더불어 특수상황투자에는 전반적인 정보가 공개되어 있고, 이익의 크기가 미리 계산되며, 시장의 변동성과도 무관하다는 등의 특징이 있는 셈이다.

투자 방법

특수상황투자가 발달하면서 투자 방법도 다양해졌다. 차익거래, 헤지나 공매도short selling는 특수상황투자에서 중요한 방법이다. 이런 방법은 (이 책의 뒷

부분에서 자세히 설명하겠지만) 인수, 합병, 잔여자산투자stub, 분할, 공개매수, 초과청약oversubscription, 구조조정, 자본구조의 변경 등 여러 특수상황투자에 쓰인다.

거래 방법은 일반적인 주식, 채권과 다를 바 없다. 현금이나 증거금을 내고 주식을 사고, 주식을 빌려 공매도를 한다. 수수료와 인지대도 차이가 없다. 투자자가 투자를 바라보는 관점에서 차이가 날 뿐이다.

일반투자자는 수익, 원금보존, 성장전망 등을 보지만, 특수상황투자자는 투자수익의 규모가 적정한지를 본다. 적정한 투자수익이야말로 투자를 결정하는 기준이다. 언제 매수할지는 중요치 않다. 들이는 투자금과 비교해 얻어지는 투자수익의 규모가 중요하다. 앞서 말했듯 매도 시점은 특수상황이 끝나면 자동으로 정해진다.

특수상황투자는 일반투자와 어떻게 다른가

앞서 일반투자와 특수상황투자의 다른 점을 간략히 설명했다. 다만 심리 측면에서 하나 더 다른 점을 들어보겠다. 특수상황투자는 미리 계산된, 절대적이고 객관적인 지식을 기반으로 한다. 마치 에이스를 쥐고 카드 게임을 하는 것과 비슷하다. 일반투자에서는 어떤 상황이 벌어질지를 생각하지만, 특수상황투자에선 언제 끝날지만을 생각한다.

일반투자는 할인을 미래의 전망에 비추어 평가한다. 상대적으로 비싼 성장주를 거래할 때가 많다. 반대로 특수상황투자는 투자수익의 규모, 그리고 실제가치에서 할인된 정도를 본다. 인수, 청산 등의 특수상황에서 할인을 명확히 평가할 수 있다.

일반투자는 매출 성장, 계절성, 스타일, 유행을 따져 투자의 매력을 평가하곤 한다. 그러다 보면 종종 희망과 기대가 가득 섞인다. 특수상황투자에선 이런 일이 일어나지 않는다.

우리는 특수상황투자를 기업의 제품이나 서비스의 성장, 시장의 유행, 가격의 변동과는 무관한 이익을 목표로 하는 투자라고 정의할 수 있다. 투자수익의 규모를 계산해 매수하고 특수상황이 무르익으면 자동적으로 매도하는 투자고, 큰 심리적 이점이 있는 투자인 것이다.

제1장
특수상황을 알아보는 방법

다이아몬드 광산에 온 걸 환영한다. 아직 다이아몬드를 알아볼 능력은 없겠지만 말이다. 언뜻 보면 특수상황투자도 일반투자와 비슷한 게 많다. 그래서 모르고 지나치기 십상이다. 그러나 일련의 특징들을 알고 나면, 특수상황을 알아보기 쉬워진다.

특수상황을 알아보려면 먼저 기업의 중요한 활동이 있는지를 살펴야 한다. 매출이나 성장을 중심에 두고 보면 특수상황투자라 할 수 없다. 기업의 제품이나 서비스 영역의 밖에 있는 기업의 중요한 활동에서 기회를 발견해야 한다. 인수, 합병, 공개매수, 분할, 청산, 자본구조의 변경, 기타 일상적인 기업의 활동과 다른 특별한 활동에 특수상황이 있다. 특수상황이라는 이름표가 붙은 상황, 투자수익이 나는 촉매의 실마리는 분명 노력을 통해 알아볼 수 있다.

특히 (1)자산 대비 저평가된 증권, (2)매도청구권이 없는 증권, (3)전환권, (4)인수, 합병에서 부채의 분배, (5)기업 구조조정, 자본구조의 변경 과정에서 일어나는 증권의 교환, (6)초과청약 상황에서 신주인수권rights offering의 가치 등을 살펴야 한다. 특수상황투자의 중요한 공식은 다음과 같다.

○ 기업의 중요한 활동 + 가치/시간 = 투자금 대비 차익

○ 촉매(기업의 활동) + 절대적인 가치 대비 할인된 주식/시간 = 투자수익

시장의 움직임도 실마리가 된다

갑작스럽게 거래량이 증가하면 무슨 일인가 벌어지고 있음을 짐작할 수 있다. 특수상황이 생기면, 거래가 왕성해진다. 합병이나 인수에 대한 시장의 반응은 합병계약, 인수계약에 기재된 주식의 지위에 따라 가격이 달라지기 때문에 쉽게 알아볼 수 있다. 어떤 기업에 좋은 가격으로 인수제안이 들어오면 주가는 제안된 가격에서 5~10%의 차이 내로 오르게 될 것이다.

반대로 인수되는 기업의 주가가 인수계약에 기재된 가격보다 높다면, 주가는 인수계약에 맞춰 하락하게 될 것이다. 이런 상황은 유의해서 접근해야 한다. 주주에게 이익이 없는 인수 제안은 부결될 가능성이 크기 때문이다. 그러므로 인수계약이 변경되거나 취소될 가능성, 혹은 다른 주체가 인수전에 뛰어들 가능성 등도 깊게 생각해봐야 한다. 누군가 인수전에 뛰어들면, 가격이 크게 오를 수 있다.

특수상황이 발생하는 기업활동

다양한 형태의 기업의 중요한 활동에서 특수한 상황이 생긴다. 아래의 표는 특수상황이 발생하는 기업활동과 그에 해당하는 성질을 정리한 것이다.

특수상황이 발생하는 기업활동	성질
인수/합병	기업이 통합됨
청산	기업이 사라짐
분할	기업이 쪼개져 각 기업의 주식이 주주들에게 나눠짐
잔여자산투자	기업의 잔존가치 취득
구조조정/자본구조의 변경	기업의 구조나 자본이 변동
초과청약	실권되는 주식을 주주들에게 매도
공개매수	많은 양의 주식이나 채권을 사겠다는 제안

주식매수청구권	자신의 주식을 공정한 가격에 매수해달라는 주주의 청구
독특한 기업구조	해당 기업에 내재하는 통상적이지 않은 요소
공격적인 경영	기업활동을 벌일 가능성이 높음
무위험 차익거래 기회	주식의 거래 방법

증권의 종류

모든 종류의 증권에서 특수상황이 펼쳐진다. 특수상황투자만을 위해 만들어진 증권은 없다. 하지만 종종 독특한 특징을 지닌 주식이나 채권이 있기는 하다. 전환우선권, 참가적으로 배당받을 권리가 있는 우선주, 기업이 매도청구권을 행사해 소멸시킬 수 없는 우선주, 확정적인 이익이 보장된 우선주와 같이 처음부터 특수상황이 생길 가능성이 큰 것도 있다. 미국 연방저당권협회(패니 메이)의 주식처럼 기한이 있는 것도 있다. 이런 증권을 가진 기업이 합병, 인수, 청산, 분할 등을 하면 특수상황이 벌어진다.

최근엔 중소기업투자전문회사Small Business Investing Company, SBIC와 같이 특정한 형태의 지주회사 설립을 허용하고 이 지주회사가 다양한 투자 방식을 활용할 수 있도록 허용했다. 이처럼 규제 완화 혹은 규제의 도입에서도 특수상황을 찾을 수 있다. 기업의 세무적인 지위가 변화할 때도 특수상황투자의 기회가 생긴다.

신기술 덕분에 투자의 지평이 더 넓어졌다. 특히 컴퓨터가 사용되면서 분석, 매매의 방법이 크게 바뀌었다. 컴퓨터 덕분에 주식의 계절성에 대한 고정관념이 뒤바뀌기도 했다. <배런스Barron's>의 1965년 6월 28일자 기사는 “과거 계절성이 있다고 생각했던 백화점 업종은 계절성이 없고, 도리어 동부지역의 철도, 육류, 기계 업종에 계절성이 나타났다"라고 한다. 이 기사는 투자자가 육류 업종의 주식을 1959년부터 1964년까지 매년 계절성을 반영해 투자했다면, 181.9%의 수익을 냈을 것이라 보도했다. 반면 같은 기간 단순보유만 했다면 고작 15.9%의 수익만 발생했다는 것이다. 동부지역의 철도 업종도 계절성을 반영해 거래했다면 그냥 보유하였을 때의 33.7%보다 높은 164.8%의 수익이 생겼을 것으로 밝혀졌다. 특수상황투자는 그 정의 자체로 모든 정보가 공개된 것을 전제한다. 비밀이 유지되기가 힘들다. 보통의 장소에서도 쉽게 찾을 수 있다. 기업의 활동이 임박하면 소문이 나기도 한다.

소액주주들의 소송도 새로운 가능성이 보이는 분야다. 법원은 소액주주들에게 우호적인 판결을 많이 선고했다. 이사의 책임이나 주주의 권리에 관한 해석을 바꾸기도 했다. 대표적인 사례로, 텍사스 걸프 설퍼Texas Gulf Sulphur 사건이 있다. 이 사건에서는 내부자 정보에 관한 미국 증권거래위원회Securities and Exchange Commission, SEC 규정이 문제가 되었다. 이 기업의 주식을 매도한 주주들은 기업과 몇몇 임원들을 상대로 손해배상을 청구하는 소송을 제기하면서 이들이 캐나다에 양질의 광물질이 발견된 사실을 알고 매수했다고 주장했다. 그러니 만약 매도하지 않았더라면 얻었을 잠재적인 이익 상당의 손해를 배상하라는 것이었다. 이 소송 덕분에 기업과 주주들 사이의 관계가 새롭게 해석되었다[3]. 또 다른 사례로 벨록 인스트루먼트Belock Instrument Corporation 주주들이 소송을 벌인 것도 있다. 이 사건에서 주주들은 기업이 정부와 체결한 계약 때문에 상당

---

3 텍사스 걸프 설퍼는 1963년 11월 양질의 광물을 발견하자 해당 지역의 토지를 싸게 매입할 목적으로 이 사실을 비밀에 부쳤다. 하지만 이 기업의 임원과 직원들은 정보를 미리 듣고 주식을 매수해 상당한 이득을 얻었다. 내부자 정보에 관한 리딩 판례에 해당한다._역주

한 부담금을 지게 되었는데도 이를 공시하지 않았다고 주장했다. '가치에 비해 상당히 높은 가격'에 주식을 매입해 손해를 입었다는 것이다.

위 소송들은 모두 미국 증권거래위원회 10b-5 규정을 근거로 한 것이다. 이 규정은 원래 '누구라도 거짓 정보 혹은 중요한 정보의 누락을 믿고 주식을 거래하도록 해서는 안 된다'는 포괄적인 규정이었지만 법원의 연이은 판결로 구체적인 내용을 지니게 되었다. 소송이 느는 추세는 뚜렷하다. 세무 소프트웨어 업체 커머스 클리어링 하우스Commerce Clearing House, CCH에 의하면, 5월 31일 이전 12개월 동안 10b-5 규정을 근거로 한 판결이 37건에 달해 4년 전 같은 기간에 비해 5배나 늘었다고 한다(출처: 〈월스트리트저널〉 1965년 7월 14일자).

이미 진행 중인 기업활동을 자세히 관찰하는 것도 특수상황을 발견하는 데 도움이 된다. 특수한 거래 조건은 샅샅이 살피기 전엔 잘 안 보일 수 있기 때문이다. 터미널 트랜스포트Terminal Transport Company가 모든 자산을 아메리칸 커머셜 라인즈American Commercial Lines로 양도하기로 한 거래를 예로 들어보자. 언뜻 볼 때 이 거래는 약 12%의 수익이 생기는 것처럼 보였다. 그러나 실제로는 더 큰 투자수익이 나는 기회였다. 이 거래의 조건을 자세히 보면, 1964년 10월부터 거래가 완전히 끝날 때까지 주당 12.5달러에 더해 순이익의 50%를 추가로 지급하기로 하는 내용을 발견할 수 있다. 당시 터미널 트랜스포트의 순이익은 주당 1.17달러가 넘었다. 이에 거래가 1년 후인 1965년 10월에 끝나는 경우, 주주들은 12.5달러에 약 0.58달러를 더한 최소 13.08달러를 받을 수 있었다(해당 거래는 법원의 가처분결정 때문에 지연되었고, 그 기간에 0.1달러의 중간배당도 지급되었다). 최종적으로 주간통상위원회Interstate Commerce Commission, ICC의 승인을 얻어 거래가 끝나자, 아메리칸 커머셜 라인즈는 주당 12달러를 즉시 지급하고 나머지는 나중에 지급하기로 하였다. 특수상황투자자는 원금을 지키면서 적어도 주당 1.08달러 이상을 받을 권리도 보유하게 된 셈이다. 이 주당 1.08달러 부분은 추가적인 원금을 들이지 않고 얻어지는 이익으로 '잔여자산'이라고도 한다. 이 사례에서는 원금을 다 회수한 채 잔여자산투자라는 특수상황투자 기회를 누리게 된 셈이다.

경제가 성장하고 기술이 발달하자 주식시장엔 새로운 주인공들이 등장했다. 19세기에서 20세기가 될 무렵 많았던 주식투기꾼들은 사라지고, 비즈니스 배런business barons이라 불리는 기업가들이 나타난 것이다. 이들은 오늘날 기업들을 인수해 몸집을 불리고 성장시키는 데 많은 역할을 한다.

비즈니스 배런을 따라 투자할 때에도 특수상황투자의 기회가 생긴다. 기업가가 관여하는 사업의 발달과 성장에 올라타는 것이다. 몸집 불리기를 잘하는 기업가들이 벌이는 인수, 합병 거래에서 기회를 노릴 수도 있다. 비즈니스 배런은 늘 활동적이다. 그러므로 이들이 관여하는 기업들은 기업활동을 자주 벌이는 경향이 있다. 이런 기업들을 잘 따라가면, 기업회생이나 분할, 청산과 같은 특수한 상황을 많이 만나게 된다. 그러니 이런 왕성한 기업가들wheeler-dealer의 활동에 주의를 기울여라.

마지막으로 정부가 특수상황을 만드는 경우를 빼놓을 수 없다. 국세청Internal Revenue Service, 법무부Department of Justice, 연방통상위원회Federal Trade Commission, 주간통상위원회, 증권거래위원회 등은 특수상황을 생성하기도 하고 특수상황에 영향을 미치기도 한다. 정부기관이 만들어 낸 세무적인 이슈나 독점거래, 분할, 합병, 인수에서 잠재적인 투자수익 기회가 생길 수 있는 것이다.

특수상황은 모든 유형의 증권투자에서 발생한다. 특수상황투자는 어디에서 발생하느냐가 아니라 어떻게 해석하고 바라보느냐의 문제다. 투자자는 뉴스를 잘 살펴야 한다. 설비의 매각, 합작기업의 설립, 자사주 혹은 다른 기업의 주식매수, 지급되지 않은 배당금이나 이자의 누적, 인수, 합병 그리고 모든 종류의 기업활동과 관련한 뉴스에 특히 주의를 기울여야 한다. 즉, 찾고자 하면 보일 것이다.

진행 단계

특수상황의 성질을 잘 알았으니 이제 특수상황투자가 진행되는 과정을 단계별로 살펴보자. 특수상황투자는 3단계로 진행된다.

1. 시작 단계

시작 단계는 관심, 합리적인 의심을 통해 특수상황을 발견하는 단계다. 기업활동이 시작되었거나 시작될 것으로 짐작할 수 있을 때다. 기업이 설비 중 일부를 매각하거나 합병을 암시하는 공시나 뉴스를 냈을 때를 예로 들 수 있다. 이런 일이 생기면 조만간 합병이나 청산 등이 공식적으로 발표될 것이라고 합리적으로 의심해볼 수 있다. 시작 단계는 군불이 올라오기 마련이다. 곧바로 공식적인 발표가 나올 수도 있다. 공개매수나 인수, 자본구조의 변경 같은 경우가 그렇다. 투자수익의 크기는 시작단계가 가장 크다. 그러므로 기업활동에 관한 뉴스에 귀를 기울이자.

시작 단계를 눈치채면 대응도 빨리할 수 있다. 예컨대 기업이 설비를 매각하는 경우, 청산을 눈치채고 주가와 기업의 가치를 살펴본 뒤 미리 투자에 들어갈 수 있다. 석유 기업의 청산에서 이런 기회가 종종 발생했다(청산에 관해 다룬 장에서 더 자세히 설명하겠다). 성급히 투자에 뛰어들면 위험이 있긴 하다. 하지만 잘 맞추어 들어가면 만족스러운 성과를 얻을 수 있다. 금융시장의 환경이 해당 유형의 특수상황에 잘 맞는 때라면 더욱 그렇다. '먼저 뛰어든 자들을 추종하는' 유행이 생길 수도 있다. 한때 많은 석유 기업들이 청산될 때 그런 일이 있었다. 전자산업에서 그랬던 것처럼 합병이 연이어 일어날 수도 있다. 인수가 특정산업군에서 유행할 수도 있다. 기업이 매도청구권을 행사할 수 없는 우선주나 다른 원치 않는 주식에 대해 자사주 매입을 하는 분위기가 생길 수도 있다.

2. 기다리는 단계

특수상황을 알아챈 뒤 본격적인 절차가 시작될 때까지의 사이에도 많은 일이 생길 수 있는 게 특수상황이다. 투자수익을 올릴 기회가 단계별로 존재하는 것이다. 기업의 활동에 대해 주주들이 의결권을 행사하는 때도 기회 중 하나다. 승인되는 쪽으로 의결권이 행사되었다고 확인되면 주식은 절대적인 가치에 가깝게 오른다. 그래도 완전한 가치에 비하면 약간의 할인이 발생하기는 하지만 말이다.

기업활동에 대한 반대도 있을 수 있다. 정부기관이나 주주, 산업계, 노동계로 등 반대의 주체도 다양하다. 기다리는 단계에서는 반대의 분위기나 강도에 반응해 주가가 출렁인다. 주가의 움직임, 반대의 유형 등에 따라 투자의 정도를 결정해야 한다.

반대 덕분에 종종 좋은 일이 생기기도 한다. 기업이 주주로부터 더 높은 찬성을 끌어내기 위해 노력하기에 그렇다. 청산에서도 좋은 일이 생길 수 있다. 청산 중 전혀 다른 사업으로 방향을 전환할 때 그런 일이 있다. 사업을 완전히 바꾼 기업으로는 철도에서 제조업으로 바꾼 엠에스엘 인더스트리즈MSL Industries, 석탄에서 섬유로 바꾼 필라델피아앤리딩Philadelphia & Reading Corporation, 섬유에서 복합기업으로 바꾼 텍스트론Textron, Inc. 등이 있다. 한편 모터 휠 코퍼레이션Motor Wheel Corporation은 청산을 하려다 방향을 바꾸어 인수가 성사된 경우다. 굿이어 타이어 앤 러버Goodyear Tire & Rubber Corporation는 주식교환 방식으로 모터 휠을 인수했다. 주주들은 예상보다 훨씬 더 높은 가격으로 주식을 교환받을 수 있었다.

3. 끝나는 단계

특수상황에 이해관계를 가진 다양한 분야에서 승인이 이루어지는 단계다. 만약 승인이 필요 없고 다른 장애가 없다면, 이 단계는 신속히 진행된다. 만약 주주총회의 승인만이 특수상황 종결에 필요한 단계인 경우에도 짧게 끝난다. 인수, 합병에서도 끝나는 단계가 대체로 짧다. 제네스코Genesco, Inc.가 마제스틱 스페셜티스Majestic Specialties, Inc.를 인수했을 때도 그랬다. 마제스틱 스페셜티스가 제네스코 인수를 승인해 절차가 사실상 다 끝났음에도, 당일 마제스틱의 주식을 제네스코 주식보다 10% 더 싸게 매수할 수 있었다.

정부의 승인, 상대방과의 합의, 법원의 조정이 필요한 때도 있다. 노조나 시민단체의 반대가 마지막 장애가 되기도 한다. 이런 장애가 없어지면, 주식은 실제 돈이나 실물 주식, 채권을 받을 때까지 결제 단계라고도 할 수 있는 마지막 할인의 단계만 남게 된다. 이때의 할인은 아주 작다. 하지만 기간 또한 짧아서 투자금 대비 수익이 상당할 수 있다.

투자자들은 각 단계마다 잠재적인 투자수익의 크기를 계산할 수 있다. 수익률은 기업활동에 필요한 기간에 따라 다양하다. 투자자들은 저마다 감수할 수 있는 위험의 폭이 다르다. 그러므로 시작 단계에 투자했을 때보다 수익률이 낮다고 하더라도, 기간, 위험 등을 고려하면 나중의 단계에서 투자하는 편이 나을 수 있다. 투자기간이 수익의 크기보다 더 중요하다면, 투자자는 마지막 단계인 할인의 단계에서 뛰어드는 게 좋다. 마지막 단계에서도 할인이 존재하며 투자수익이 생기기 때문이다.

특수상황투자에서 할인은 여러 차례 발생할 수 있다. 할인은 시장가격과 특수상황이 끝났을 때 얻을 수 있는 가치의 차액이다. 할인의 크기는 일정치 않다. 특수상황이 전개되면서 이런저런 상황이 반영되기에 그렇다. 할인의 크기가 변동하는 것도 투자 기회가 된다. 특수상황이 끝날 무렵까지 할인의 크기는 줄어들다가 결국은 사라진다.

특수상황투자자는 시장의 출렁임을 크게 걱정하지 않는다. 기업의 활동이 잘 끝나야 하긴 하지만, 할인의 크기에 따라 이익이 계산되기 때문이다. 그러므로 만족스러운 정도로 할인이 있다면 당연히 투자는 매력적이다.

제2장
특수상황투자를 위한 배경지식

특수상황투자를 위해서는 세 가지 중요한 배경지식을 알아야 한다. 첫째, 기업회계를 어느 정도 알아야 한다. 보고서를 읽고 자산이나 채무 등을 어느 정도 이해할 수 있어야 한다. 물론 모든 특수상황투자에서 기업회계를 알아야 하는 건 아니다. 특수상황투자 기회는 기업의 구조와 증권 사이의 관계에서 생길 수도 있고 때로는 증권거래 자체에서 생길 수 있기 때문이다. 둘째, 기업의 자본구조에 대한 이해도 있어야 한다. 주주권에 대한 지식도 이에 포함된다. 셋째, 절차적인 방법도 알아야 한다. 앞으로 여러 특수상황 유형을 설명하면서 이 세 가지 중요한 배경지식도 함께 설명할 것이다.

투자자가 스스로 특수상황을 만들고 진행하는 것이 아니기에 특수상황투자는 DIY식으로 해결할 수 없다. 따라서 앞서 언급한 배경지식을 전문적으로 습득할 필요는 없다. 친숙해지면 된다. 수학문제를 풀기 위해 수학자가 될 필요가 없는 것과 마찬가지다. 투자자는 특수상황을 계획할 필요도, 조율할 필요도 없다. 다만 잠재적으로 얼마나 투자수익이 발생하는 상황인지 계산하고 이해하는 정도의 지식은 필요하다. 지금부터 특수상황투자에 필요한 지식을 하나씩 알아보자.

기업이란 무엇인가

주식은 기업의 지분이다. 그러니 기업의 구조를 알아야 한다. 특수상황과 관련해서는 두 가지를 알면 된다.

1. 법적인 면

기업은 법적으로 행위의 주체이며, 국가가 인정한 사람이다. 기업은 임원들이 운영하고, 임원은 주주들이 선임한다. 기업의 경영진, 즉 이사나 임원은 세세한 업무를 하지 않을 수도 있다. 대신 직원들이 제조나 서비스 활동을 한다.

일반투자와 특수상황투자의 차이는 직원과 경영진이 가지는 권한과 책임을 비교해보면 쉽게 떠올릴 수 있다. 특수상황투자가 아닌 일반투자 상황에서 임직원의 역할은 물건을 생산하고 이익을 내는 것에 국한된다. 특수상황투자에서는 경영진이 자본의 구조나 기업의 정책을 다루는 측면을 본다. 경영진의 활동은 기업의 생성, 소멸과 관련된다. 이는 특수상황투자의 영역이며, 기업의 생성, 소멸, 자본구조의 변경에서 투자수익을 얻을 기회가 생긴다.

2. 자본구조의 면

기업의 자본구조와 증권의 관계에서 특수상황이 생길 수 있다. 자본구조에서 각 증권의 상대적 지위뿐만 아니라 주식, 채권의 내용도 중요하다. 전환우선주는 지위, 전환비율 등을 알아야 한다. 누적적 우선주와 비누적적 우선주의 차이, 기업이 매도청구권을 가진 증권인지 여부, 의결권의 유무 등도 이해해야 한다.

자본구조를 알면 투자수익의 기회가 생긴다. 누적적인 배당을 받을 권리가 있는 주식과 그렇지 않은 주식을 비교해보자. 누적적 권리가 없는 주식에서 배당이 중단되면 그걸로 끝이다. 그러나 누적적 우선주에 배당이 지급되지 않으면, 지급될 때까지 권리가 쌓인다. 기업은 당연히 누적된 미지급 배당금 문제를 언젠가 해결해야 한다. 이때 특수상황투자의 기회가 생긴다. 누적된 미지급 배당금을 현금으로 지급해 해결할 수도 있고, 해당 우선주를 매입해 해결할 수도 있다. 미지급 배당금을 어떻게 다루는지에 따라 투자수익의 가능성이 달라진다.

자본구조와 특수상황투자를 이해하기 위해 캐피털 에어라인Capitol Airlines의 전환사채 사례를 살펴보자. 사채는 발행한 주체가 세부적인 조건을 정한다. 투자자는 세부적 조건을 이해하는 데 익숙지 않지만 중요한 부분 위주로 알면 된다. 인수, 합병에서 인수되거나 합병되는 기업에 이런 사채가 발행되어 있으면, 이런 사채를 알아보는 게 도움이 될 수 있다.

유나이티드 에어라인United Airlines이 캐피털 에어라인을 인수하려 했을 때, 캐피털 에어라인이 발행한 사채에는 인수자가 채무도 인수할 책임이 있다고 쓰여 있었다. 유나이티드 에어라인의 신용도는 캐피털 에어라인보다 훨씬 높았기 때문에 유나이티드 에어라인이 채무를 인수하자 높은 채권 등급을 반영해 채권 가격이 올라가게 되었다.

주주의 권리나 우선권은 정관, 기업의 내부규정 등에서 찾을 수 있다. 상황마다 다르긴 하지만, 기업은 정책적으로 판단해 주주에게 어떤 권리를 부여할지를 정한다. 투자설명서나 주주총회소집통지서를 보면 주식의 구체적인 조건에 관한 정보가 나와 있다.

주식은 A클래스 우선주, B클래스 보통주와 같이 여러 종류로 발행될 수 있다. 이런 종류에 따라 주주의 권리도 다를 수 있다. 일반적으로 우선주에는 아래와 같은 내용이 들어간다.

○ 발행하는 우선주의 총수나 횟수에 대한 제한

○ 배당에 대한 권리, 배당의 한계나 참가적인지 누적적인지 등

○ 전환권

○ 청산에서의 우선권

○ 의결권

○ 기업의 매도청구권과 소멸에 관한 사항

○ 상환 가격에 관한 사항

보통주에는 특별한 규정을 두는 경우가 드물다. 보통주는 기업지분의 일부이기 때문이다.

○ 의결권

○ 우선권이 있는 경우, 우선권

○ 청산에서의 권리

○ 배당에 대한 권리

통상적으로 인정되는 주주의 권리 이외에, 주주의 권리가 정관에 추가로 기재되어 있을 수 있다.

○ 정당한 가치를 인정받을 권리

○ 임원의 이해관계 충돌이나 경영진을 감시할 권리

○ 기업에 관한 보고서를 열람할 권리

○ 경영진이 잘못했을 때 손해배상을 청구할 권리

오늘날의 주주와 기업 간의 관계는 과거와 다르다. 과거에는 싫으면 팔고 나가라는 식이었다. 19세기에서 20세기로 넘어올 무렵, 어떤 유명한 주식중개인

은 "잔말 말라!"는 명언을 남긴 적이 있다. 당시 주주에겐 권리가 없었다. 주주가 기업을 방문하거나 회의에 참석하려고 해도 문을 열어주지 않았다. 허술한 숫자가 적힌 보고서 하나를 내면 끝이었다. 그러나 오늘날 경영진은 주주의 적극적인 협조 없이 기업을 경영하기 어렵다. 180도 방향이 바뀌었다. 이런 변화 덕분에 기업의 중요한 활동에 대한 정보를 쉽게 얻을 수 있었고 특수상황투자도 더욱 발전할 수 있었다. 오늘날 의결권의 행사는 쉽다. 의결권은 주주가 가진 당연하고도 중요한 권리다.

기업이 중요한 활동을 마치기 위해 주주의 동의가 필요한 경우가 많다. 그러므로 특수상황투자에서 의결권의 역할은 중요하다. 몇몇 예를 살펴보자.

우선 경영진이나 임원, 그리고 이들의 특수관계인들의 주식보유 현황을 알면, 예정된 기업활동이 승인될 가능성을 평가할 수 있다. 만약 50% 넘는 지분을 보유하고 있으면, 기업활동은 승인되리라 확신할 수 있다. 전례를 살펴보면 20~25%만 보유해도 충분했다. 주주들은 대체로 경영진에 찬성하는 방향으로 의결권을 행사하기 때문이다. 한편, 소수의 주주에게만 유리한 기업활동이 표결에 부쳐지는 것이라면, 부결의 가능성도 있다. 특수상황에 투자할 때, 의결권의 분산 정도를 계산하는 것은 위험을 줄이기 위해 중요한 일이다. 표결에 따라 특수상황이 좌우되는 경우, 잠재적인 투자수익의 크기는 표결이 나오기 전이 나온 후보다 더 크다.

강한 반대파가 있으면, 아직 의견을 정하지 못한 주주들이 쉽게 뭉치는 경향이 있다. 예컨대 맥앤드류스 앤 포브스McAndrews & Forbes 사례에서 경영진은 주당 29달러의 공개매수를 반대했다. 경영진의 반대 때문에, 공개매수가는 주당 34달러까지 뛰었다. 그러나 결국 공개매수는 성사되지 못했다. 경영진이 끝까지 반대를 고집했기 때문이다.

아메리칸 스틸앤펌프American Steel & Pump는 스탠더드 프로덕츠Standard Products 주식 51%를 대상으로 주당 13.5달러에 공개매수를 제안했다. 이후 경영진이 반대하자, 공개매수가는 주당 15달러로 올랐다. 경영진은 이 공개매수에 대항하는 공개매수를 했다. 조건은 10만 주에서 30만 주까지를 대상으로 주당 17달러를 지급하는 것이었다.

이때 아메리칸 스틸앤펌프는 재밌으면서도 혁신적인 공개매수 조건을 창조했다. "만약 스탠더드 프로덕츠 경영진이 더 좋은 조건으로 대항 공개매수를 하면, 이미 아메리칸 스틸앤펌프의 공개매수에 응한 주주라고 하더라도 '그해 언제든지' 스탠더드 프로덕츠 경영진의 공개매수에 응해 기존의 공개매수 청약을 철회할 수 있다"는 것이었다(출처: 〈월스트리트저널〉 1965년 8월 19일자).

오늘날 주식은 크게 분산되어 있기에 경영진의 고충이 많다. 심지어 지역적인 분포도 넓다. 과거 경영진은 고작 10%의 의결권으로도 경영권을 유지할 수 있었다. 그러나 이런 수준의 기업이라면 오늘날 쉽게 적대적인수의 대상이 되며, 특수상황투자 기회가 발생하는 게 보통이다. 문이 활짝 열린 경영권을 두고 다투는 전쟁터엔 늘 투자수익의 기회가 생긴다. 자본구조를 변경할 때도, 만약 주주를 무시하면 자산가치, 배당, 주주권을 잃게 되는 주주들의 반대로 경영진이 교체될 수 있다.

그렇다고 모든 기업활동에서 주주의 승인이 있어야 하는 건 아니다. 각 주의 회사법에 따라 또는 기업활동의 성질에 따라 다 다르다. 어떤 경우는 50.1%의 찬성만 필요할 수도 있고, 어떤 경우는 80% 또는 그 이상의 찬성이 필요할 수도 있다.

기업활동에서 몇 %의 찬성이 필요한지는 주주총회소집통지서나 투자설명서에 나와 있고 기업에 물어서 확인할 수도 있다. 또한 주주총회소집통지서나 공시자료 등을 보면 의결권이 얼마나 분산되어 있는지도 확인할 수 있다.

통상 주주총회의 승인이 필요한 기업활동으로는 인수, 합병, 청산, 자산양수도, 자본구조의 변경, 구조조정, 주식매수선택권의 부여, 이익공유를 하는 퇴직연금제도 도입, 본점 소재지 변경, 주주총회 일자 변경, 자사주 매도, 신주발행 등이 있다.

여기서 일러두어야 할 게 있다. 주주권이 축소되는 최근의 경향이다. 요즘 발행되는 주식들은 주주들이 우선하여 신주를 인수할 수 있는 권리인 신주인수권을 주지 않는다. 기업들이 주주총회에서 주주들에게 이런 우선권을 없애도록 표결해 달라고 유도하고 있기에 이 권리가 더욱 사라지는 추세다.

주주들에게 신주를 우선해 인수할 수 있는 권리를 주는 이유는 기존 주주들에게 비율대로 청약할 기회를 주어 주주권의 희석을 막기 위해서다. 희석되면 의결권도, 이익을 분배받을 권한도 줄어든다. 신주발행의 경우를 예로 들어보자. 신주발행 시 주주는 기존에 보유한 주식의 비율대로 새로 발행되는 주식을 받을 권리가 있다. 예컨대, 발행주식총수가 100만 주이고, 새로 10만 주를 발행하는 경우, 자본금은 10% 늘어난다. 그러므로 기존 주주들은 각자가 보유한 10주마다 1주씩 우선해서 주식을 인수할 권리가 있다. 즉, 전체 주식 중 1/1000, 즉 1,000주를 보유한 주주라면, 100주를 받아야 기존 비율을 그대로 유지할 수 있는 것이다. 그래야 11/1100 또는 10/1000이 되어 주주권이 보존된다.

주주권이 보존되면 이익 등 재무적인 면에서 상대적인 지위가 유지된다. 주주권이 보존되면 의결권의 크기도 줄어들지 않는다. 만약 주주에게 신주인수권이 없다면, 경영진은 쉽게 주주의 권리를 빼앗아, 이를 다른 이에게 넘겨줄 수 있다. 예컨대 어떤 기업활동을 할 때 2/3 이상의 찬성이 필요하며, 반대파가 많아 부결될 것 같은 경우를 생각해보자. 주주에게 신주인수권이 없다면, 경영진은 추가로 주식을 발행해 의결권을 희석시켜 반대를 뭉갤 수 있다. 그러므로 발행할 신주가 많건 적건 간에, 주주는 상대적인 비율을 유지할 수 있도록 신주인수권을 보장받아야 한다. 신주발행 전 반대파의 비율이 40%이고, 신주인수권을 비율대로 행사했다면, 신주발행 후에도 반대파의 비율이 같아야 한다.

주주의 권리보호 측면에서, 나는 신주인수권이 꼭 보장되어야 한다고 생각한다. 그러므로 신주인수권이 없는 주식을 살 때는 조심하는 편이 좋다. 상대적인 비율이 보존되어야만 주주는 지위를 보호받고 권리도 행사할 수 있다. 한편 경영진은 주식을 희석해 사익을 추구하려는 욕망이 들 수도 있다. 주식을 희석하면 결국 소수주주권이 무가치하게 될 수 있다. 모든 주주권이 다 축소되는 추세는 아니다. 주주권이 강화된 예도 있다. 내부자 거래와 관련, 미국 증권거래위원회 규정 10b-5의 해석 범위가 넓어졌다[4].

---

4 앞서 예로 든 텍사스 걸프 설퍼 사건 등을 의미한다._역주

제3장
특수상황투자에 대한 이론적 분석

특수상황투자의 특징에 대해 살펴보았다. 이제 투자에 뛰어들어 거래하기 위해 알아야 할 것을 살펴보자. 분석 방법, 거래 방법, 정보를 얻는 방법 등 모든 것을 배워야 한다. 재무적인 분석 방법을 배우면 잠재적인 투자수익의 크기를 계산할 수 있다.

모든 투자가 마찬가지지만, 투자할 기업을 공부하는 게 제일 우선이다. 특히 특수상황투자에서는 재무적인 구조뿐만 아니라, 유별난 특징이 없는지 잘 살펴야 한다. 즉 재무적인 분석에 더해 추가적인 분석능력이 있어야 한다. 재무적인 분석은 기업활동의 종류에 따라 달라져야 한다. 나는 모든 특수상황투자 유형을 위한 포괄적인 분석 방법Comprehensive Master Analytical Plan을 개발했다. 이 방법을 따르면 유형별 특수상황투자에 맞추어 필요한 정보에 집중할 수 있다. 불필요한 정보를 생략하면, 쉬운 길을 갈 수 있다. 예컨대 합병과 구조조정에서 잠재적인 투자수익을 계산하기 위해서는 숫자를 비교하면서 '상대적인 가치relative values'를 평가해보는 편이 낫다. 그러나 청산에서는 상대적인 가치가 중요치 않다. 청산에서 투자자는 절대적인 자산가치나 세무적인 지위에 집중해야 한다. 이를 알아야 잠재적인 투자수익을 계산할 수 있기 때문이다. 결국, 재무적인 분석 방법은 아래와 같이 두 가지 유형으로 나뉜다.

그룹1	그룹2
주당 순자산가치?	주당 순이익?
운전자산의 크기?	매출액?
현금의 크기?	주당 매출액?
재고자산의 상태, 가치, 회전율, 판매가능성?	이익률?
특허, 영업권, 무형자산의 가치?	과거 배당의 기록?
충당금의 유형?	감가상각비, 감모상각비?
세금, 채무, 노무 계약 등 부채의 현황?	지급해야 하는 세금과 이연되는 세금?
-	모든 전환권이 행사되었을 때 주식의 가치?

위 질문들은 유형별 특수상황투자의 필요에 맞추어 작성된 것이다. 눈치챘겠지만 어떤 특수상황투자는 순자산의 크기가 가장 중요하다. 할인, 청산, 구조조정 유형이 그런 특수상황이다. 이땐 유형자산의 크기를 살피는 식으로 재무적인 분석을 진행한다. 그룹1의 질문은 대차대조표에 얼마나 많은 자산이 있는지를 검토하기 위한 것이다.

그룹2의 질문은 상대적인 가치를 비교하기 위한 것이다. 인수, 합병, 구조조정, 자본구조의 변경, 주식매수청구권, 분할, 특수한 이해관계가 얽힌 특수상황투자에 적합하다. 몇몇 질문들은 중복되기도 한다. 순자산가치는 그룹2 중 주식매수청구권 상황에서도 중요하다. 지급해야 하는 세금과 이연되는 세금의 구분은 그룹1의 청산 상황에서 유용하다.

그룹1의 중요사항은 다음과 같다.

(1)자산가치 때문에 기업활동이 이루어지는 경우가 많다. 주가는 낮은데 순자산가치가 높으면, 인수, 합병의 대상이 된다. 소수주주는 청산하라고 요구한다. 순자산가치는 낮게도 높게도 평가될 수 있다. 정확할 수도 있고 실수가 나올 수도 있다. 저평가는 흔하다. 예컨대 석유 기업이 명목상의 순자산가

치보다 높게 팔리는 것과 같은 구조조정 상황이 있을 수 있다. 저평가가 되어 있으면 기업활동 후 투자수익이 날 때가 많다. 특수상황투자자가 저평가 여부를 잘 살펴야 하는 이유다.

(2)운전자산은 순유동자산의 크기를 평가할 때 유용하다. 기업이 폐업할 때 얼마나 많은 현금이 생길지를 짐작할 수 있는 것이다. 운전자산엔 공장, 부동산 같은 자산은 포함되지 않을 수 있다. 운전자산을 보면 기업이 영업에 필요한 적정자산을 보유하고 있는지도 알 수 있다.

(3)현금의 크기로 기업이 확보한 유동성의 정도를 알 수 있다. 현금성 자산을 알면, 관련한 채권이나 주식이 얼마나 안전한지도 파악할 수 있다. 예컨대 현금, 현금성 자산이 이에 대한 주식이나 채권의 가치보다 크면, 안전마진 margin of safety이 있다. 이런 기업에서 기업활동이 벌어지면 짭짤한 이익이 나온다. 예컨대 청산하는 기업이 현금성 자산 이외에도 많은 자산을 보유하고 있는데, 주가는 순현금 수준에서 머무르는 경우, 투자자는 현금을 모두 분배받은 뒤로도 추가적인 분배금을 기대할 수 있다. 터미널 트랜스포트 청산 사례에서 비슷한 일이 있었다. 주가는 11달러 선이었지만, 현금 분배금은 주당 12달러였으며, 이후 추가적인 분배가 있었다. 유형자산을 팔아 현금이 더 생겼기 때문이다.

(4)질이 좋고 쓰임새가 있다면, 재고자산도 중요하다. 인수, 합병에서 재고자산은 인수나 합병을 시도하는 기업이 평가한다. 청산에서는 외부기관이 시장성을 평가한다.

(5)특허, 영업권, 무형자산은 기업이 매각되거나 청산될 때 가치가 없을 수 있다. 특별한 사정이 없는 한, 그냥 가치가 없다고 보면 된다.

(6)대차대조표의 충당금은 아주 재밌는 항목이다. 충당금은 어떤 지출을

예정하고 따로 모아둔 돈이다. 간과하기 쉬운 숨은 자산이라 할 수 있다. 세금이나 채무를 지급하기 위한 충당금은 사용될 가능성이 크다. 그러나 조정, 합의를 대비한 충당금은 종종 쓰이지 않고 주주의 몫이 된다. 우발적인 사태를 대비해 충당금을 쌓곤 하지만, 사태가 현실화되지 않으면 뜻밖의 수익이 난다.

(7)기업이 우발적인 채무를 대비해 두었는지도 중요한 요소다. 우발적인 손해배상에 대한 충당금이 없으면, 주주의 몫으로 돌아갔을 이익으로 배상해야 하므로 불리하다.

그룹2의 경우 계속기업을 전제로 분석하는 전통적인 방법이다. 인수, 합병, 구조조정, 자본구조의 변경, 분할 등에서 기존의 주식이 현금이나 다른 주식으로 교환되는 조건의 유불리를 비교·분석한다. 그룹2는 이를 위해 필요한 질문들이다. 교환되는 주식의 가치가 높을수록 투자수익이 생길 가능성이 커진다. 주식이 교환되는 각 기업의 매출, 이익률, 순이익, 배당 등을 비교하면 가치를 추정할 수 있다.

기업활동을 분석할 때 필요한 다른 요소들

각각의 특수상황투자는 저마다 접근 방법이 다르지만, 기본원칙은 같다. 아래는 기본원칙들을 정리한 것이다. 이를 적용해 특정한 기업활동이 효과적인지 아닌지를 판단해야 한다.

먼저 위험을 고려해 투자해야 한다. 특수상황투자에서 위험의 크기는 기업활동 발표 전의 주가와 기업활동 발표 후 변동한 주가를 비교해 측정할 수 있다. 기업활동이 실패하면, 주가는 원래의 가격으로 되돌아갈 것이기 때문이다. 기업활동 발표 전의 주가가 15~17달러, 발표 후 주가가 20달러라면, 위험의 크기는 3~5달러다.

(1)주주들의 찬반, (2)기업활동에 대한 반대의 정도, (3)기업활동이 발표된 뒤 끝날 때까지 걸리는 시간 등도 중요하게 고려할 요소다. 우선 주주가 찬성할지를 검토해봐야 한다. 특히 중요한 주주의 의견은 특수상황투자 전개에 큰 영향을 줄 수 있다. 즉,

- 대주주가 찬반의 분위기를 주도할 수 있다. 그러므로 대주주들의 이해관계를 살펴라.
- 경영진과 임원이 얼마나 주식을 들고 있는지도 봐야 한다. 20% 이상의 지분이면 적당하다.
- 주식의 분산 정도도 고려하라. 많이 분산되어 있을수록 경영진의 의사가 잘 통하는 편이다.
- 해당 기업활동에 필요한 정족수도 살펴라. 단순다수결이 아닌, 초다수결의 경우 문제가 복잡하다.
- 반대파가 있을 때, 얼마나 강력한지도 중요하다. 지분이 높은 특정 가문, 다른 기업이 해당 기업의 주식을 보유한 경우 등이 문제다.

다음으로 주주 이외에 반대할 수 있는 주체가 있는지 살펴야 한다. 이 중에서도 정부기관이 가장 중요하다. 법무부가 주도해 인수, 합병, 분할을 시도할 때도 종종 있다. 국세청은 세무적인 이슈를 해결해주어야 한다. 주간통상위원회는 운송 산업에서 벌어지는 기업활동을 승인할 권한을 가진 경우가 많다. 연방통상위원회나 증권거래위원회가 관여해야 할 때도 있다. 노조나 경쟁기업이 반대할 수도 있다. 바지선을 운영하는 기업인 아메리칸 커머셜 라인즈가 터미널 트랜스포트의 트럭 사업 부분을 인수할 때 철도업계가 반대한 사례가 있다.

마지막으로 반대의 근거를 정확히 조사해야 한다. 그래서 반대하는 주체가 하는 주장이 얼마나 타당하고 유효한지를 파악해야 한다. 반대하는 주체 덕분에 특수상황투자를 할 기회가 생기기도 한다. 유에스 스멜팅,리파이닝앤마이닝U.S. Smelting, Refining and Mining에 대한 인수 경쟁이 그 예다. 당시 주가는 거의 100포인트나 올랐다. 반대하는 주체가 등장하고 결국 경영권까지 차지했기 때문이다.

정보의 출처

최대한 다양한 자료를 조사해야 한다. 당연히 공시, 뉴스, 공식적인 발표, 개인적인 확인 등의 방법을 써야 한다. 주주총회소집통지서와 함께 받게 되는 의결권대리행사 권유서류proxy statement에 광범위한 정보가 있을 수도 있다. 특히 해당 특수상황을 주도하는 주체의 논리가 이 서류에 기재되어 있다. 아래는 주주총회소집통지서에 기재되는 항목들이다. 주주총회소집통지서에 포함된 정보가 풍부하고 중요함을 짐작할 수 있을 것이다.

○ 주주총회 일자

○ 주주총회의 목적

○ 보통주 자본금의 크기

○ 각 기업의 이익잉여금

○ 자산가치의 비교

○ 주가의 비교

○ 자산: 설비나 부동산 일체

○ 경쟁의 현황

○ 노동조합, 퇴직연금, 보험, 사회보험 정책

○ 소송 중인 분쟁

○ 신설기업 주식의 교환 절차

○ 자본구조

○ 존속기업의 내부규정

○ 인수, 합병 등의 계약이 취소될 수 있는 조건

○ 존속기업의 이사회

○ 임원들의 경력, 주식 보유 여부

○ 경영진에 대한 보상

○ 고용계약

○ 최근의 기업 재무 상태 및 이에 대한 주석

○ 세금 문제

새로 발행하는 증권을 설명하는 투자설명서도 상세한 편이다. 증권거래위원회에 제출하는 보고서에도 경영진의 주식 보유 현황 등 일반적인 출판물이나 간행물에서 찾아보기 어려운 중요한 정보가 많다. 투자를 전문적으로 다루는 출판물이나 신문은 일반적인 뉴스보다 개별 기업의 활동을 많이 싣고 있기에 좋은 자료다.

해당 증권이 발행되었을 때 정해놓은 조건도 확인해봐야 한다. 예컨대 전환우선주는 기간을 살펴봐야 한다. 대체로 전환권을 행사할 수 있는 기간이 정해져 있기 때문이다. 해당 증권에 부여된 권리, 우선권, 조건 등은 일반적으로 제공되는 통계 자료를 통해서도 확인할 수 있다.

가장 중요한 정보의 원천은 해당 기업 또는 해당 기업활동과 관련된 기업으로부터 나오곤 한다. 예를 들어 사업보고서엔 필요한 재무 정보, 해당 연도의 활동, 제품 개발 현황뿐만 아니라 다음 해의 계획도 기재되어 있다. 분기, 반기보고서엔 해당 기간의 이익, 영업의 현황, 어떤 기업활동이 진행되지만 늦어지고 있다면 기업결합심사나 세무적인 이슈의 확인 등 지연의 이유에 대한 언급이 있다. 기업의 담당 부서는 즉각적으로 정보를 확인해볼 수 있는 창구일 뿐만 아니라, 이를 통해 앞으로의 행동을 추측할 수 있는 실마리도 종종 얻을 수 있다.

경영진의 연설이나 인터뷰도 유용하다. 어디에서도 쉽게 취득할 수 없는 다른 기업에 대한 사실관계나 진행 중인 계획을 여기서 찾을 수 있다.

보고서에 작은 글씨로 쓰인 주석도 기업이 보유한 주식이나 부동산의 가치를 알 수 있는 실마리가 된다. 예컨대 저축은행인 리턴 파이낸셜Lytton Financial Corporation은 주석에 다른 저축은행에 투자해 220만 달러에 달하는 주식평가손실이 발생했다는 내용이 있었다.

2부

할인된 특수상황투자

본격적으로 특수상황투자를 공부해보자. 우선 할인되어 있고, 위험이 극소화되어 있으며, 투자수익이 거의 정해져 있고, 쉽게 계산할 수 있는 기업활동의 사례들을 들어보겠다. 정해진 시간과 절차에 따라 종료되는 사례들이다.

정해진 시간과 절차에 따라 진행되면, 잠재적인 투자수익의 크기를 계산할 수 있다. 투자수익의 크기가 계산되므로 시장의 일반적인 출렁임에 영향을 받지 않는다. 오로지 기업활동의 진행 정도에 따라 가격이 움직일 뿐이다. 예컨대, 터미널 트랜스포트의 자산이 아메리칸 커머셜 라인즈의 자회사로 매각되는 거래에서 주가는 절차의 진행 정도에 따라 정직하게 오르락내리락했다. 즉, 이 거래가 처음 발표되었을 때 주가는 11달러였고, 기업활동이 예정대로 끝날 때의 잠재적 가치는 13.5달러로 평가되었었다. 이후 절차가 진행되면서 주가는 12달러 선까지 올랐다. 그러나 법원이 가처분결정을 내려 절차 진행이 지연되자 주가는 11달러로 다시 떨어졌다. 나중에 가처분결정이 취소되자 거래가 성공할 것을 예상해 주가는 12.75달러까지 다시 상승했다.

같은 기간에 주식시장은 경제 뉴스에 따라 오르락내리락했다. 그러나 터미널 트랜스포트는 시장의 출렁임에 영향을 받지 않았다. 만약 도중에 거래가 아예 취소된다면 그때부터는 다시 주가가 시장의 출렁임을 반영해 움직이게 될 것이었겠지만 말이다. 사실 이 사례에서는 차라리 거래가 취소되는 게 좋을 수도 있었다. 거래가 진행되는 동안 트럭 운송기업들의 주가가 상승했기 때문이다.

다른 예로 델라웨어앤허드슨 철도Delaware & Hudson Railroad 합병을 들 수 있다. 당시 주식시장은 호황이었지만, 이 기업의 주가는 그리 높지 않은 32달러 선에 머무르고 있었다. 그러던 중 노퍽앤웨스턴the Norfolk & Western이 델라웨어앤허드슨을 합병하기 위해 여는 기자회견일이 다가오자, 주가는 합병이 성사되어 생길 이익을 반영해 10포인트나 뛰었다. 이를 통해 특수상황투자에서 주가는 시장의 일반적인 장세보다는 해당 특수상황에 더 큰 영향을 받는다는 사실을 다시 한번 확인할 수 있다.

할인된 특수상황투자의 특징

다음은 할인된 특수상황투자에서 발견할 수 있는 일반적인 특징이다.

1. 기업활동이 진행된다.
2. 투자수익의 크기가 계산된다.
3. 해당 특수상황과 관련한 모든 정보를 이용할 수 있다.
4. 적은 위험만 존재한다.

이런 특징 덕분에 할인된 특수상황에 투자하면, 주어진 정보만을 활용해, 절차가 진행되는 동안, 계산되는 투자수익을, 적은 위험만을 지고 벌어들일 수 있다. 예컨대 엘앤씨L.N.C. Corporation는 청산 중에 있는 기업이고, 주가는 3.5달러 선이다. 기업의 순자산은 5달러가 넘는다. 다만 한 가지 불명확한 게 있는데, 언제 다음번 청산금 분배가 있을지 알 수 없다는 점이다. 상당한 기간 내에 있긴 할 것이다. 이 상황은 위 네 가지 성질을 모두 갖추고 있으므로 할인된 특수상황이라고 할 수 있다.

할인된 특수상황투자의 다른 예로 제네스코의 마제스틱 스페셜티스 인수를 들 수 있다. 주주총회는 두 기업의 결합을 승인했고, 합병에 대한 별다른 장애물이 없었음에도 불구하고, 투자자는 마제스틱 스페셜티스를 10%나 할인된 가격에 살 수 있었다. 심지어 투자자는 크게 할인된 가격으로 마제스틱 스페셜티스의 주식을 사면서 동시에 교환받기로 예정된 같은 수의 제네스코 주식을 팔 수도 있었다. 이 방법을 사용하면 이익을 즉시 확정할 수 있다.

또 다른 예로 아메리칸 타바코American Tobacco Company와 선샤인 비스킷Sunshine Biscuit Company의 사례가 있다. 아메리칸 타바코가 선샤인 비스킷을 인수하겠다고 제안한 시점에 선샤인 비스킷의 주가는 46달러에서 49달러로 올랐다. 그런데 아메리칸 타바코는 인수대가로 선샤인 비스킷 1주에 아메리칸 타바코 1.4주를 지급하겠다고 했었고, 그 무렵 아메리칸 타바코의 주가는 40달러 언저리였으므로, 선샤인 비스킷의 주가는 논리적으로 49달러를 넘어 56달러가 되는 게 옳았다. 즉 당시 선샤인 비스킷의 주식을 매수하면 주당 5~6달러 정도의 투자수익을 예상할 수 있었다. 물론 인수가 무산되면, 선샤인 비스킷의 주가가 원래로 돌아갈 위험성을 부담해야 한다.

앞서 예로 든 사례에서는 네 가지 일반적인 특징이 모두 존재했다. 첫 번째 사례는 청산이었고, 나머지 사례들은 인수였다. 주식의 가치는 계산될 수 있었고, 이미 계획이 확정되어 구체적인 사항까지도 공개되어 있다. 각 사례에서 위험은 없거나 거의 없었다.

할인된 특수상황투자 기회가 발생하는 경우

할인된 특수상황투자 기회는 아래 일곱 가지 기업활동에서 발견된다.

1. 인수: 기업이 현금 또는 주식을 대가로 다른 기업을 인수
2. 분할: 기업이 분할되는 것. 강제적으로 자회사가 처분되는 것 포함
3. 청산: 기업이 자산을 처분하고 주주에게 남은 돈을 분배하는 것
4. 합병: 둘 또는 그 이상의 기업이 자산과 사업을 합치는 것

5. 자본구조의 변경: 기업의 자본구조를 재배치하는 것

6. 구조조정: 기업의 재정문제를 재정비하고 다시 자본을 유치하는 것

7. 잔여자산투자: 청산에서 잔존이익을 얻어내는 것

가치에 비해 주가가 할인되어 있다고 해서 항상 할인된 특수상황이라 할 수는 없다. 주가가 매장량의 가치를 제대로 반영하지 못하는 석유 기업이 흔히 존재하는 것만 봐도 분명하다. 그렇지만 이런 석유 기업도 잠재적인 자산가치가 있다. 일례로 웨스테이츠 석유Westates Petroleum Company의 사례를 살펴보자. 이 기업의 주가는 아메리카증권거래소American Stock Exchange에서 5.25달러 선에 거래되고 있고, 전문가들은 웨스테이츠 석유가 보유한 석유 매장량이 주당 17달러에 이른다고 평가하고 있다. 그러나 매장량의 가치가 주당 50달러 정도로 높다면 모를까 고작 이런 수준의 주가와 매장량 차이만으로는 시장의 이목을 끌 수 없다. 하지만 이 기업이 인수나 합병의 대상이 된다면 이야기가 다르다. 매장량을 근거로 한 가치평가가 진정 중요해진다. 이런 상황이 되면 명백히 주가가 할인되어 있다고 단언할 수 있다. 특히 인수 가격이나 합병 가격이 자산가치보다 아래여서 인수하려는 기업의 주주총회가 이를 승인할 가능성이 높다면, 더욱더 확신을 가지고 할인되어 있다고 평가할 수 있다.

할인된 특수상황투자에서 예상치 못한 가치, 예를 들어 추가적인 배당이나, 유보해둔 세금이나 숨겨진 자산 같은 게 발견되는 행운이 있을 수 있다. 만약 특수상황이 예상보다 더 빨리 진행되면, 투자금 대비 수익률이 더 늘기도 한다.

청산에서는 예상치 못한 가치가 드러나는 행운이 종종 일어난다. 끝나지 않은 소송에서 승소하거나, 유보해 놓은 세금을 돌려받거나, 받지 못한 채권

을 받게 되어 주주에게 이익으로 돌아오는 것이 그런 경우다. 브리티시 컬럼비아 파워British Columbia Power Company는 청산의 마지막 단계에서 주주에게 예상보다 더 많이 청산금을 분배한 대표적인 사례다. 청산 분배금이 정해진 이후에 소송이 종료되었기 때문이다. 잔여자산투자(제5장에서 더 설명한다)는 청산 후 남은 자산을 노리는 대표적인 투자다. 청산에서 숨겨진 자산이 발견되는 경우가 흔하기에 이런 투자기법이 발달했다. 텔리 테일러 오일의 청산에서도 그런 일이 있었다. 최초의 청산가치는 주당 25달러였지만, 이후 절차가 진행되면서 숨겨진 가치가 드러났고 주당 29달러까지 올랐다.

인수, 합병, 자본구조의 변경에서도 종종 숨겨진 자산 덕분에 당초의 예상보다 주식의 가치가 더 인정되곤 한다. 제너럴 텔레폰General Telephone Company의 앵글로 캐나디안 텔레폰Anglo Canadian Telephone 인수가 그런 사례였다. 앵글로 캐나디안 텔레폰은 오랫동안 제너럴 텔레폰이 인수하고자 한 후보였다. 최초 제안된 인수 가격은 50달러 선이었다. 하지만 거래가 진행되면서 초기 제안보다 더 나은 제안이 계속되었고, 주가는 거의 주당 100달러까지 올랐다.

콘티넨털 베이킹Continental Baking Company의 자사주 매입recapitalization[5]도 유사한 사례다. 이 기업은 높은 배당금을 지급해야 하는 우선주에 미지급 배당금이 쌓이자 우선주를 공개매수해 소각하려 했다. 첫 번째 공개매수 제안은 허사였다. 하지만 이후 더 나은 조건의 공개매수가 있었고, 결국 자사주 매입이 성사되었다.

특수상황투자자는 위 거래들이 종결되기 전, 어느 단계에서든지 투자에 뛰어들어 수익을 얻을 수 있었다.

---

5 recapitalization은 이 책에서 주로 자본구조의 변경으로 번역하였지만, 자사주를 매입·소각하는 방식으로 자본구조를 변경하는 것이 문맥상 분명한 경우, 자사주 매입으로 번역하였다._역주

각 유형의 할인된 특수상황투자는 기본적인 특징이 같다. 그러나 언제나 같은 정도의 투자수익이 예상되는 건 아니다. 청산이나 잔여자산투자는 초기 예상보다 추가적인 이익이 생기는 경우가 많다. 구조조정이나 자본구조의 변경에서는 추가적인 잔여자산의 분배와 같은 활동이 없기에 특수상황 중간에 횡재를 만날 가능성이 드물다. 한편 인수는 도중에 대상기업의 숨겨진 자산이 발견되면 속도가 더 붙으므로 추가적인 이익이 생기는 경우가 다소 있다.

분할(자회사의 처분 포함)은 모기업 밑에서 가치가 잘 드러나지 않았던 사업이 숨은 가치를 드러내는 기회다. 독립된 기업이 되면, 새롭게 가치를 평가받는다. 그리넬Grinnell Corporation이 그런 사례다.

거래 콘셉트

특수상황투자에서 거래는 주로 언제 매수할지가 중심이다. 매도는 자동으로 이루어지기 때문이다. 이익은 얼마나 많은 금액을, 얼마나 오랫동안 투자를 했는지에 따른 비율로 계산된다. 투자자는 대개 스스로 바라는 최소한의 수익률이 있다. 특수상황이 이런 수익률을 만족하면 적당한 가격에 투자를 시작해야 한다. 일부 전문적인 투자자들은 연 10%를 최소한의 수익률로 여긴다.

차입을 활용한 투자

할인된 특수상황은 차입, 증거금만 내고 하는 투자로 적합하다. 할인된 특수상황투자의 특성상 위험이 적고 적당한 기간 내에 끝날 것이 예상되므로 이런 여유도 생기는 것이다. 여기서 차입의 효과를 살펴보자. 퓨어 오일Pure Oil Company이 자산매각을 끝낼 무렵, 주가는 58달러 근처였다. 자산매각의 대가로 받을 유니언 오일Union Oil의 주가보다 6% 정도 싼 가격이었다. 예상수익은 주당 4달러였다. 거래종결에 필요한 모든 절차는 끝났고, 거래종결일도 정해져 있었다. 이 주식을 담보로 받아주는 기관도 있었다. 만약 80%까지 차입할 수 있었다고 가정해보자. 즉 투자자가 20%만 자기 돈으로 주식을 보유하고 나머지 80%는 차입해 매수한다고 가정하는 것이다. 그러면 불과 1,160달러로 퓨어 오일 주식 100주를 매입할 수 있었다. 이 1,160달러로 예상되는 투자수익은 400달러였다. 원금의 35%에 달하는 수익이다. 물론 빌린 돈 4,640달러에 대한 이자는 여기서 다시 고려해주는 게 옳다. 다만 이 거래가 한 달 내에 끝난다면, 연이율 5%에 4,640달러를 빌릴 때의 이자는 19달러에 불과할 정도로 적다. 그러므로 이자를 뺀 수익은 381달러가 되고, 수익률은 여전히 32%에 달한다. 또한 불과 한 달 사이의 투자이기 때문에 32%에 12를 곱해 384%의 수익이 난 것으로 봐야 옳다. 만약 전부 현금으로 투자했다면, 수익률은 (6%에 12를 곱한) 72% 정도에 불과했을 것이다.

포트폴리오의 순환

경험상 할인된 특수상황투자는 좋은 기회가 연달아 찾아온다. 예컨대 10번 연이어 특수상황투자 기회가 반복될 수도 있다. 10번의 독립된 기회가 있고, 각각의 경우에 같은 정도로 투자할 수도 있다. 물론 이미 투자금이 집행되어 있어 10번의 기회에 모두 투자할 정도의 돈이 없을 수도 있다. 그러나 일반적으로 어떤 상황은 일찍 끝나고 또 어떤 상황은 늦게 끝나기 때문에 10번의 기회가 한꺼번에 진행 중인 경우는 드물다. 그러니 한 상황이 끝나면 그 자금을 다른 투자에 사용할 수 있는 것이다. 연이어 투자를 계속하면 불필요하게 노는 돈이 없게 된다. 투자 기회가 다양하면 더 사랑스럽고 숨겨진 가치를 찾을 기회도 많아진다.

제4장
청산

청산은 특수상황투자 중 가장 중요한 분야다. 위험은 적으나 수익은 상당하다. 기관도 개인도 좋아하는 분야다. 절차 진행 중 기회도 여러 차례 생긴다. 시장이 요동치는 기간 동안 돈을 안전하게 두고 싶은 투자자도 청산의 특수상황을 좋아한다. (다음 장에서 보듯) 청산에서 숨은 가치를 찾는 잔여자산투자도 상당한 수익이 나는 분야다.

청산은 자산을 팔고 부채를 갚아 영업을 끝내는 절차다. 청산하는 기업의 주주는 비율대로 분배금을 받을 수 있다. 돈이 마지막으로 분배되면 기업은 소멸된다. 그러므로 청산에서는 계속기업가치가 아니라 영업이 중단되는 것을 전제로 자산을 분석해야 한다. 만약 주가보다 자산가치가 높으면 투자 기회가 생긴다.

청산의 특수상황에서도 기간이 중요하다. 예상보다 분배금 지급이 지연되면, 절대적인 투자금이 크다 해도 투자수익이 적을 수 있다. 이런 관점에서 좋은 투자 기회는 주된 분배금이 짧은 기간 내에 지급되는 경우다.

할인이 존재하는 이유

청산에서 할인이 존재하는 이유는 무엇일까? 네 가지 큰 이유가 있다. (1)주주들은 돈을 다른 어딘가에 쓰고 싶어 하고, (2)언제 청산이 끝날지 모르며, (3)가치가 얼마나 되는지 알아보려 하지 않고, (4)기술적인 절차에 무지하기 때문이다.

1. 현금화 필요성

주주들이 주식을 팔아 돈을 다른 용도에 쓰고 싶어 하는 게 할인의 주된 이유다. 세금 때문에 팔아야 할 수도 있다. 주식을 많이 가지고 있으면, 세금 문제가 중요해진다.

2. 종결 시점의 불확실성

언제 청산이 끝날지 알 수 없다는 점도 가치와 가격 사이의 괴리가 생기는 이유다. 사실 청산은 언젠간 끝난다고 믿어야 한다. 그러나 그런 믿음을 갖지 못하는 경우가 있는데, 믿음의 정도에 반하는 의심의 정도가 할인의 폭을 결정한다. 이는 청산이 끝날 시점이 되면 할인의 폭이 거의 거래비용 수준으로 줄어드는 것을 보아 알 수 있다. 아마추어 투자자의 경우 청산절차에 익숙하지 않고 자산이 현금화되어 분배되는 원리도 이해하지 못한다. 의심의 크기가 클 수밖에 없다. 더욱이 정부기관이나 노동단체가 예상치 않게 절차를 방해하는 일이 벌어지곤 한다. 투자자가 단순히 기분이 좋지 않다는 이유로 낮은 가격에 주식을 던지는 일도 있다. 잃기 힘든 가격에 파는 걸 도리어 즐기는 셈이다.

3. 무지

일반투자자는 저평가의 잠재력을 잘 알지 못한다. 예를 들어 외견상 보이는 청산가치에는 준비금, 충당금 같은 게 포함되어 있지 않다. 이런 돈도 소송에서 이겨 결국 쓰이지 않으면 주주들에게 돌아가는 자금이다. 심지어 충당금의 환수는 회계적으로만 이루어질 뿐이므로, 추심을 위해 비용이 들 것도 없다. 따로 떼어 두었던 금액 그대로 다시 이익에 반영되는 것이다. 이런 일은 유보금이 있거나 소송충당금이 있어 나중에 현금 및 현금성 자산이 분배되는 경우에도 일어난다. 청산 당시 소송 중이었던 브리티시 컬럼비아 파워에 이런 식의 투자 기회가 있었다.

4. 기술적인 절차에 대한 무관심

할인은 절차가 복잡하고 어려워서 발생하기도 한다. 일반투자자는 주식이 교환되는 절차, 후속매각 절차와 같은 특수한 분배절차를 두려워하고 꺼린다.

강제적인 청산

청산은 자발적일 수도, 강제적일 수도 있다. 파산이나 법률에 따른 청산은 강제적인 청산이다. 강제수용은 정부기관의 의지에 따른 강제적인 청산이다. 수도기업이나 유료교량을 운영하는 기업, 운송기업과 같이 공적인 서비스를 제공하는 기업은 종종 강제적인 청산을 겪는다.

1940년대 공공유틸리티지주회사법The Public Utility Holding Company Act이 시행되었다. 이후 숨겨진 자회사들이 공개되었고, 새로운 투자 방법도 생겨났다. 이런 기업의 자회사들은 장부상의 가치보다 더 높은 가치를 지녔지만, 대중들은 알지 못했다. 충실하게 실질자산의 가치를 분석했다면, 저평가가 해소되는 국면에서 투자수익을 올릴 수 있었다. 수용되는 일도 있었는데, 법률적인 절차를 거쳐야 하는 문제가 있긴 하지만, 역시 투자수익을 올릴 수 있었다.

파산

사기업이 파산할 때는 투자 기회가 드문 편이다. 그러나 앞서 언급한, 철도기업의 파산 같은 경우엔 계속기업가치보다 청산될 때의 가치가 더 높을 때가 흔히 있다. 사는 것보다 죽는 게 나은 셈이다. 뉴욕,뉴헤이븐앤하트포드 철도New York, New Haven & Hartford Railroad가 그런 사례이다. 이 기업이 살기 위해 노력하고 있을 때 채권은 20달러 언저리에서 거래되었었다. 하지만 파산이 불가피해지자 채권 가격은 40달러가 넘게 올랐다. 시장참가자들은 채권을 담보하는 자산(부동산)의 가치가 채권의 시장가격과 비교해 훨씬 높다고 평가했기에 이런 일이 생긴 것이다. 그러니 특수상황투자자들은 파산에서 증권의 기초자산, 증권이 담보하는 자산이 증권의 보유자에게 분배되는 기회를 잘 살펴야 한다.

자발적인 청산

자발적인 청산은 경제적인 이유로 생긴다. 이 중에서도 벌어들이는 이익이 꾸준히 줄면서 사업성이 나빠지는 게 가장 일반적인 이유다. 이때도 사는 것보다 죽어야 자산의 가치가 더 높아진다. 예를 들어 리 내셔널Lee National Company의 사업은 수익성이 없었다. 그래서 공장이 문을 닫을 때까지 유형자산을 조금씩 처분했다. 그러면서 현금과 유동자산을 모아나갔다. 이 기업은 이렇게 모은 자산으로 무엇을 할지 고민했다. 청산할 것인가 아니면 새로운 사업을 벌일 것인가? 결정을 기다리는 동안 자사주를 매입하기도 했다. 주가가 낮았기에 순자산가치 이하로 자사주 매입을 할 수 있었다. 자사주 매입 덕분에 주가는 일정한 지지선을 형성할 수 있었고, 이 기업의 주식을 보유한 투자자들은 큰 하락을 겪지 않을 수 있었다.

매출이 급감하고 현금이 쌓이는 기업은 종종 더 큰 기업과의 합병을 선택한다. 현금이 많은 상태로 다른 기업과 합병하면 청산하는 것보다 주가가 더 높아질 수도 있다. 이런 일이 모터 휠 코퍼레이션에서 일어났다. 이 기업은 청산이 거론되고 있었고, 청산가치는 대략 20달러로 예상되고 있었다. 이때 굿이어 타이어 앤 러버가 인수를 제안했다. 인수 가격은 모터 휠 3주에 굿이어 2주를 주는 것이었다. 이는 당시 25달러였던 주가보다 합리적인 실질가치에 가까웠다. 이후 인수가 완료되자, 모터 휠 주주들은 모터 휠 1주에 29달러어치의 굿이어 주식을 받았다.

산업 트렌드에 따른 청산

산업 트렌드에 따라 청산되는 사례로는 석유 기업의 청산이 가장 대표적이다. 석유 기업의 가치는 보유한 유정의 매장량에 따라 결정된다. 운이 좋으면, 예상 매장량보다 더 높은 가치를 인정받을 때도 있다. 석유산업은 원래 대가족이 경영하는 거대 지주회사가 주도했었다. 대가족이나 개인들이 기업을 청산하는 방식은 터미널 트랜스포트가 자산을 파는 것과 비슷했다. 앞서 언급한 델리 테일러 오일의 자산매각 역시 같은 사례였다.

산업 트렌드에 따른 청산의 또 다른 사례로 비료기업이 더 큰 기업으로 매각되던 것을 들 수 있다. 당시는 비료사업을 장기적으로 유망하다고 인식했었다. 덕분에 높은 가격에 매각되곤 했다. 나중에는 중소규모 비료기업이 아예 존재하지 않게 될 정도였다.

특수상황투자자들은 기업이 설비를 매각, 매수하는 흐름을 통해 트렌드에 따른 청산을 미리 알 수 있다. 특정 주주에게 주식이 집중되는 현상도 잠재적인 청산의 단서가 될 수 있다.

산업이 아무리 급속도로 성장해도 중소기업은 늘 '죽느냐 아니면 차라리 파느냐'의 문제에 마주한다. 중소기업이 대기업에 매각되면 제품도 더욱 성장할 수 있고, 일자리도 지킬 수 있다. 요즘도 과학기술이 집약된 첨단산업, 전자산업, 통신산업 등에서 이런 트렌드가 나타난다. 라디오를 만들던 전자 기업들은 스스로 기업을 설립하는 것뿐만 아니라 첨단산업 분야에서 성장하는 많은 중소기업을 인수하고 있다. 인구가 늘고 교육받는 계층이 늘어나면서 첨단산업 분야의 기업들이 계속 생겨나고 있기 때문이다.

담배기업은 식품생산기업, 식품유통기업을 인수해 사업을 다각화하려는 경향이 있다. 이 또한 산업 트렌드와 관련한 예다.

진부화는 청산의 중요한 동기다. 기술이 발전하면서 많은 제품과 서비스가 시대에 뒤떨어지는 것이 되고 만다. 이런 상황에 부닥친 기업은 스스로 신규사업을 하거나 사업을 다각화해 위기를 벗어나려고 노력한다. 하지만, 결국 일부 기업은 사업의 진부화와 청산을 피할 수 없다.

세금 또한 청산에 영향을 미친다. 대가족이 지배하는 중소기업에서 지분을 많이 가진 개인들은 매각하는 편이 세무적으로 유리하다는 컨설팅을 받곤 했다. 이에 석유산업에서 세금을 이유로 한 청산이 많이 있었다. 매각의 조짐은 시장에서 소문으로 돌기도 하고 뉴스에서 유추해볼 수도 있다. 작은 석유기업들은 늘어나는 고정비를 감당하기 어렵고 메이저 석유 기업들과의 심화된 경쟁도 버티기 어렵다. 결국, 매각할 수밖에 없는 환경이 조성된다. 메이저 석유 기업들도 나름대로 지가 상승, 설비투자비용 상승이라는 문제를 안고 있기에 신규 설비를 들이느니 중소기업을 인수하는 편이 싸다.

추가적인 단서

몇몇 비즈니스 배런은 사업의 일부만 계속 경영하고 나머지 자산을 팔아버릴 의도로 기업을 인수하기도 한다. 이 역시 청산의 한 형태다. 비즈니스 배런이 매입한 주식을 싸게 매입하면 투자수익을 거둘 수 있다. 비즈니스 배런의 매입은 뉴스나 금융권의 보고서를 통해 알 수 있다.

법률적인 트렌드

주주들이 기업의 임원들을 상대로 소송을 벌이는 경향도 늘고 있다. 이 역시 투자수익의 기회다. 임원을 상대로 한 소송은 청산이 다 끝난 다음에야 선고가 날 수도 있다. 이때 잔여자산에 대한 권리를 가진 증서를 보유하고 있으면, 추가적인 분배에 참여할 수 있다. 그러면 추가적인 비용지출 없이 예상치 못한 자산을 취득하게 되는 것이다. 즉, 분배되는 현금이나 유가증권은 유보된 자금이 그대로 이전되는 것이고 추가적인 비용지출이라고 할 게 없다.

청산완료를 위한 절차

청산의 방법은 세 가지다. 가장 일반적인 방법은 영업을 그만두고 모든 자산을 주주에게 나눠주는 방법이다. 하지만 청산이 끝난 후에도 잔여자산이 있을 수 있다. 잔여자산에 대한 권리를 가진 증서를 소유하면 이를 받을 수 있다. 이때는 이미 기업이 해산된 뒤이다. 이에 법원이 임명한 청산인이 절차를 진행한다. 이런 청산완료 상황에 대한 투자는 예상되는 잔여자산과 잔여자산을 받을 수 있는 증서 가격의 차액을 비교해서 진행한다. 청산이 완료되어 분배될 때까지 걸리는 시간도 고려해 적정한 비율의 자금을 투자해야 한다. 시간이 너무 오래 걸리면 이익이 나지 않는다.

부분적인 청산

부분적인 청산은 기업이 중요한 자산을 매각하고 그 자금으로 자사주를 매입, 소각하는 방식으로 진행된다. 기업은 주주의 몫인 자산을 매각해 자금을 얻었으므로 주주에게 자금을 되돌려주는 것이다.

부분적인 청산 상황에 투자할 때는 먼저 자사주로 매입될 주식의 가치와 자사주로 매입되지 못하고 시장에서 계속 유통될 주식의 가치를 합산한 가치를 구한다. 이렇게 합산된 가치와 현재 시장에서 거래되는 주식의 가치의 차이가 예상되는 투자수익이다. 부분적인 청산 상황에 대한 투자는 자사주 매입으로 발행주식총수가 줄어들고 남은 주식의 가치가 올라간다는 장점도 있다. 다만 자사주 매입, 소각 후의 주가는 기존 기업이 중요한 자산을 매각한 것을 반영한다.

이처럼 부분적인 청산 상황은 자사주 매입을 통하곤 하는데, 이때 기업은 시장가격보다 높은 가격으로 주식을 매입하는 게 보통이다. 예컨대 종전의 이름이 굿맨 매뉴팩처링Goodman Manufacturing Company이었던 맨굿Mangood Corporation은 중공업 부문의 자산을 950만 달러에 팔고 전자사업 부문만 운영하기로 했다. 이런 부분적인 청산절차의 하나로, 맨굿은 50달러에 발행주식총수의 60%를 공개매수하겠다고 발표했다. 발표 당시 아메리카증권거래소에서 거래되던 맨굿의 주가는 38~47달러였다. 맨굿이 주식을 공개매수하는 동안 특수상황투자 기회가 계속 이어졌다. 당시의 상황은 아래 표와 같다.

행동	금액(단위: 달러)
맨굿의 주식 100주를 시장에서 40달러에 매수한다 (a)	4,000
맨굿의 공개매수에 응해 60주를 50달러에 판다 (b)	3,000
공개매수가 되지 않고 남은 주식 40주를 시장에서 40달러에 판다 (c)	1,600
수입 (b) + (c)	4,600
비용 (a)	4,000
총 수익	600

같은 상황에서 주가가 좀 더 높았다고 가정하자.

행동	금액(단위: 달러)
맨굿의 주식 100주를 시장에서 44달러에 매수한다 (a)	4,400
맨굿의 공개매수에 응해 60주를 50달러에 판다 (b)	3,000
공개매수가 되지 않고 남은 주식 40주를 시장에서 44달러에 판다 (c)	1,760
수입 (b) + (c)	4,760
비용 (a)	4,400
총 수익	360

부분적인 청산의 다른 예로 씨케이피CKP Corporation를 들 수 있다. 씨케이피는 21달러로 40%의 자사주를 공개매수한다고 발표했는데, 당시 주가는 14달러 정도였다. 상황을 정리하면 아래 표와 같다.

행동	금액(단위: 달러)
씨케이피의 주식 100주를 시장에서 14달러에 매수한다 (a)	1,400
씨케이피에 공개매수에 응해 40주를 21달러에 판다 (b)	840
공개매수가 되지 않고 남은 주식 60주를 시장에서 14달러에 판다 (c)	840
수입 (b) + (c)	1,680
비용 (a)	1,400
총 수익	280

선택적인 청산

선택적인 청산은 기업이 주된 사업을 청산한 뒤 본질적으로 다른 기업이 되는 방식의 청산이다. 모든 운전자산을 처분하고 투자기업으로 남는 경우가 선택적인 청산의 일종이다. 퍼시픽 아메리칸Pacific American Corporation은 모든 운전자산을 처분하고 29.5달러에 주식을 공개매수하면서 이런 청산을 했다. 공개매수에 응하지 않은 주주는 투자기업의 주주로 남았다. 이처럼 주식을 그대로 보유하면, 특히 세무적인 측면에서 주주에게 유리한 장점이 있었다.

자산을 나눠주는 방법

일반적인 청산에는 자산을 분배하는 절차가 있다. 한 번에 분배할 수도 있고, 장기간에 걸쳐 여러 번 분배할 수도 있다. 현금으로만, 현금과 유가증권을 섞어서, 또는 유가증권으로만 분배할 수도 있다.

분배의 방식에 따라 투자수익이 달라진다. 한 번에 분배하면 해당 기간만 계산하면 된다. 1,000달러를 투자해 100달러의 이익을 얻는 투자에서 분배에 걸리는 기간이 1년이라면 10%의 수익이다. 만약 6개월 만에 분배한다면 20%

의 수익이 된다.

현금이든 유가증권이든 여러 번 분배하면, 투자원금 대비 각각의 기간을 계산해야 한다. 만약 첫 번째 분배에서 투자원금만큼 받는다면, 남은 분배금은 공짜라고 생각할 수 있다. 예를 들어 터미널 트랜스포트는 첫 번째 분배에서 주당 12달러를 지급했다. 주식을 12달러 미만에 매수할 수 있었기 때문에 특수상황투자자는 이후의 분배금이 언제 지급될지를 정밀히 계산할 필요가 없었다. 공짜나 다름없었기 때문이다.

그러나 첫 번째 분배금으로 원금을 충당하기에 부족하면, 언제 원금이 다 충당될지를 계산해야 한다. 주가가 7달러고, 청산금의 전체 가치는 9달러이며, 첫 번째 분배금은 5달러라고 가정하자. 투자자가 5달러 이상의 금액에 매수했으므로, 첫 번째 분배금으로 충당되는 5달러를 초과하는 금액이 비용으로 남는다. 이후의 분배금은 남은 2달러와 관련해 생각할 수 있다. 2달러를 새롭게 투자한다고 가정하는 것이다. 이 경우 분배금에 대한 투자원금은 주당 2달러이며, 남은 청산금의 전체 가치는 4달러다. 투자자는 2배의 수익을 예상할 수 있지만, 절차에 4년의 기간이 걸린다면 투자수익은 25%에 불과하다[6].

장기간에 걸쳐 조금씩 분배하면 청산이 종료될 때까지 투자 기회를 여러 번 얻을 수 있다. 자산이 어느 정도 간격을 둔 채 매각되고, 매각된 뒤 분배금이 여러 차례 지급될 때 이런 기회가 발생한다. 엘앤씨가 이런 경우였다. 투자 시작 시점에 자산의 가치는 주당 11~12달러였던 반면, 주가는 7달러였다. 첫 번째 분배금은 5달러였고, 이후 2.5달러의 분배금이 뒤따랐다. 이 두 번의 분배에서 매각된 자산은 전액 분배되었다. 글을 쓰는 현재, 이 기업에 남은 자신

6 원작자는 단리로 계산함._편저자 주

의 가치는 5달러로 추정된다. 그러므로 마지막 분배에 이르기까지 투자 기회가 계속될 것이다.

한 번 또는 여러 번 분배하면서, 현금과 유가증권을 혼합해 분배할 수도 있다. 엠에이 한나M. A. Hanna Corporation는 존속기간이 정해진 투자기업이었다. 이 기업은 주당 10달러의 현금과 52.74달러의 유가증권을 혼합한 분배를 진행했다. 델리 테일러 오일도 이런 분배의 좋은 사례다. 델리 테일러 오일은 주로 현금으로 분배하면서 남은 자산과 로열티를 받을 수 있는 증서를 분배했다. 현금과 유가증권을 혼합해 분배하면 유가증권이 인쇄되기도 전에 이 유가증권을 거래하는 장외시장이 형성된다. 투자자는 장외시장에서 미래에 받을 유가증권을 처분할 수 있다. 빨리 팔면 수익이 확정된다. 처분될 자산이 얼마에 팔릴지, 추가로 현금이 얼마나 분배될지 등을 확인함으로써, 전체적인 청산가치도 계산할 수 있다. 이 청산가치를 현재의 주가와 비교하면 단기적인 투자 수익의 기회를 얻을 수 있다.

릴라이언스 매뉴팩처링Reliance Manufacturing Company은 청산을 하면서 세 종류의 유가증권을 분배했고, 이 중 일부를 미리 처분할 수도 있었다. 투자수익의 기회는 처음부터 청산이 종료될 때까지 계속해서 존재했다. 릴라이언스의 보통주는 청산 시작 시점에 14.25달러였으며, 보유자산이 퓨리턴 패션Puritan Fashion Corporation에 매각될 때까지 주식은 계속 장외시장에서 거래되었기 때문이다.

즉, 청산 계획에 따르면 릴라이언스의 주주는 퓨리턴 보통주 1.05주, 9달러의 채무증서, 그리고 아메리카증권거래소에 상장된 파이어니어 에어로다이내믹스Pioneer Aerodynamics 주식 0.8주를 받기로 되어 있었다. 이 중 주식들의 가치는 대략 20달러로 계산되었다. 여기에 9달러의 채무증서를 더하면, 릴라이언스 주식의 실질가치 총합은 28~30달러였다. 그러므로 자산매각을 기다리는 동안 투자자들은 받게 될 유가증권보다 훨씬 할인된 가격으로 릴라이언스의 주식을 살 수 있었던 것이다. 마지막 분배에서는 예상치도 못하게 테크니컬 테이프Technical Tape, Inc.의 주식 1.5주가 주어지기도 했다. 결국, 유가증권 가치의 합은 최종적으로 31달러에 달했었다.

청산 상황에서 정확한 투자수익을 계산하려면 매도에 드는 비용도 빼주어야 한다. 사소한 부분이긴 하지만, 다른 주식으로 교환되는 방식으로 청산금이 분배될 때는 모든 주식이 다른 주식으로 교환될 수 있도록 단위를 맞춰 놓는 게 좋다. 그렇지 않으면 단주가 생기게 되고, 단주의 가치는 제대로 인정받지 못하는 경우가 많기 때문이다.

청산 상황의 분석 방법

청산 상황은 재무적인 면과 비재무적인 면으로 나누어 분석할 수 있다.

1. 재무적인 분석 방법

재무적으로는 자산을 찾고, 숨은 가치를 발견하는 게 중요하다. 위에서 언급한 릴라이언스 매뉴팩처링의 청산 상황에서 주주들은 주식과 채무증서를 받았다. 이때 투자자는 받을 주식의 가격뿐만 아니라 그 질도 평가하는 게 마땅하다. 주식의 가격은 받을 때의 시장가격을 평가하는 게 우선이지만, 마지막 분배가 있기까지 시장가격이 변동할 수 있다는 점도 염두에 두어야 한다. 이 기업은 분배될 현금을 대략적으로만 언급했었다. 그러므로 제3장의 그룹 1에서 이야기했던 방법대로 운전자산 및 여타 자산의 가치를 확인해 언급된 현금에 상응하는 수준의 가치를 가진 게 맞는지 파악해야 했다. 다만 이 사례에서 재고는 매도할 예정이었기 때문에 확인할 필요가 없었다.

충당금과 우발부채도 평가해야 했다. 숨은 가치를 발견해야 하기 때문이다. 릴라이언스 매뉴팩처링은 2개 기업의 주식을 나눠주기로 했었다. 그러므로 제3장의 그룹2에서 이야기한 방법대로 해당 주식의 가치 역시 평가해야 했다. 즉, 통상적인 주식 가치평가 방법을 여기에 적용하는 것이다. 이 방법을 적용해 교환받을 주식을 미리 처분할지, 아니면 수령할 때까지 기다릴지를 결정할 수 있었다. 만약 분석해본 결과 시장가격이 내재가치보다 높다면 즉시 파는 게 옳았다.

2. 비재무적인 분석 방법

비재무적으로는 의결권의 종류, 세무적인 문제, 반대하는 주주의 존재, 정부기관의 이해관계 등을 분석해야 한다.

릴라이언스 매뉴팩처링 청산 상황에서 경영진은 25%가 넘는 주식을 보유하고 있었다. 이 정도면 주주총회에서 청산계획에 관한 승인을 얻기에 충분했다. 실제로도 주주총회에서는 2/3가 넘는 찬성표가 나왔다. 하지만 일부 반대하는 주주들이 소송을 제기하였는데, 이 소송의 결론도 예측해야 했다.

세무적인 측면에서는 12개월 안에 분배금이 지급될 것을 요구하는 세법 제337조에 따르겠다는 기업의 발표가 있었다. 마지막으로 정부기관의 이해관계를 조사해야 하는데, 여기서 별다른 이해관계가 없음이 확인되어야 비로소 투자에 적합한 청산 상황이라 판단할 수 있게 되는 것이다.

현금이 분배되는 청산에서는 통상적으로 진행되는 일정한 절차가 있다. 이 절차에 따르면 최초 분배금의 규모가 가장 큰 게 일반적이다. 이렇게 최초의 분배금이 지급된 후 분배를 위해 일부 자산이 유보되곤 한다. 이런 절차에서는 제3장의 그룹1에서 언급했던 방식대로 유형자산을 평가할 수 있다. 청산이 진행중인 기업은 현금, 현금성 자산을 가득 보유한 상태이기 때문에, 재무상태표로 재무적인 상태를 꽤 정확히 알 수 있다. 그러나 충당금 항목이나 특정한 자산 혹은 우발상황에 관한 주석도 확인할 필요가 있다. 이런 항목에서 숨은 가치를 발견할 수 있기 때문이다. 종종 제조물책임이나 사소한 소송을 위해 남겨진 자산이 실제로는 쓰이지 않곤 한다. 심지어 이렇게 남겨진 자산이 청산 발표 시 언급되었던 명목상의 가치보다 더 큰 실질가치를 지니는 것으로 드러날 때도 있다. 매도를 위해 남겨둔 자산도 명목상의 숫자보다 더 큰 가치를 안겨줄 때가 있다.

세무적인 지위

세무적인 지위 때문에 모든 자산이 분배되고 껍데기Shell, 쉘만 남은 기업도 가치가 있다. 쉘은 이월되거나 환급될 세금과 같이 가치 있는 세무적인 지위를 가지고 있을 수 있고, 쉘의 주식과 교환해 상장하려는 시도가 있을 수도 있으며, 합병이나 인수의 대상이 될 수도 있다. 기업이 세무적인 문제와 관련해 연방정부, 주정부, 시정부와 소송을 벌이고 있는지도 확인해야 한다. 재무상태표나 주석에 우발적인 세금과 관련된 충당금이 설정되었는지가 나와 있다. 청구금액과 비교해 충당금이 충분한가? 기업이 정부에 세금을 환급해 달라고 소송 중인 것이 있는가? 종종 기업은 사업에서 큰 손해를 보고 청산되었지만, 나중에 수년간의 세금이 조정되면서 주주들이 놀랍고도 즐거운 혜택을 얻을 때도 있다. 토지보상금 소송이 있어 정부에 부동산이 매각되고 세금이 조정되는 것은 드문 일이 아니다.

충당금

충당을 위해 남겨둔 자금은 사업보고서의 작은 주석을 확인해야만 알 수 있는 경우가 종종 있다. 이런 부분을 주의 깊게 살펴보면 얻어걸리는 게 있을 것이다. 충당금은 때때로 너무 많거나 불필요하다. 그러니 결국 주주에게 분배되기 마련이다. 반대로 충분하지 않다면, 소송에서 다 지출되고 끝난다. 어쨌든 충당금은 청산에서 추가적인 이익이 발생하곤 하는 영역이다.

소송

청산에서 소송은 이익을 줄 수도, 손해를 줄 수도 있다. 그러므로 소송과 관련한 사항들을 잘 분석해야 한다. 청산 분배금이 소송에서 지출해야 하는 자금을 별도로 유보해 놓은 다음 지급되는 것인지도 중요하다. 일단 주주에게 이익을 주는 소송의 예로 토지보상금 소송, 세금을 조정해달라는 소송, 기업 임원들에 대한 소송, 결과가 나온 상사 소송 등을 들 수 있다. 소송의 결과는 예상하기 어려우므로, 부수적인 이익 정도로 생각해야 한다. 주주에게 손해를 주는 소송으로는 손해배상 소송, 채무불이행 소송, 거래와 관련한 분쟁, 사업 종료에 따라 노동자들이 낸 소송 등이 있다.

이례적인 조건들

청산 상황에는 이례적이고 독특한 조건들이 존재하기에 더 매력 있다. 정말 상상할 수 있는 다양한 유형의 조건이 있다. 터미널 트랜스포트의 매각에서도 주간통상위원회의 승인이 지연되면서 기업이 벌어들이는 이익에 참여할 수 있도록 하는 이례적인 조건이 있었다. 구체적으로 보통주의 경우 승인이 되는 날부터 매각종결일까지 기업 이익의 50%를 받을 수 있었다. 이는 누적적인 배당금과 같은 역할을 하였고, 덕분에 최종적인 승인을 기다릴 때까지 주식을 부담없이 보유할 수 있었다.

다른 이례적인 조건으로, 지연되는 동안 배당금을 조정하는 내용의 조건도 있다. 이때의 조정은 이익에 연동되는 조정일 수도 있다. 또한, 일부 청산 상황에서는 주주가 분할되는 자회사의 주식에 청약할 수 있다. 델리 테일러 오일이 그런 경우인데, 주주에게는 현금 청산에 앞서 델리 오스트레일리아 오일 Delhi Australian Oil Company의 주식에 청약할 수 있는 우선권이 주어졌다.

분석을 위한 자료

청산 상황에서 기본적인 정보는 공개되어 있다. 특히, 가치에 관한 정보는 비밀이 아니다. 기업은 자주 가치와 관련한 정보를 뉴스로 내놓는다. 청산을 위한 주주총회소집통지서에도 상세한 내용이 기재된다. 기본적인 통계 자료, 충당금과 미지급금의 성질, 매각되지 않은 자산에 관한 자세한 설명을 여기서 찾아볼 수 있다. 기업의 사업보고서나 반기·분기 보고서에도 배경이 되는 정보를 쉽게 찾을 수 있다. 기업에 직접 전화해서 물어봐도 된다. 대체로 답변에 협조적인 편이다. 수용이나 파산과 같이 강제적인 청산에서는 청산인이나 정부기관, 기타 법률적인 기관으로부터도 많은 자료를 얻을 수 있다. 이런 자료는 모든 이해관계자가 이용할 수 있다. 관계인들의 권리보호를 위한 조직도 이런 청산에서 다수 존재한다. 이를 통해서도 양질의 정보를 얻을 수 있다.

특별한 투자 방법

1. 잔여자산투자에 참여하는 법

현금을 분배하기 위한 청산의 경우 잔여자산(다음 장에서 잔여자산투자에 대해 상세히 설명하겠다)이 생길 때가 많다. 잔여자산투자는 남은 분배가 나중에 이루어질 때의 투자 방법이다. 잔여자산투자를 할 때는 첫 번째 분배금이 지급되기 전에, 첫 번째 분배금보다 낮거나, 혹은 같거나, 적어도 그리 높지 않은 가격에서 주식을 매수해야 한다. 첫 번째 분배금에서 전부 또는 거의 모든 투자금이 상환될 것이기 때문이다. 이후 이어지는 분배는 공짜 아니면 아주 적은 원금을 들인 채 얻을 수 있다. 결국, 끝에 가서는 모든 숨은 가치가 드러난다는 사실을 잊지 마라.

이미 여러 번 언급한 터미널 트랜스포트의 사례는 익숙할 것이다. 이에 다시 이 기업의 예를 들도록 하겠다. 이 기업은 주당 11.37~11.50달러에 주식을 매입할 수 있었다. 청산에서 예정된 첫 번째 분배금은 주당 12달러였다. 그러므로 이 기업의 주식을 매입하면 첫 번째 분배부터 조금이나마 이익을 얻은 채 시작할 수 있었다. 게다가 주주는 이어지는 분배금을 받을 수 있었고, 분배금은 1.35~1.50달러나 되었다. 공짜로 얻어진 이익인 셈이다. 이에 더해 주주는 청산이 종결되기까지 50%의 이익을 누적적으로 배당받을 수 있었다.

2. 헤지의 사용

주식과 현금이 분배되는 청산에서, 시장이 좋지 않을 때를 대비해 주식을 매도해(구체적인 내용은 제7장 거래기술 참고) 위험을 분산해야 한다.

3. 차입금의 사용

청산의 특수상황에서 첫 번째 분배금이 지급되기 전은 위험이 발생할 일이 거의 없다. 이 기간에 주식을 차입을 위한 담보로 사용할 수 있다. 차입을 통해 잠재적인 이익률을 크게 높일 수 있다. 1만 달러를 투자해 1,000달러의 이익을 얻는 특수상황의 경우, 1년 동안에 이 상황이 종료된다면 10%의 이익이 생긴다. 하지만 7,500달러를 차용하는 경우, 자기자금은 2,500달러만 들게 되고, 1년 동안의 이자 450달러를 뺀다고 하더라도, 순수익은 550달러가 되기 때문에 수익률은 22%에 달하게 된다. 만약 상황이 6개월 안에 종료된다면, 전액 현금을 사용한 투자의 수익률은 20%지만, 차입금을 사용한 투자는 44%의 수익이 생긴다.

사례

좀 더 상세한 이해를 돕기 위해 이 글을 쓰는 현재 청산 단계에 있거나 청산, 합병, 인수의 대상으로 고려되는 기업들을 간략히 요약한다.

○ 에이브이씨AVC Corporation

에이브이씨는 과거 에이비스코Avisco Corporation였다. 이 기업은 청산을 위해 자산을 팔았고, 결국 주로 현금과 몬산토 케미칼Monsanto Chemical의 주식만 보유하게 되었다. 그런데 세무적인 문제의 해결에 약 5년이 걸릴 것으로 예상되자, 기업은 자산가치 상당을 매수가로 하여 두 번이나 공개매수를 진행했다. 공개매수 이후 주가는 하락했다. 에이브이씨의 주식 1주는 몬산토 주식 0.83주, 주당 3달러의 가치로 평가되는 참가증(공개매수에 응한 주주에게 지급한다), 약 35.50달러의 현금에 상당하는 가치를 가지고 있었고, 이는 주당 107.74달러에 달했지만, 주가는 91달러에 불과했다. 기업이 발행한 주식의 총수는 10만 8,000주였다. 기업이 공개매수를 다시 할지는 알 수 없다. 현재 가능한 투자접근법은 현금과 참가증 상당의 가치를 비용으로 평가해 주가와 공개매수 가격에서 빼고, 0.83주에 해당하는 몬산토 주식만 평가하는 것이다. 그러면 몬산토의 주가가 78달러인데 반해 주가는 64달러에 불과하다고 볼 수 있다. 이런 방법 이외에 내재가치에서 17%나 할인되어 있다고 평가하는 것도 하나의 방법이다.

○ **아즈텍 오일앤가스**Aztec Oil & Gas

아즈텍 오일앤가스는 미국 소재 천연가스, 석유시추기업이다. 매각되거나 합병될 것이라는 소문이 있고, 자산가치는 주가보다 상당히 높은 것으로 평가되고 있다.

○ **보스턴앤프로비던스 철도**Boston & Providence Railroad

보스턴앤프로비던스 철도는 주간통상위원회로부터 주주들에게 청산분배금을 지급해도 좋다는 승인을 받았다. 이 승인으로 뉴욕,뉴헤이븐앤하트포드 철도는 현재 뉴헤이븐앤하트포드 철도New Haven & Hartford Railroad에 임대 중인 보스턴앤프로비던스 철도의 보스턴과 뉴욕을 잇는 노선에 대한 소유권을 인정받게 되었다. 그러자 뉴헤이븐앤하트포드 철도는 보스턴앤프로비던스의 주식 2만 770주에 대해 주당 110달러를 지급하기로 발표했다. 이에 더해 주주들은 보스턴앤프로비던스가 보유한 부동산에서 나올 장래 이익에 대한 권리증서를 받게 되었다. 〈스트리트Street〉는 보스턴앤프로비던스의 주식 가치를 400~500달러로 평가했다.

○ **컨솔리데이션 석탄**Consolidation Coal Company

컨솔리데이션 석탄은 모든 석탄과 이에 관련한 자산을 콘티넨털 오일 Continental Oil Company에 매각하겠다고 발표했다. 이에 주주들은 분배금으로 콘티넨털 오일 0.1주, 크라이슬러Chrysler Corporation 0.35주 및 약 47달러의 현금을 받게 된다. 현재의 가치로 분배금의 총합은 73.57달러인데, 컨솔리데이션 석탄의 주가는 65달러에 불과하다. 거래종결일은 현재까지 알 수 없다. 아마 1년 이내에는 종결될 것이다.

○ **펠몬트 오일**Pelmont Oil Corporation

펠몬트 오일은 석유와 가스 탐사 사업을 계속하면서도, 매각 제안을 즐기는 기업이다.

○ **제너럴 아메리칸 오일**General American Oil Company

뉴스에 의하면 제너럴 아메리칸 오일은 여러 기업과 합병 또는 매각을 논의하였다고 한다.

○ **그레이트 웨스턴 프로듀서스**Great Western Producers

그레이트 웨스턴 프로듀서스는 청산 중인데, 첫 번째 분배금으로 그레이트 웨스턴 주식 5주에 테일러 와인Taylor Wine Company 주식 1주를 지급했다. 후속 분배금으로는 그레이트 웨스턴 주식 6주에 테일러 와인 주식 1주를 지급하겠다고 한다. 일부 현금 분배도 예상된다. 이 기업은 수년 동안 적자였다.

○ 허드슨앤맨해튼Hudson & Manhattan Corporation

옛날 상호가 허드슨앤맨해튼 철도Hudson & Manhattan Railroad였던 허드슨앤맨해튼은 뉴욕항만청과 토지수용보상금 소송을 벌였는데, 뉴욕 주 대법원은 7,280만 달러에 달하는 보상금을 인정하는 판결을 선고했다. 항만청은 현재 상소하겠다고 한 상태다. 이 기업은 내심 7,200만 달러 이상의 보상금을 노리고 있긴 했지만, 이 정도의 보상금도 큰 승리다. 이 승리로 가장 큰 이득을 얻는 주체는 현재 5만 8,849주가 발행되어 A종류주에 비해 1/10에 불과한 B종류주 주주들이다. 이 기업의 정관에는 1,850만 달러가 넘는 이익은 두 종류주 주주들이 반분하도록 하고 있다. 그러니 1,850달러가 넘는 이익은 B종류주와 A종류주에 9:1의 비율로 분배될 것이다. 7,280만 달러의 보상금을 전제로 A종류주는 56달러의 가치를 가지게 되었고, 이는 아메리카증권거래소의 시세인 40달러보다 높은 것이다. 그러나 B종류주는 무려 693달러의 가치를 지니게 되었는데, 이는 비상장시장에서 거래되는 B종류주 시세 300달러를 크게 넘는 것이다. 이런 이상한 상황은 과거 채권보유자들에게 조정채권adjustment bond[7] 1,000달러당 3.5주의 B종류주를 지급하기로 합의하였기 때문에 생긴 일이다. B종류주가 발행될 때까지만 하더라도 액면가 1,000달러인 조정채권의 시가는 20~25달러에 불과했다.

○ 키와니 석유Kewanee Oil Company

키와니 석유는 원유를 생산하는 기업이다. 최근 일부 자산을 3,000만 달러가 넘는 가격에 매도했다. 종종 매각대상으로 거론됨에도 불구하고, 아직

7 원금은 보증되나 이자는 이익이 발생하여야만 지급되는 채권으로 인컴본드라고도 한다._역주

특별한 사항은 발견되지 않고 있다.

○ **커비 석유**Kirby Petroleum Company

커비 석유의 비지배주주들은 최근 기업의 지배권을 차지하기 위해 임시 대표이사를 선임해 달라는 가처분을 법원에 신청했다. 비지배주주들은 57%의 의결권을 모았다고 주장하는데, 확인해줄 수 없는 주체로부터 기업을 매수하고 싶다는 제안을 받았고, 이에 응하겠다고 하고 있다. 이 비지배주주 집단의 한 회원은 매수제안의 가치가 주당 55달러 정도라고 전했다. 이는 아메리카증권거래소의 시세 33.75달러보다 높다. 비지배주주집단은 약 70달러를 청산가치라고 주장하는 중인데, 경영진은 이에 동의하지 않고 있다.

○ **엘앤씨**

엘앤씨는 청산 중이며, 7.5달러의 분배금이 지급되었다. 남은 자산은 4~5달러 정도로 평가되고 있다.

○ **리 내셔널**

이 책의 다른 부분에도 등장하는 리 내셔널은 현금 비중이 높기에 그 용도를 찾기 위해 자본의 구조를 바꾸기로 하는 주주총회를 진행했다. 보유 현금은 주당 31달러에 달하는데, 주가는 24.50달러에 불과하다. 만약 이 기업이 적당한 투자처를 찾지 못하면, 청산도 가능하다.

○ **메릿채프먼앤스콧**Merritt-Chapman & Scott Corporation

보도에 따르면, 메릿채프먼앤스콧의 경영진들은 유망한 기회desirable

opportunities에 다른 사업을 인수하지 못하면 청산이 낫다고 믿고 있다고 한다. 사업보고서에 의하면, 이 기업은 1964년 이래 4개의 사업부를 매각했다. 이 기업은 공개매수를 진행해 주식의 총수를 286만 8,000주에서 227만 5,000주로 줄였다. 경영진과 특수관계인의 지분은 29% 정도다.

○ 파믈리 운송Parmelee Transportation Company

파믈리 운송, 체커 매뉴팩처링Checker Manufacturing, 시카고 옐로캡Chicago Yellow Cab의 3개 기업으로 구성된 연합체의 회원인 파믈리 운송은, 청산 또는 합병을 시도하려 한다는 증거가 있다. 이 기업은 운전자산 대부분을 처분하였고, 주로 현금과 국채, 시카고 옐로캡 주식의 58%를 보유하는 중이다. 보유자산의 가치는 52달러인 주가보다 훨씬 높다.

○ 선레이 디엑스 석유Sunray DX Oil

선레이 디엑스 석유는 늘 매각이나 인수와 관련한 소문이 돌았다. 석유매장량은 주당 45달러 정도로 평가된다.

○ 텍사스 퍼시픽 랜드 트러스트Texas Pacific Land Trust

텍사스 퍼시픽 랜드 트러스트는 청산이나 매각 가능성에 대한 소문이 종종 도는 기업이다.

○ 유니언 슈가Union Sugar Company

유니언 슈가는 캘리포니아에 대규모의 토지를 보유하고 있는데, 인근 부동산이 개발됨에 따라 청산의 대상으로 종종 거론된다.

오늘날의 사례

청산, 분할: 피디엘 바이오파마PDL Biopharma, PDLI

PDLI는 청산의 특수상황을 보여줄 좋은 사례입니다. 원금 손실의 위험은 매우 낮으면서도 단기간에 높은 수익을 안겨준 특수상황이기 때문입니다. 오늘날의 특수상황은 한 가지로 유형화하기 어렵습니다. 여러 특수상황 유형이 복합적으로 일어납니다. 이 사례는 유능한 행동주의자들이 있었습니다. 이들이 PDLI로 하여금 여러 번 분할(분할에 대해서는 제6장 참고)하도록 하여 내재가치를 드러내도록 했습니다.

1986년에 설립된 PDLI는 다수의 제약바이오 로열티 자산과 현금을 보유하고 있던 투자기업이었습니다. PDL은 프로틴 디자인 랩스Protein Design Labs의 약자입니다. PDLI는 로열티와 PDLI가 가진 인간화항체 기술 플랫폼PDLI's antibody humanization technology platform의 사용료로 매출을 올렸습니다. PDLI는 2008년 주주들의 압력에 의해 매각하기 전까지는 자체 사업도 하고 있었습니다만, 결국 자체 사업부를 떼어내 패시트Facet에 팔았습니다. 이후 남은 건 지적재산권, 면허권, 인간화항체 특허권, 로열티 자산뿐이었습니다. 이 기업의 전략은 로열티 자산을 제약기업에 팔아 매출을 올린다는 것이었습니다. 그러나 기업의 자본배치는 엉망이었고, 주가는 계속해서 떨어져 장부가치를 밑돌았습니다.

이때 엔진 캐피털Engine Capital이라는 행동주의 펀드가 PDLI에 관심을 두게 됩니다. 엔진 캐피털은 PDLI에게 모든 투자활동을 멈추고, 전략을 재검토하고, 비용에 맞게 규모를 줄이며, 이사회도 다시 구성하라고 요구했습니다. 이 행동주의 캠페인이 성공하여 PDLI는 전략을 재검토한 후 성장전략을 추구하는 것을 철회하고, 자산을 현금화하며, 이를 주주들에게 환원하겠다고 발표합니다. 나아가 이사회는 2억 달러 규모로 보통주와 전환사채를 매수하는 활동을 승인했습니다. 나중에는 그 규모를 2.75억 달러까지 늘리기도 했습니다. 경영진은 완전한 청산까지 여러 해가 걸릴 것으로 예상하고 있었습니다("저는 2년에서 3년 정도 예상합니다만, 더 걸릴 수도 있습니다." - PDLI CEO).

PDLI가 무엇을 보유하고 있었는지 살펴보면,

○ 3.14억 달러 로열티 자산

어셋티오Assertio, 전: 디포메드(Depomed)에 대한 로열티 자산 2.65억 달러가 가장 큰 로열티 자산이었습니다. PDLI는 2013년 디포메드가 허가를 받은 제2형 당뇨병 치료제에 대한 로열티를 받을 권리를 매입했었습니다. PDLI는 2026년까지 4.65억 달러에 달하는 로열티를 받을 것으로 예상하고 있었습니다.

○ 렌자Lensar

안과 레이저 수술 장비 개발기업으로 난시와 수술 후 백내장을 집중하여 다루는 곳입니다. 이 기업은 백내장 수술 시장의 최소 2.5%를 점유할 것으로 예상되었습니다. 이 기업이 최근 개발한 2세대 장비는 10년 동안 10억 달러의 매출을 올릴 잠재력을 가지고 있습니다.

○ 노덴 파마Noden Pharma

고혈압약인 텍터나Tekturna로 알려진 전문적인 제약기업입니다.

○ 에보펨Evofem, EVFM

나스닥에 상장된 기업으로 여성건강을 전문분야로 하고 있습니다. PDLI는 이 기업의 보통주 28.5%를 보유 중이었으며, 평균 매수 가격은 4.5달러입니다. 이에 더해 주당 6.8달러에 매수를 할 수 있는 170만 개의 워런트도 보유하였습니다.

○ 2.94억 달러의 현금

○ 웰스타트 세러퓨틱스Wellstat Therapeutics 대여금

PDLI는 2013년 웰스타트에 4,410만 달러를 대여했었고, 웰스타트는 2016년 파산을 신청했습니다. 뉴욕 주 대법원은 2019년 9월 웰스타트의 계열사가 이 대여금을 보증한 것과 관련하여 집행이 가능하다는 취지의 유리한 판결을 내렸습니다.

○ 1.34억 달러 상당의 전환사채

PDLI는 엔진 캐피털의 제안(공격적으로 자사주를 매입하는 것과 동시에 청산을 진행하면 위험은 거의 없고 매우 높은 수준으로 상방이 열린다)을 모두 받아들여 청산결정을 내렸습니다.

당시 렌자와 노덴 파마의 가치를 평가하기 위해서는 다소간의 추정이 필요했습니다. 그러나 엔진 캐피털보다 훨씬 더 보수적으로 평가하더라도 안전마진이 충분한 수준으로 PDLI는 저평가되어 있었습니다. 주가가 진정한 가치를 반영하지 않고 있다는 건 간단히 가치평가합산Sum of the parts, SOTP 방식을 써 각 자산을 더해보면 알 수 있었습니다.

당시 PDLI의 주식 가격을 정당화하려면, 2026년까지 4.65억 달러에 달하는 현금을 창출할 로열티 자산의 가치를 1.7억 달러로 평가하여야 했는데 이는 로열티 자산 현금흐름을 대략 40%의 할인율로 현재가치를 구한 것과 같은 수치이니 현실과 너무 큰 차이가 나는 가정이었고, 동시에 렌자와 노덴 파마의 가치는 0으로 평가하며, 에보펨의 주가는 60%까지 하락할 수 있다고 평가해야 가능한 수준이기 때문입니다. 다만 질서 있게 청산하는 데 시간이 걸린다면 위험이 있다고 볼 수 있습니다. 수년 동안 많은 간접비가 들 수 있기 때문입니다. 그런데 이와 관련하여서도 PDLI는 이사회 의장을 교체하고, 이사진의 수도 줄이기로 하였습니다. 엔진 캐피털 역시 PDLI의 이사들에 대한 보상이 과도하다고 비판한 바가 있습니다. 결국, 분명한 촉매와 예상 가능한 시간까지 정해진 특수상황 기회가 펼쳐졌던 것입니다.

실제 청산절차에 걸리는 시간은 더 줄어들었습니다. PDLI는 에보펨과 렌자 주식을 주주들에게 분배하였고, 노덴 파마를 약 5,000만 달러에 매각하였으며, 스스로 상장폐지를 결정하였습니다. 잠재적인 가치가 모두 실현되었다면 가능하였을 2배의 수익이 나지는 않았습니다만, PDLI의 주주들은 예상보다 훨씬 빠른 시간(약 반년) 안에 특수상황을 종결하였습니다. 결국, 엔진 캐피털의 개입과 청산 발표를 잘 추적해온 투자자라면 10개월 이내에 50%의 투자수익을 거둘 수 있었습니다.

우리나라에의 적용

우리나라에서 상장기업이 청산되고 분배금이 지급되는 사례는 스팩SPAC, 기업인수목적회사이나 리츠와 같이 특수한 목적을 위해 상장된 기업을 제외하면 거의 찾을 수 없습니다.

스팩은 다른 기업을 합병하여 상장시키기 위한 회사입니다. 스팩은 존속기간이 정해져 있으며, 존속기간 내에 합병에 실패하면 주주들에게 청산금을 지급해야 합니다. 보통 시장에서 거래되는 가격은 지급될 청산금보다 다소 낮은 것이 보통이며, 이 괴리를 이용해 투자수익을 얻을 수 있습니다.

리츠는 과거 자산이 처분되면 청산되고 상장 폐지되곤 하였으나 최근은 다른 자산을 매입해 유지되는 것이 일반적입니다. 리츠는 법적으로 수익의 상당부분을 분배해야 하므로, 상장이 유지되더라도 보유 자산 중 일부를 처분하면 많은 배당금이 지급될 수 있기에 보유 자산의 가치와 가격의 괴리가 크면 투자수익을 얻을 수 있습니다.

저자는 일부 자산을 매각하고 그 대금으로 자사주를 매입, 소각하는 예도 청산의 일부로 설명하고 있습니다. 예를 들어 2021년에는 유수홀딩스가 빌딩을 매각한 자산을 재원으로 이례적인 수준의 배당을 실시한 바 있습니다. 다만 우리나라에서는 기업이 보유 중인 자산 또는 영업을 매각해 큰 수익이 발생하더라도 이것이 주주환원으로 이어지지는 경우가 많지 않음을 주의해야 합니다.

저자는 기업의 지분이 제3자에게 매각되는 경우 역시 청산의 일종으로 설명하고 있습니다. 우리나라에서도 산업 트렌드 변화 혹은 대주주의 세무적인 이유로 종종 대주주 지분의 매각이 일어나곤 합니다. 하지만 우리나라엔 의무공개매수 제도가 없으므로 일반 주주들이 이러한 종류의 청산 상황에서 이익을 얻을 가능성은 크지 않습니다. 오히려 대주주가 거액의 경영권 프리미엄을 받고 지분을 양도하는 상황을 조심해야 하는데, 양수인은 지급한 경영권 프리미엄 이상으로 사익을 편취해 보상받고자 할 동기가 있을 가능성이 있기 때문입니다.

저자는 합병, 주식의 포괄적인 교환(이 역시 실질적으로는 합병의 일종입니

다) 역시 청산의 한 예로 설명하고 있습니다. 실제 상장기업은 상장기업이라는 지위를 가진 것만으로도, 저자가 본문에서 껍데기shell, 쉘라 표현한 바와 같이 다소 간의 가치가 인정되므로 아무리 사업이 종료되는 상황에 이르더라도 다른 기업에 합병되지 교과서적인 청산의 특수상황이 발생하는 경우는 드뭅니다. 청산의 목적으로 기업이 합병되면 합병비율과 시장에서 거래되는 가격의 차이를 이용한 차익거래가 가능할 수 있습니다.

기업 자체가 청산되는 것은 아니나 기업이 자발적으로 상장폐지를 하는 것 역시 주주들에게 강제적으로 현금이 주어진다는 점에서 청산의 특수상황과 유사합니다. 다만, 이때 주어지는 현금은 기업의 실질가치보다 낮아 도리어 주주에게 손해가 되는 게 일반적입니다. 예를 들어 과거 태림포장의 주주들은 상장폐지되면서 지급받은 현금이 주식의 실질가치를 반영하지 못한다는 이유로 소송을 제기하였고 1심에서 승소한 바 있습니다.

제5장
잔여자산투자

잔여자산은 청산기업에 청산되지 않고 남아 있는 자산을 말한다. 어떤 특별한 이유가 있거나, 절차가 오래 진행되고 끝나지 않았을 때 이런 자산이 존재한다. 당연히 이런 자산에 대한 투자도 존재한다. 주로 충당금, 유동화되지 않는 부동산 자산 등이 잔존하는 청산기업이 잔여자산투자의 대상이다. 진행 중인 소송이 있으면 대체로 청산되지 않은 자산을 보유하고 있다고 추정할 수 있다. 잔여자산투자는 청산에서 주된 청산금이 분배된 이후 이루어진다. 전체 자산에서 남은 작은 부분이 잔여자산투자의 대상이 되는 것이다. 잔여자산은 분배되지 못한 청산 분배금이라고 할 수 있다.

잠재적인 수익의 크기

사업보고서 등에서 다음과 같은 항목을 살피면 잔여자산투자를 할 만한 진정한 가치가 있는지를 찾아낼 수 있다.

○ 명목상의 순자산

○ 세금 관련 소송

○ 기업이 피고인 소송

○ 다른 기업과의 계약이나 유가증권에 기재된 반환채무

○ 발생가능한 상황에 대비해 유보해 둔 미확정충당금

명목상의 가치에서 할인된 정도, 즉 저평가의 정도가 클수록 잠재적인 이익이 크다. 잔여자산투자의 수익률은 기간에 따라 달라진다. 청산기업은 더 이상 운영되지 않기에 시간이 지나더라도 수입이 쌓이질 않는다. 이에 잔여자산에서 얻어지는 이익만이 잠재적인 투자수익의 전부다. 만약 원금과 비교해 잠재적인 투자수익이 크다면, 5년 이상 투자를 이어갈 수도 있다. 그러나 5년 동안의 투자수익 크기가 10%라면, 해당 특수상황은 투자매력이 있다고 할 수 없다.

잔여자산투자에서는 가장 마지막 청산금이 분배되어 남은 돈이 아예 또는 거의 없게 될 때가 언제인지를 계산해야 한다. 즉 잔여자산투자는 시간에 얽매이지 않으면서도 시간을 고려해야 한다.

잔여자산투자는 X만큼의 돈을 투자해 X 이상의 수익을 기대하는 투자다. 추가적인 이익이 발생할 가능성이 작더라도, 수년 동안 상황을 관찰해야 한다. 특히 세금 관련 소송의 경우 예상치 못하게 상당한 수준의 청산금이 쏟아질 수 있다.

용어 알아보기

잔여자산은 잔존이익이라고도 한다. 참가증서, 수익권증서, 미확정수익증서, 청산증서, 유보금증서와 같이 이를 표상하는 다양한 이름의 유가증권이 있다. 이름이야 얼마든지 다양하게 정할 수 있다. 이런 유가증권은 시장에서 거래가 된다. 주된 청산금이 분배되었다는 기재와 날인이 있는 원래의 주권도 잔여자산에 대한 유가증권이라 할 수 있다.

물리적인 유가증권이 없는 때도 있다. 은행이나 관재인이 주권을 보관하고 있는 경우가 그렇다. 이때 은행이나 관재인은 명부에 주권의 보관을 맡겼다고 기재된 사람에게 분배금을 직접 지급한다. 이런 상황에서는 주권을 직접 주고받는 거래가 쉽지는 않다. 그래도 거래는 가능하다. 예를 들어 권리를 사고파는 계약을 할 수도 있다. 은행이나 관재인이 계약을 인정하면 권리가 이전되는 것이다.

잔여자산은 기업의 마지막 단계까지 존재한다. 관재인이 해당 자산의 명의자가 될 수도 있다. 이땐 청산기업이나 분배금을 처리하는 은행이 관재인에게 재산의 처분을 요청한다. 당신은 관재인이 관리하는 명단에 이름이 올라가도록 할 필요가 있다. 관재인이 정보의 주된 원천이 되기 때문이다. 관재인은 최종적인 행위, 소송, 분배 등에 관한 정보를 당신에게 제공한다.

잔여자산투자의 방법

투자자는 두 가지 방법으로 잔여자산투자를 할 수 있다. 첫째는 시장에서 직접 관련 유가증권을 매수하는 일반적인 방법이다. 잔여자산이 복잡하고 가격 변동이 심할 때는 이런 방법이 제일 실용적이다. 델리 테일러 오일의 청산 분배금을 받을 수 있는 유가증권이 이런 경우였다. 이 유가증권은 처음 4달러였다가 나중에는 3달러가 되었다.

실질적으로는 두 번째 방법이 더 자주 사용되는데, 적은 돈 혹은 전혀 돈을 들이지 않고 투자상황을 만들어내는 방법이다. 먼저 주된 청산금이 분배되기 전에 미리 주식을 산다. 청산절차의 초기 단계에서 첫 번째 나눠질 분배금보다도 주가가 더 낮게 형성되는 건 이례적인 일이 아니다. 이런 주식을 매입하면 세금 걱정도 덜 수 있는데, 청산금의 분배는 투자한 자본을 반환하는 개념이기 때문에 세금이 없으며, 비용도 절약할 수 있기 때문이다.

잔여자산투자의 분석 방법

확정되지 않은 잠재이익에서 확실한 자산을 분리하는 게 우선이다. 기업은 종종 청산절차 중 예상되는 잔여자산의 크기를 발표한다. 청산이 발표되었을 때, 해당 기업의 재무제표를 훑어본 뒤, 기재된 자산가치에서 첫 번째 분배금을 공제해 잔여자산의 크기를 추측해볼 수도 있다. 기업은 청산되는 시점에서 거의 혹은 전혀 비용을 지출하지 않는다. 덕분에 진정한 잔여자산의 크기를 쉽게 구할 수 있다. 잔여자산은 현금, 시장성 있는 유가증권, 매각되지 않은 자산 등으로 구성된다. 소송충당금이나 기타의 유보금은 형태에 따라 잔여자산의 가치에 긍정적으로도 부정적으로도 영향을 미칠 수 있다. 그러니 명목상의 순자산가치를 구한 다음에는 충당금의 크기나 소송의 유형 등을 평가해야 한다. 청산이나 다른 문제를 다루기 위한 주주총회소집통지서 등에서도 관련 사항을 찾아볼 수 있다. 왜 분배금을 유보해 두는 것인지 궁금할 수도 있다. 예정된 분배 일정도 살펴야 한다.

잔여자산의 가치는 현존하는 자산과 미확정 채무의 합이다. 현존하는 자산은 채무를 갚은 후의 자산으로 쉽게 정의할 수 있다. 하지만 소송이나 청구에서 지급해야 할 채무는 늘 변한다. 조정이나 합의가 이루어지는 일도 있다. 미확정 채무야말로 잠재적인 이익을 가져다주기 때문에 (1)전부 승소할 때, (2)중간 정도에서 합의할 때, (3)전부 패소할 때와 같이 경우를 나누어 평가해볼 것을 조언한다. 잔여자산의 가치를 평가할 때 각각의 차이를 자료로 쓸 수 있다.

최대, 최소 가치의 추정

잔여자산의 최대 기댓값과 최소 기댓값을 추정해보는 것도 좋다. 이를 위해 현존하는 가치와 미확정 가치를 다양한 각도에서 살펴야 한다.

1. 잔여자산을 투입된 비용과 관련해 생각하라

잔여자산투자를 위해 첫 번째 청산금이 분배되기 전에 주식을 매입했다면, 비용은 주가에서 첫 번째 분배금을 뺀 금액이다. 예를 들어 주가가 21달러였고, 첫 번째 청산금이 20달러였다면, 잔여자산투자에 들어간 비용은 1달러다. 만약 주가가 19달러였고, 청산금이 20달러였다면 비용은 마이너스 1달러 혹은 비용지출이 없다고도 생각할 수 있다. 잔여자산에 대한 유가증권을 시장에서 직접 취득하면 당연히 그 가격이 비용이다.

2. 기업이 미확정 채무에 관한 소송에서 피고가 되고, 소송에서 패소한다고 가정하라

그러면 충당금이 모두 지출될 것이고, 잔여자산은 명목상 기재된 순자산 그대로가 될 것이다. 이것이 최소한의 기댓값이다.

3. 기업이 소송에서 잘 방어하는 경우를 가정한다

이 경우 충당금은 그대로 남아 잔여자산이 된다. 충당금이 전혀 사용되지 않고, 애초의 순자산에 충당금을 더한 금액이 최대한의 기댓값이 된다.

4. 기업이 소송에서 원고가 될 수도 있다

이 경우 잔여자산투자자는 소송으로 이익을 볼 수도 있다. 소송에서 지면 더해질 자산이 없겠지만, 만약 소송에서 이기면 순자산에 승소 금액이 더해져 잔여자산의 가치가 최대가 된다.

이상에서 기업이 승소할지 패소할지, 피고가 될지, 원고가 될지에 따라 최소한과 최대한의 기댓값을 추정해보았다.

숨은 가치

분배금에 다른 기업의 주식이 포함되어 있을 때는 해당 기업의 세무적인 지위를 확인해보라. 투자수익에서 공제할 수 있는 비용이 이월되어 있다면 큰 이익이 생길 수 있다. 수년 전에 아메리칸 파워앤라이트American Power & Light는 분배금으로 포틀랜드 가스앤코크Portland Gas & Coke의 주식을 주었다. 세무당국은 포틀랜드 가스앤코크의 주식 1주당 69.87달러의 비용처리를 허용했는데, 주가가 20달러 미만이었으므로 주주는 쉽게 많은 비용을 처리할 수 있는 지위를 얻었다. 브리티시 컬럼비아 파워와 홀리요크 쉐어스Holyoke Shares 소송의 경우와 같이 잔존자산이 오래 존재하는 이유는 주로 소송 때문이다.

잔여자산투자의 종류

존재하게 된 이유에 따라 잔여자산투자의 특징이 다르다. 일반적인 잔여자산은 청산하는 기업이 남긴 재산이다. 리지웨이Ridgeway Corporation는 매각이 예정된 자산이 잔여자산이 된 대표적 사례다. 델리 테일러 오일과 프로듀싱 프로퍼티즈Producing Properties는 소송을 예고하는 통지가 있었기에 청산이 늦어졌다.

참가증서Certificates of Participation는 잔여자산에 대한 권리를 보장하는 증서다. 청산을 신속히 하기 위해 쓰인다. 에이브이씨의 참가증서가 이런 경우였다.

반환증서Reversionary Certificates는 그 이름에서 뭔가 반환하는 행위가 있을 것을 예측할 수 있다. 임대차계약이 주된 청산 이후에 종료되어 부동산이 반환되는 경우에 이런 증서가 쓰인다. 웨스턴 유니언Western Union의 사례에서 보듯 반환 대상인 재산의 크기가 사소한 수준이 아닐 수도 있다. 웨스턴 유니언은 골드앤스톡 텔레그래프Gold & Stock Telegraph Company와 사이에 1981년 1월 1일이 되면 상당한 자산을 반환받기로 하는 계약을 체결해 두고 있었다. 이 반환청구를 이행하기 위한 자금이 웨스턴 유니언의 장부에 무이자부채로 기록되어 있었고 재무상태표의 장기부채에도 포함되어 있었다. 한편, 웨스턴레일웨이 오브 알라바마Western Railway of Alabama의 반환증서에는 1980년 반환이 발생하면 주식 1주를 받기로 하는 내용이 기재되어 있었다.

증권이 표상하는 잔여자산의 종류도 다양하다. 파코Paco, Inc.의 경우, 세금환급에 관한 권리가 증권이 표상하는 잔여자산이었다.

수익권증서Certificates of Beneficial Interest는 신탁된 자산이 청산될 때 쓰인다. 커낼 뱅크앤트러스트Canal Bank & Trust Company가 그런 경우였고, 이때 수익은 감모상각의 대상이 되어 세금이 부과되지 않았다.

우리나라에의 적용

앞서 우리나라 시장에서는 교과서적인 청산의 특수상황이 발생하는 경우가 드물다고 설명드렸습니다. 같은 이유에서 잔여자산투자의 특수상황이 발생하기도 어렵습니다. 다만 기업이 도산하여 상장폐지 절차에 들어가는 경우 정리매매가 진행되는데, 만약 기업의 본질가치를 계산할 수 있다면 이때 정리매매에서 주식을 매수하여 권리를 주장해볼 수 있을 것입니다.

또한, 저자는 청산 중인 기업에서 소송 중인 채무를 지급하기 위해 쌓아둔 충당금이 환입되는 경우를 잔여자산투자의 예로 들고 있습니다. 청산 중인 기업이 아니더라도, 기업이 소송에서 승소해 반영되었던 비용이 환입되는 일은 종종 일어납니다. 한화케미칼이 대우조선해양을 인수하면서 내걸었던 이행보증금을 반환받은 사례가 대표적입니다. 공정거래위원회가 부과한 과징금의 액수가 주는 경우도 흔히 일어납니다. 다만, 상장기업은 이렇게 환입되는 자금을 반드시 배당할 의무가 없으므로, 이런 일이 일어나도 주주가 직접 이익을 얻는다고 보기는 어려울 것입니다.

저자는 분배금에 다른 기업의 주식 같은 현물이 포함되어 있는 경우도 예로 들고 있습니다. 그러나 우리나라에서 현물로 잔여재산을 분배받는 일은 법적으로 불가능합니다. '분배'가 아닌 '배당'과 관련해 2011년 개정 상법은 현물배당을 허용하고 있으나, 실제 현물배당이 실시된 사례는 거의 없습니다.

제6장
분할, 자회사의 처분

분할은 청산, 구조조정, 배당금 지급과 유사한 부분이 있는 복합적인 기업 활동이다. 분할에서는 자산이 분배되므로, 이를 통해 투자수익을 올릴 수 있다. 분할에서의 자산분배는 배당금의 지급과 다르다. 배당금은 배당가능이익이 있어야만 지급할 수 있기 때문이다.

모기업으로부터 특정 영업단위를 강제적으로 분할하는 것을 강제분할이라 한다[8]. 그러므로 강제분할이 되는 경우, 모기업의 지배를 받지 않는 독립적인 기업이 시장에 등장한다.

강제분할강제적인 자회사의 처분 포함의 기원

1940년대까지만 해도 공공유틸리티 사업을 하는 지주회사들이 많았다. 투자자들은 이 지주회사들이 강제분할되면 투자 기회가 생길 수 있다고 생각했었다[9]. 공공유틸리티 사업을 하는 기업들이 모기업, 모기업의 모기업, 모기업

8 원저자는 분할을 독점규제 등에서 비롯된 강제적인 분할과 자발적인 분할로 구분하고 있다. 참고로 우리나라는 독점규제 및 공정거래에 관한 법률에 강제적인 기업분할을 명령할 수 있는 제도를 두고 있지 않다._편저자 주

9 벤저민 그레이엄 역시 몇몇 문헌에서 이 특수상황을 언급했다. 그레이엄은 공공유틸리티 기업이나 철도 기업을 넘어서는 모험을 벌이지는 않았다._편저자 주

의 모기업의 모기업 등으로 미로처럼 지분이 엉킨 채 실체가 드러나지 않고 있었기 때문이다. 복잡한 지주회사 구조에서 최상위 기업은 중간 지주회사를 통해 다수의 기업을 지배했다[10].

이후 증권거래위원회는 공공유틸리티지주회사법을 도입했다. 이와 더불어 재정적인 문제로 파산도 연이어 발생했다. 공공유틸리티 기업들의 구조조정이 시작된 것이다. 오늘날 존재하는 대규모 공공유틸리티 기업들은 이 무렵 강제적인 분할로 인해 생겨난 경우가 많다. 유니언 일렉트릭Union Electric Company, 컨슈머스 파워Consumers Power Company, 센트럴 일리노이 라이트Central Illinois Light Company, 오하이오 에디슨Ohio Edison Company, 뉴잉글랜드 일렉트릭 시스템New England Electric System 등이 유명한 사례다.

연방통상위원회도 강제분할을 많이 주도했다. 일례로 마틴 마리에타Martin Marietta는 콘크리트 파이프를 제조했던 다수의 기업을 처분해야 했다[11]. 포모스트 데어리스Foremost Dairies는 남부의 낙농, 아이스크림 기업들을 매각해야 했다. 또한, 론스타 시멘트Lone Star Cement Corporation는 서던 머티리얼스Southern Materials Corporation와 파이어니어 샌드앤그래블Pioneer Sand & Gravel Company을 인수해 취득한 콘크리트 공장 31곳 중 25곳을 강제분할하라는 명령을 이행하기도 했다. 슐리츠 브루잉Schlitz Brewing Company은 버거마이스터 브루잉Burgermeister Brewing Corporation을 처분하라는 명령을 받았고, 제너럴 푸드General Foods는 독점금지법률을 위반해 인수한 에스오에스S.O.S. Company를 처분하라는 명령을 받았다.

연방주택대부은행Federal Home Loan Bank 또한 강제분할을 명령할 수 있다. 이

10 저자는 자회사 주식의 처분 역시 분할의 한 종류로 설명하고 있다. 이는 법적인 의미에서의 분할은 아니다._역주

11 강제매각을 분할로 설명하는 사례다._역주

은행은 리턴 파이낸셜이 지배하는 자회사인 베벌리힐스 저축은행Beverly Hills Savings & Loan Company을 강제분할하라고 명령했다.

공공유틸리티 부분에서 증권거래위원회는 뉴잉글랜드 일렉트릭 시스템에 대해 강제분할 명령을 내린 바 있다. 다만 법원은 이후 명령을 철회하라는 판결을 선고했다.

분할의 이유

분할이 이루어지면 다양한 기업이 독립해 시장에 등장한다. 사기업은 대부분 두 가지 이유로 분할을 진행한다.

첫째, 합병이나 인수를 했지만, 인수한 부분이 기존 기업의 방침이나 태도와 맞지 않을 때 분할을 진행한다. 이때는 인수한 기업을 통째로 처분하는 게 최선이다.

둘째, 자회사에 독립적인 성장 기회를 주는 게 좋다고 여길 때도 분할을 진행한다. 뉴파크 마이닝New Park Mining Company은 보유한 이스트유타 마이닝East Utah Mining Company 주식 24.8%를 주주들에게 분배하는 방식으로 분할[12]을 진행했다. 두 기업 모두 비슷한 영역에서 사업을 했었다. 분할의 목적은 이스트유타 마이닝이 독립적으로 사업을 할 수 있도록 하기 위함이었다.

제분업을 영위하는 유나이티드 퍼시픽United Pacific Company은 자회사인 유나이

12 현물배당으로 자회사의 지분을 주주들에게 나눠준 경우다. 그러나 우리나라에서는 현물을 배당하는 방식으로 분할(정확히는 보유한 자회사 주식의 처분)을 진행한 사례를 찾을 수 없다. 모회사가 단순히 보유 중이던 자회사의 지분을 처분하고 그 자금을 모회사에 유보해 두면 지배주주가 언제든지 사용할 수 있지만, 자회사의 주식을 현물배당하면 주주평등의 원칙에 따라 주주들에게 골고루 이익이 돌아갈 것이기에 지배주주에게 불리하다._역주

티드 퍼시픽 인슈어런스United Pacific Insurance Company의 분할을 발표했다. 발표에 의하면 유나이티드 퍼시픽 인슈어런스는 34개 주에서 영업 허가를 받은 보험회사로, 분할의 목적은 독립기업으로서 지역적 범위를 더 넓혀 활동하도록 하기 위함이었다. 프렌티스홀Prentice-Hall, Inc.은 교과서 출판 사업에서 설비를 늘리고 경쟁을 강화하기 위해 자회사인 워즈워스 퍼블리싱Wadsworth Publishing Company의 주식을 주주들에게 분배하는 분할을 진행했다. 이 사례에서는 주가의 움직임이 인상적이다. 분할 발표 시점에 4.5달러였던 주가가 이후 두 배가 되었기 때문이다.

청산 중인 기업도 종종 분할한다. 분할을 통해 자산을 분배하는 것이다. 릴라이언스 매뉴팩처링은 청산 도중 파이어니어 에어로모티브Pioneer Aeromotive 주식을 주주들에게 분배했다. 3달러였던 파이어니어 에어로모티브의 주가는 곧바로 10달러까지 올랐다. 미드스테이츠 비즈니스 캐피털Midstates Business Capital은 청산 목적으로 파크뷰 드럭스Parkview Drugs와 헨리스 드라이브인Henry's Drive-In의 주식을 주주들에게 분배했다.

기업이 일부분을 청산할 때도 분할을 진행한다. 나우텍Nautec Corporation은 요트와 지형도 제작 사업을 덜어내기 위해 분할을 진행했다. 신속한 분할을 위해 브레이든 에어로모터Braden Aeromotor Company라는 법인도 설립했다.

기업이 추구하는 방향성에 따라 분할을 진행하는 사례도 있다. 커크바이나투스Kirkeby-Natus Corporation는 보유자산을 부동산 신탁으로 이전하고, 그 수익권을 주주들에게 분배하겠다고 발표했다. 이 방법은 절세의 이점이 있다. 퍼스트 파이낸셜First Financial Corporation of The West은 주요 자회사인 헌팅턴파크 퍼스트 저축은행Huntington Park First Savings & Loan Association을 처분했는데, 이는 해당 자회사가 다른 저축은행을 쉽게 인수하도록 하기 위해서다.

자회사의 처분이나 분할이 이익에 미치는 영향

자회사의 처분이나 분할은 모기업의 주가에도 영향을 준다. 모기업은 자회사의 주식을 주주들에게 분배할 수도 있고, 제3자에게 매각할 수도 있다. 이때 투자자들이 중시하는 이익이나 배당이 달라져 주가도 영향을 받는 것이다. 우선 엘파소 내추럴 가스El Paso Natural Gas가 노스웨스트 파이프라인Northwest Pipeline을 분할한 경우를 예로 들어보자. 분할안을 보면, 노스웨스트 파이프라인이 엘파소의 부채 1억 8,000만 달러를 인수하면서 독립하고, 노스웨스트가 엘파소에 주식을 발행하면, 엘파소는 자신의 주주들에게 엘파소 주식과 교환해 노스웨스트 주식을 지급하는 방식으로 분할을 진행했다. 그 결과 엘파소의 발행주식총수가 줄었고, 주당 이익과 배당이 유지될 수 있었다.

다음으로 강제분할 명령을 이행하기 위해 자회사를 매각한 다른 사례를 살펴보자. 강제분할 명령을 받은 모기업이 자회사를 제3자에게 매각하면 비록 현금을 받기는 하겠지만 매출과 이익이 줄어들 수 있다. 이때는 현금을 적절히 재배치하는 경영진의 능력이 중요하게 된다. 포모스트 데어리스의 주가는 기업이 많은 현금을 보유하게 되었음에도, 매출이 줄어들자 13달러까지 떨어졌다. 그러나 이후 현금을 유용하게 투자하자 주가가 상당히 높게 올랐다.

현물배당

분할과 현물배당은 유사하다. 현물배당은 모기업이 상당한 수의 자회사 주식을 보유하고 있을 때, 이를 주주들에게 지급하는 방식으로 진행된다. 모기업의 지배를 벗어나는 자회사는 더 독립적으로 사업할 기회를 맞게 된다. 이때 시장은 자회사의 더 높은 성장을 기대하고 높은 가치를 쳐줄 수도 있다. 만약 모기업이 자회사 주식의 전부를 현물배당하지 않았다면, 이런 시장의 평가는 모기업에도 이익으로 돌아온다.

이해관계충돌

뉴욕증권거래소New York Stock Exchange가 이해관계충돌conflicts of interest을 금지하는 규정을 두자 새로운 유형의 분할 가능성이 생겼다. 언론은 (1)모기업의 임원이 자회사로부터 이익을 얻을 수 있는 지위에 있는 경우, (2)임원이 경쟁기업으로부터 이익을 얻을 수 있는 지위에 있는 경우 등이 금지되는 사례에 해당한다고 보도했다. 언론에 인용된 이해관계충돌의 구체적인 사례에 의하면, 뉴욕증권거래소는 맥네일McNeil Corporation의 임원들에게 모기업에 대한 개인적인 지분을 처분하도록 권고했다고 한다. 특히 맥네일의 지분을 35% 보유한 선러버Sun Rubber Company에 대한 개인적인 지분이 언급되었다. 이런 뉴욕증권거래소의 정책이 효과적으로 실행되면, 강제분할의 새로운 지평이 열릴 수도 있다[13].

기업 상호 간, 임원 상호 간의 주식상호보유 사례나 연관성은 수년간 늘어왔고, 계속 늘고 있다. 통계자료를 살펴보면 기업이 다른 기업을 얼마나 보유하고 있는지 쉽게 파악할 수 있다. 자회사나 계열사 임원들의 주식보유 현황

13 우리나라에서는 증권거래소가 이런 이해관계충돌 문제를 잘 다루지 않으며, 자회사의 상장을 너무 쉽게 허용한다는 비판이 있다. 모기업 또는 모기업의 모기업이나 지주회사의 대주주가 상장된 자회사의 임원을 겸하는 일이 흔히 일어난다._역주

도 통계자료를 통해 알 수 있다. 다른 기업의 주식을 보유하는 것은 강제분할의 또 다른 원인이 될 수 있다. 이해관계가 크게 충돌하거나 얽힐 수밖에 없기 때문이다. 그러니 뉴욕증권거래소의 정책을 잘 관찰해야 한다. 더 강력히 이해관계충돌의 문제를 해결하려 할 수 있기 때문이다. 투자설명서, 주주총회소집통지서, 증권거래위원회의 리포트, 보도, 투자전문 출판물 등도 확인해 이해관계충돌 가능성이 있는 주식보유 현황을 파악하라.

양측으로부터 모두 투자수익을 올릴 가능성

분할의 특수상황에 투자할 때는 복합적인 관점에서 접근하는 게 좋다. 분할되는 기업만이 아니라 모기업에도 기회가 있을 수 있기 때문이다. 초기 단계에서는 모기업에 기회가 있고, 나중 단계에서는 분할되는 기업의 주가가 오르면서 수익이 발생할 수도 있다. 어떻게 접근하든지 간에, 저평가된 주식, 분할되어 전망이 더 좋아질 것 같은 주식에 투자해야 함은 당연하다.

일단 모기업에서 수익성이 있는 자회사가 분할되는 초기 단계부터 살펴보자. 그리넬이 이에 해당하는 적합한 사례다. 그리넬은 아메리칸 디스트릭트 텔레그래프American District Telegraph, ADT, 홈스 일렉트릭 프로텍티브Holmes Electric Protective Corporation, 오토매틱 파이어 알람Automatic Fire Alarm Company 등 3개 자회사를 처분하라는 명령을 받았다. 그리넬은 이 명령에 이의를 제기해 법무부의 독점금지 부서를 상대로 소송도 진행했다. 재밌는 건 처분명령이 떨어진 이후 그리넬의 주가가 100달러 미만에서 140달러까지 올랐다는 사실이다. 투자자는 '부분이 전체보다 가치 있다the parts being more valuable than the whole'[14]고 생각한 셈이다.

---
14 '전체는 부분의 합보다 크다'는 아리스토텔레스의 말을 활용하였다._역주

이런 종류의 분할엔 숨겨진 기회가 정말 많다. 모기업의 지배를 벗어나 독립적으로 운영되면 더 가치가 있을 법한 자회사들이 많기 때문이다. 특히 자회사의 가치를 모기업이 받는 배당금에 기초해 평가하는 회계 관행이 만연해 있기에 더욱 그렇다. 이런 회계 관행은 그리넬이 44% 지분을 가지고 있고 주당 순이익은 7.21달러지만 배당금은 1.25달러에 불과한 하조카Hajoca Corporation 같은 기업이 있기에 특히 주의해야 한다[15].

참고로 배당이 기업의 수익성을 모두 반영하는 건 아니다. 이에 배당금만 가지고 자회사의 가치를 평가하면 장부상의 가치가 실제보다 낮게 평가되는 왜곡이 생긴다.

나중 단계에는 분할되는 기업에 또 다른 수익기회가 생길 수 있다. 주주총회의 승인이 끝나고 정부의 인허가도 모두 거쳤다면, 자회사 주식은 실물 주권의 발행 문제만 남게 된다. 힐튼 호텔Hilton Hotels의 힐튼 호텔 인터내셔널Hilton Hotels International 분할을 예로 들어보자. 당시 분할계획과 정부의 모든 인허가, 분할 이유에 대한 설명, 분할되는 기업의 재무적인 정보까지 모든 정보가 공개되었었다. 임원들은 해외 부분이 국내 부분과 기본적인 성격이 다르기에 해외 부분의 성장을 촉진하기 위해 분할을 진행한다고 설명했다. 예를 들어 해외 부분은 부동산을 거의 소유하지 않고 위탁운영을 하지만, 국내 부분은 부동산을 직접 소유하는 특징이 있다는 것이다. 분할이 예정된 힐튼 호텔 인터내셔널의 주식은 주권 발행일 결제When-issued를 조건으로 18달러 선에서 거래가 시작되어 불과 몇 달 만에 26달러까지 올랐다. 이 사례에서 자회사의 주

15 우리나라에서 지주회사의 할인이 일어나는 원인 중 하나다. 지주회사가 자회사의 지분을 보유하더라도 해당 지분만큼 지주회사의 주주들에게 평등하게 환원되지 않는다는 것이다. 자회사가 벌어들인 수익이 자회사에 유보되고, 결국 지배주주의 이익을 위해 사용된다는 비판이 있다_역주

식을 매입한 사람들은 큰 수익을 올렸다.

분할되는 기업은 재무적인 정보가 부족하기 마련이다. 재무적인 정보가 쌓이기 위해서는 시간이 소요된다. 분할되는 기업이 저평가되는 이유 중 하나다. 시장은 재무적인 정보보다는 독립된 기업으로서의 사업전망을 기초로 분할되는 기업을 평가한다. 독립과 더불어 경영진이 더욱 해당 사업만을 집중해 챙길 것이기에 더욱 성공적으로 사업을 벌일 수 있다. 모기업의 간섭에서 벗어나는 것도 이점이다. 스스로 결정해 사업을 확장할 수 있게 된다. 특히 공공유틸리티 기업이 분할되던 시대에 이런 이점이 두드러졌었다.

분할되기 전의 자회사는 거래량이 적어 저평가되는 경우가 흔하다. 특히 유통주식수가 부족할 때 이런 일이 자주 생긴다. 유동성이 부족하면 배당금을 많이 주어도 주가가 잘 오르지 않는다. 예를 들어 그리넬의 자회사인 ADT는 순이익이 주당 10.12달러지만 주가는 그 10.1배인 113달러에 머물렀다. 심지어 배당금도 3.15달러에 불과했기에 저평가가 해소되기 어려웠다. 투자자들은 ADT가 독립하면 이익에 대한 배수가 더 증가할 것이고, 배당도 더 늘 것으로 생각했다. 또한, 이 두 가지 요소가 반영되어 주가가 현실화될 것으로 생각했다. 실제로도 그리넬에 ADT를 처분하라는 명령이 내려지자, 시장은 ADT를 달리 평가해 주가가 150달러까지 올랐다. 심지어 그리넬이 처분명령에 대해 이의를 제기해 법원의 결정을 기다리는 동안, 그리넬의 주가 또한 100달러에서 140달러까지 올랐다.

분할의 분석 방법

분할은 사전에 분할계획이 발표되기 때문에 공부할 시간이 충분하다. 분할이 완료되기까지 기다리며 두 가지 시각으로 분석해볼 수 있다. 하나는 이미 존재하는 모기업과 분할되는 기업을 하나의 단위로 보고 많은 자료를 분석하는 시각이고, 다른 하나는 분할되는 기업만 분석하는 시각이다.

더 다각적으로 검토하면 좋겠지만, 일단 전통적인 방법으로 모기업과 분할되는 기업을 분석할 수 있다. 특히 분할되는 기업의 경우 앞으로의 수익률과 성장률을 예상하기 위해 과거의 기록을 충분히 알아봐야 한다. 현재와 미래의 사업에 필요한 현금이 충분한지 알아보는 것도 필요하다. 다음으로 보통주에 우선하는 권리가 얼마나 있는지, 보통주의 수량은 어떠한지와 같이 자본의 구조를 확인해야 한다. 자본구조가 간단하면 시장의 반응도 좋고, 평가도 쉽다. 분할되는 기업의 경영진도 공부해야 할 항목이다. 주식이 상당 기간 오르지 않을 수 있고, 사업 확장을 위한 전략 역시 실행하는 데 시간이 걸리기 때문에 경영진의 파악이 더욱 중요하다. 만약 경영진이 그대로 유지되는 가운데, 이들이 더 밝고 유연하며 즉각 실행할 수 있는 계획을 세우고 있다면, 시장이 쉽게 반응할 것이다.

다음과 같은 방법으로도 모기업과 분할되는 기업의 가치를 평가할 수 있다. 앞서 그리넬의 사례에서, 그리넬은 자회사의 수익을 연결해 한꺼번에 계산하는 것이 아니라 들어온 배당만을 모기업의 이익에 포함하는 전통적인 방법으로 장부상 가치를 평가하고 있었다[16].

그러나 처분명령이 내려지자 자회사의 진정한 가치가 빛을 발휘했다. 즉, 시

16 우리나라에서도 연결대상 종속기업이나 지분법 대상인 관계기업이 아닌 경우, 단순히 취득 시점의 시가로 다른 기업의 지분가치를 평가하는 경우가 흔히 있다. 이 경우 보유한 다른 기업에서 배당을 하면 해당 배당금 정도는 모기업의 이익에 반영될 것이다._역주

장은 ADT의 순이익을 그리넬의 순이익과 연결해 실질적인 가치를 평가하기 시작했고, 이에 그리넬의 가치가 훨씬 커지게 되었다. 예를 들어 ADT의 순이익에 그리넬의 순이익을 연결해 더하면, 1964년 당시 순이익은 주당 9.21달러가 아닌 주당 11.88달러가 되었다. 주당 2.67달러의 가치가 더해졌기에 그리넬의 멀티플 10~14 정도를 곱하면, 주당 가치를 27달러 내지 37달러 더 높게 평가할 수 있게 된 것이다.

이런 방법은 분할이 진행되는 모든 기업에 적용될 수 있다. 연결해서 평가하자 가치가 증가했고, 처분명령이 내려지자 그리넬의 주가가 상당히 오른 것도 이런 이유 때문이다. 즉 투자자들은 ADT가 독립하는 것을 전제로 더욱 현실적으로 이익과 배당의 잠재력을 평가하기 시작했고, 장부상의 저평가가 해소되어 가치가 빛을 발하게 된 것이다.

이하의 또 다른 방법으로 가치를 평가할 수도 있다. 모기업의 이익에서 분할되는 기업의 이익을 공제하는 것이다. 그리고 종전에 모기업에 부여했던 멀티플을 그 공제된 이익에 적용해 주식을 평가한다. 예를 들어 모기업의 순이익이 주당 5달러인데 12배의 멀티플을 적용받아 주가가 60달러라면, 그리고 분할되는 기업이 기여한 이익이 주당 1달러라면, 1달러를 뺀 4달러에 12를 곱해 주당 48달러의 가치를 지닌 것으로 평가하면 된다. 그리고는 분할되는 기업 역시 이익에 12배의 멀티플을 적용해 가치를 평가한다. 만약 앞으로 분할되는 기업이 주당 2.5달러의 이익을 벌어들일 것으로 생각하면, 해당 기업의 가치는 30달러가 된다. 원래 모기업의 가치가 48달러였고, 여기에 분할되는 기업의 가치 30달러가 더해졌으므로 분할이 완료되면 전체 가치가 주당 78달러가 된다. 그리넬의 사례에서 처분명령 전 주가는 100달러에 살짝 미달하는 수준이었다. 그러므로 분할되는 기업의 가치를 50달러 이상으로 평가할 수 있다. 처분명령이 내려진 후 변동한 그리넬의 주가가 그 증거다.

종합하면, 분할의 특수상황에서는 아래와 같이 4개의 독립적인 투자수익 기회가 존재한다.

1. 분할 전 모기업의 주식
2. 주권이 발행되기 전 발행일 결제 조건으로 거래되는 분할되는 기업의 주식
3. 분할이 완결된 후 분할된 기업의 주식
4. 분할 후 종전 모기업의 주식

보유기간은 다양할 수 있다. 분할되는 기업에 충분한 재무적인 정보가 쌓일 때까지 장기간 투자할 수 있고, 단기간에 거래를 마칠 수도 있다.

오늘날의 사례

분할, 잔여자산투자, 합병 차익거래, 공개매수
: 케이쓰리미디어Key3Media, KMED

잔여자산투자, 분할, 합병, 공개매수가 동시에 일어나는 이번 사례는 20년 전의 것으로 오늘날이라고 말하기엔 다소 부족하지만 특수상황투자자로서 보고 흥분하지 않을 수 없는 매우 의미 있고 재미있는 사례입니다. 오늘날 특수상황투자의 교과서 격인 책을 쓴 조엘 그린블라트는 구체적인 내용은 생략한 채 인터뷰나 강연을 통해 이 사례를 다뤘는데, 특히 본인의 최악의 투자사례가 무엇이냐는 질문을 받았을 때 늘 이 사례를 소개합니다. 이 사례가 더욱 매력적인 건, (1)이 책에서 다루는 복수의 특수상황, 즉 잔여자산투자(제5장), 분할(제6장), 공개매수(제8장) 및 합병 차익거래(제11장)의 특수상황이 한꺼번에 펼쳐진다는 것과 (2)특수상황투자를 통해 좋은 기업에 투자하는 기회를 잡는 걸 보여준다는 점, (3)그럼에도 불구하고 예측할 수 없는 거시적 환경과 영업 레버리지에 의해 결과는 처참할 수 있다는 데에 있습니다. 그린블라트는 이 사례를 최악의 사례라고 이야기했지만, 우리는 그린블라트가 여러 종류의 증권을 사용한 복잡한 거래를 통해 어떻게 투자 포지션을 구축했는지 살펴볼 필요가 있습니다.

상황은 2000년 7월 씨넷CNET이 지프 데이비스Ziff-Davis를 16억 달러에 합병하기로 약정하는 것에서부터 시작됩니다.

테크를 다루는 매체인 지프 데이비스는 구조조정 목적으로 행사와 박람회 사업을 하는 자회사인 케이쓰리미디어를 분할(인적분할)하겠다고 발표합니다. 케이쓰리미디어는 컴덱스COMDEX라고 불리는 전시회를 운영하는 기업입니다. 컴덱스는 세계 최대 규모의 컴퓨터 전시회로 라스베이거스에서 열립니다. 역시 테크를 다루는 매체인 씨넷은 2000년 7월 지프 데이비스를 16억 달러에 합병하기로 계약합니다. 여기까지는 비슷한 사업을 하는 기업 간의 평범한 합병으로 보일 수 있습니다. 그런데 구체적인 합병계약을 보면 재밌는 점들이 발견됩니다. 합병계약에 의하면, 지프 데이비스 1주는 씨넷 0.3397주로 교환됩니다. 그런데 지프 데이비스는 지디지ZDZ라는 트래킹주식tracking stock을 발행한 상태였습니다. 트래킹주식은 어떤 기업의 여러 사업 중 일부를 따로 떼어내 해당 사업의 성과, 현금흐름에 연동되어 이익분배, 재산분배 등을 받을 권리를 가진 주식[17]으로, 지디지는 지프 데이비스의 지디넷ZDNet 사업에 관한 트래킹주식입니다. 합병계약에 의하면, 지디지 1주는 씨넷 0.5932주로 교환됩니다. 합병이 발표될 당시 씨넷의 주가는 32.1875달러였습니다.

지디넷의 구조조정은 기업이 거의 전적으로 인터넷 관련 사업에 집중하고 지프 데이비스의 트래킹주식을 평범한 보통주로 대체하려는 계획이었습니다. 지프 데이비스는 모든 인터넷 사업을 지디넷 사업에 포함해서 운영하고 있었고, 컴덱스를 포함한 모든 다른 사업은 별개로 운영하고 있었습니다. 씨넷 또한 컴덱스 사업이 아닌 지디넷 사업을 노리고 합병하는 것이기도 했습니다. 요약하면,

○ 지프 데이비스 보통주

지프 데이비스 중 지디넷 사업을 제외한 나머지 사업으로부터 이익분배 등의 권리를 가짐. 또한 지프 데이비스 보통주는 지디넷 사업에 관해 발행된 1.06억 주의 지디지 트래킹주식 중 6,000만 주, 즉 지디지 트래킹주식 1주 중 0.57주에 상당하는 권리도 보유

○ 지디지 트래킹주

지프 데이비스의 지디넷 사업에 관한 권리를 보유

○ 케이쓰리미디어

지프 데이비스로부터 분할될 예정

○ 씨넷 보통주

씨넷은 구조조정으로 분할되는 케이쓰리미디어를 제외한 지프 데이비스 전부를 인수하고자 함

17 우리나라는 트래킹주식 제도가 없다. 사업 부문 간 이해충돌 가능성이라는 큰 단점이 있고, 이를 발행하고자 하는 수요가 많지 않으리라고 예상했기 때문이다. 다만, 사업부를 물적분할한 후 상장하는 사례가 잇따르고 이에 대한 비판이 있자 우리나라에서도 트래킹주식을 허용해야 한다는 주장이 나오고 있다. 그러나 이 주장에 대해서는 인적분할로도 충분히 목적을 달성할 수 있다는 반박이 있다.

케이쓰리미디어 분할은 지프 데이비스 보통주 1주에 케이쓰리미디어 0.5주 및 2.5달러의 현금을 지급하는 방식입니다.

분할되기 전 분할 대상에 대한 잔여자산투자

구조조정 발표 당시 지프 데이비스 보통주는 11.5달러, 지디지 트래킹주식은 13.8달러로 거래 중이었습니다. 지프 데이비스 보통주 1주는 지디지 트래킹주식 0.57주에 상당한 권리도 가지므로, 지프 데이비스 보통주 2주를 매수한 뒤, 트래킹주식 상당의 가치를 공매도하면, 대부분 컴덱스 사업부만으로구성된 케이쓰리미디어 1주에 투자하는 것과 같은 효과가 발생합니다. 여기에 보통주 1주당 2.5달러의 배당금이 지급되므로, 실질적으로 케이쓰리미디어 1주에 대한 투자금은 더 줄어든다고 할 수 있습니다. 한편 지프 데이비스에서 케이쓰리미디어가 분할되면, 지프 데이비스 보통주에는 지디넷 사업부에 관한 권리 말고는 실질적으로 아무것도 남지 않는다고 볼 수 있습니다. 이러한 상황을 표로 나타내면 다음과 같습니다.

	주식 수	가격 (단위: 달러)	금액 (단위 : 달러)
지프 데이비스 보통주 매수	2	11.5	23.00
지디지 트래킹주식 공매도 (0.57 x 2)	1.14	13.8	(15.68)
배당	2	2.5	(5.00)
케이쓰리미디어 1주를 투자하는 데 드는 비용			2.32

구조조정을 하면서 케이쓰리미디어는 새로운 CEO로 프레드 로젠Fred Rosen을 영입합니다. 로젠은 개인적으로 케이쓰리미디어를 주당 3달러에 매입합니다. 그러나 일반 투자자는 위 표에서와 같이 2.32달러의 비용을 들여 케이쓰리미디어 1주를 투자하는 포지션을 구축할 수 있었습니다. 케이쓰리미디어는 이후 지프 데이비스 주주들에게 주식을 지급하는 것 말고도 일반투자자에게 주식을 매각하기 위해 기업공개Initial Public Offering, IPO를 하는데 이 IPO 가격을 6달러에 산정했고, IPO 이후 한 달도 안 되어 12달러까지 주가가 치솟게 됩니다. 2.32달러에 포지션을 구축했다면 420%에 달하는 수익을 올릴 수 있었던 셈입니다. 사실 케이쓰리미디어의 현금흐름을 고려하면 2.32달러는 유사기업과 비교해 절반도 안 되는 멀티플이라고 할 수 있었습니다. 그러니 케이쓰리미디

어 1주를 2.32달러에 투자하는 것은 IPO 가격의 절반도 안되는 가격이자 내부자라고 할 수 있는 CEO보다도 싼 가격에, 세계에서 가장 큰 컴퓨터 전시회인 컴덱스의 주식을, 동종기업보다 절반의 멀티플로 소유하는 투자라고 할 수 있습니다.

당시 다른 방식으로도 투자가 가능했습니다. 지프 데이비스 보통주를 사고, 인수대가로 받을 씨넷 주식만큼을 공매도하는 것입니다. 지프 데이비스 보통주와 씨넷 보통주의 가격 차이를 이용한 차익거래라 할 수 있습니다. 그러나 이 방법보다는 지디지 트래킹주식을 공매도하는 게 더 설득력이 있는데, 이는 인수가 성사되지 않을 위험조차 부담하지 않는 투자 방법이기 때문입니다.

그렇다면 도대체 왜? 불과 몇 달이 지나지 않아 이 투자가 조엘 그린블라트에게 최악의 투자가 된 것일까요? 그린블라트의 설명을 들어보죠.

"케이쓰리미디어는 라스베이거스에서 전시회를 개최하면서 1평방피트당 2달러에 공간을 빌렸습니다. 그리고 이것을 62달러로 참가기업에 대여했죠. 전시회가 성장하는 동안 2달러의 비용을 들여 62달러의 매출을 올린 셈이죠. 저는 이 사업의 엄청난 매력에 푹 빠졌습니다. 저는 주당 3달러에 엄청나게 큰 지분을 사 모았죠. 어쨌든 6달러에는 매도하고 투자를 마칠 수 있다고 생각했으니까요. 그러나 저는 그렇게 못했습니다. 사업이 너무 좋아 보였고, 주가도 12달러까지 올랐으니 말이죠. 케이쓰리미디어가 엄청나게 많은 돈을 차입해 2001년 9월 9일에 또 다른 전시회를 개최할 권리를 사들일 때까지는 모든 게 좋았습니다. 그러나 그 직후 9.11 테러가 터졌고, 아무도 여행을 가지 않게 되었으며, 전시회 사업도 폭삭 망하고 말았죠. 금융 레버리지를 일으키면 많은 돈을 벌 수 있지만 그만큼 위험하다는 건 누구나 압니다. 그러나 저는 이 사건을 통해 영업 레버리지 역시 위험한 건 마찬가지라는 걸 깨달았죠. 2달러로 62달러를 버는 건 좋지만, 매출이 생기지 않으면 60달러는 순식간에 신기루와 같이 사라집니다. 이게 영업 레버리지의 무시무시함입니다. 저는 겨우 주당 1달러를 조금 넘는 수준에서 매도하고 빠져나올 수 있었습니다."

그린블라트는 10년 동안 수수료를 제외하고도 50%의 연수익률을 기록한 투자자입니다. 많은 이들은 그린블라트가 이 시대의 가장 위대한 투자자 중 하나라고 간주합니다. 그린블라트는 영업 레버리지의 중요성과 극단적인 사태의 위험성을 경고하기 위해 이 이야기를 하였습니다. 특수상황투자에서 이론적인 성공 가능성은 언제든지 무너질 수 있다는 교훈을 주려는 목적일 것입니다. 그러나 여기서 우리가 가장 중요하게 생각해야 할 부분은 그린블라트가 "어쨌든 6달러에는 매도하고 투자를 마칠 수 있다고 생각했으니까요"라고 말하는 대목입니다. 그린블라트는 늘 큰돈을 벌 것 같은 투자가 아니라 도저히 잃지 않을 것 같은 투자 기회에 집중하라고 이야기해왔습니다. 그린블라트의 케이쓰리미디어 투자는 이 이론에 부합하는 투자입니다. 주당 약 3달러에 투자 포지션을 구축하고 IPO는 6달러에 산정된 것을 잘 알던 그린블라트는 이 포지션의 비중을 꽤 크게 설정했을 것입니다. 케이쓰리미디어는 특수상황투자를 통해 좋은 기업을 내재가치 대비 낮은 가격에 투자하는 좋은 사례이기도 한 동시에 거시적인 요인(9.11 테러)으로 인해 얼마나 빠른 속도로 회사의 상황이 악화되는지도 보여줍니다.

우리나라에의 적용

우리나라에서도 분할은 늘 이슈입니다. 저자가 든 사례는 인적분할, 현물배당, 자회사의 처분 등 다양한 반면, 물적분할에 관한 논의는 없지만, 우리나라에서는 주로 인적분할과 물적분할이 주주에게 어떤 영향을 미치는지와 관련한 논의가 많습니다.

우선 우리나라의 상장기업은 지주회사로 전환하는 과정에서 인적분할을 이용해왔습니다. 인적분할은 주주가 분할되는 기업의 각 주식을 모두 보유하도록 하는 형태의 분할입니다. 즉, 인적분할을 하면 기존 A라는 기업이 A와 B로 분할될 때 주주가 A와 B의 주식 모두를 보유하게 됩니다.

이때 존속하는 기업 A는 지주회사가 되고 신설되는 B는 사업회사가 됩니다. 그리고 통상 지주회사의 주식가치는 지주회사가 보유한 사업회사의 주식가치보다 크게 할인되어 거래되는 것이 우리나라의 일반적인 상황입니다. 만약 이 할인이 부당하거나 할인은 정당하더라도 그 폭이 너무 과하다고 생각한다면 그 폭이 좁아질 것을 기대하고 지주회사를 매수할 수 있고, 그렇지 않다고 생각하면 사업회사를 매수할 수 있습니다.

인적분할이 반드시 지주회사 설립을 위한 것은 아닙니다. SK텔레콤이 SK텔레콤과 SK스퀘어로 분할한 것과 같이 각자의 사업분야에 따라 나눌 수도 있습니다. SK텔레콤은 성숙사업이며 주주환원의 비중이 높은 통신사업을 하고, SK스퀘어는 SK하이닉스를 지배함과 동시에 여러 가지 성장사업을 하는 식입니다. 이런 분할의 경우 저자가 이야기한 '부분이 전체보다 가치 있다'는 원칙이 적용될 가능성이 있습니다.

한편 물적분할은 기존 A라는 기업이 100% 지분을 가진 자회사 B를 설립하는 형식입니다. 우리나라에서는 최근 이 자회사 B가 대개 핵심적인 사업을 하고 주식시장에 상장하기 때문에 기존 A기업을 보유하였던 주주의 이익이 훼손되는 것이 아닌지에 대한 논쟁이 있습니다. B를 상장하면서 얻는 과실이 A기업의 비지배주주에게는 골고루 나눠지지 않기에 발생하는 문제입니다. 하지만 그런 문제점이 있다고 하더라도 기존 A기업이 B기업을 지배하는 것은 사실이므로 과연 어느 정도의 할인이 적당한지에 관한 논의가 있을 수 있습니다. 만약 할인이 정당하다면 A의 가치를 좀 더 엄격하게 평가하고 할인이 부당하다면 A의 가치를 좀 더 너그럽게 평가할 수 있을 것입니다.

예를 들어 SK케미칼은 보유한 SK바이오사이언스의 지분가치보다 크게 할인되어 거래되고 있는데, 일부 행동주의 펀드는 그 지분 중 일부를 처분하고 주주환원을 늘릴 것을 요구하고 있기도 합니다. 만약 기업이 이런 요구를 수용하는 분위기가 생기면 모기업 혹은 지주회사라고 하여 크게 할인되는 경향이 줄어들 수 있습니다.

한편, 장부상의 가치가 크지 않았던 자회사나 타법인출자증권 등이 높은 가치로 처분되어 일회적인 이익이 크게 발생하는 경우도 있습니다. 다만, 저자가 설명하는 바와는 달리 자회사 등의 처분 대가가 곧바로 일반주주들에게 평등하게 귀속되는 경우는 드뭅니다.

하지만 이 역시 기업이 벌어들이는 이익임은 틀림없습니다. 그러므로 어떤 기업이 장부상 가치가 낮게 기재되어 있지만, 실제 가치가 높은 자회사나 다른 기업의 지분을 가지고 있다면 이를 유심히 살펴보는 게 좋을 수 있습니다.

제7장
거래기술

/

기업활동 도중 오로지 거래 자체를 통해서도 투자수익을 얻을 수 있다. 인수, 합병, 청산 등의 특수상황투자에서 투자자는 기업활동의 '결과'를 분석한다. 그러나 거래기술 특수상황은 '거래' 그 자체를 분석한다는 점이 다르다. 거래기술 특수상황은 특정한 거래가 이미 유리한 지위에 놓인 상황에서 적당한 거래기술을 적용해 투자수익을 얻는다. 거래기술 특수상황을 분석할 때는 '방법'이 중요하고, 해당 유가증권이 저평가되었는지는 그리 중요치 않다.

이제 어떻게 거래기술 특수상황이 발생하는지 살펴보자. 기업은 설립할 때 몇 가지 중요한 사항을 정한다. 유가증권에 중요하고 특별한 조항을 기재해 두기도 한다. 채무액이 점차 줄어들도록 하거나sinking funds, 현금으로 상환되도록redemption 하거나, 다른 증서로 전환되도록convertibility 하는 등의 조항이 그런 중요한 조항의 예다. 거래기술 특수상황은 이런 조항이 존재할 때 발생하는 경우가 많다.

이 중 같은 기업의 다른 증권으로 전환할 수 있는 권리가 유가증권에 기재된 경우를 예로 들어보자. 거래기술 특수상황은 아래와 같이 진행된다.

(1)현재의 증권과 전환대상 증권 사이에 가격의 차이가 있는 경우, 전환권이 있는 현재의 증권을 매수한다. 그리고 전환할 수 있는 만큼의 증권을 미리

매도하고 전환해서 결제한다. 결제가 완료되면 투자수익이 실현된다.

(2)전환권도 있고 보통주가 오를 때 이익이 발생하는 증권에 투자한다. 전환권이 있는 증권은 보통주의 가격을 반영해 오르내리는데, 간혹 전환권을 포함한 증권의 내재가치보다 더 높게 오를 수도 있다.

(3)실제로 전환권을 행사하지는 않은 채, 전환대상인 주식의 전부 또는 일부를 매도해 헤지한다. 이러면 언제든지 전환해 결제할 준비가 된 상태에서, 공매도하는 것과 같은 효과를 낸다. 주식의 움직임과는 무관하게 투자수익을 얻을 수 있다.

이상 기업의 자본구조를 활용한 거래기술 특수상황을 살펴보았다. 아래에서는 다른 거래기술 특수상황을 순서대로 살펴보도록 하겠다. 가장 흔히 쓰는 거래기술 중엔 우선 공매도가 있다.

공매도

공매도는 보유하지 않은 증권을 매도하는 것을 의미한다. 마치 매도인이 6개월 후에 (혹은 미래의 일정한 날짜에) 매매목적물을 인도하기로 하는 내용으로 매매계약을 하는 것에 비유할 수 있다. 증권 중개인은 공매도를 쉽게 할 수 있는 다양한 수단을 제공한다. 고객을 위해 주식을 빌려주며, 공매도의 매수인에게 빌린 주식을 인도한다. 다만 장래의 특정 시점이 되면 고객은 주식을 갚아 공매도 포지션을 청산해야 한다.

차익거래

차익거래는 주로 다른 시장에 존재하면서 서로 관련되는 증권 사이에 일어나는 거래다. 같은 시장에 존재하는 같은 증권 사이에도 차익거래가 생길 수 있다. 쉽게 과일 도매상을 예로 들어보자. 과일 도매상은 농부인 브라운 씨에게 전화해 사과 가격을 묻는다. 브라운 씨는 부셸당 50센트라고 답한다. 이 과일 도매상은 브라운 씨와 통화하는 동안, 소매상에게 전화해 사과를 부셸당 75센트에 매도한다. 결국 과일 도매상은 이 거래를 통해 부셸당 25센트라는 쏠쏠한 이익을 얻었다. 그는 같은 상품으로 차익거래를 한 것이다.

차익거래는 투자수익을 위한 활동이다. 다만 투자수익이 실제 지급되기까지는 시간이 걸린다. 차익거래 기회는 아래와 같은 가격 차이 덕분에 생긴다.

- 특정 시장에서 다른 시장보다 수요가 많을 때. 이는 인도에 수개월이 걸릴 때 상품시장이나 환율시장에서 생기며, 기타 특정한 증권이 놓인 다양한 상황 때문에 생길 수도 있다.
- 거래 비용의 차이
- 같은 시장에서 뉴스에 반응하는 속도의 차이
- 환율의 차이

차익거래에선 기업의 실적과는 무관하게 가격의 차이만 가지고 투자수익을 얻을 수 있다. 두 가지 사례를 살펴보자.

우선 링템코보우트Ling-Temco-Vought Company가 자신에 대한 채권을 매입한 최근의 사례가 있다. 이 기업은 1976년이 만기인, 이율 1.5%의 전환사채를 대상으로 해당 전환사채 1,000달러당 (1)1976년이 만기이고 이자율이 5.5%인 전환권 없는 일반 회사채 600달러와 (2)1976년이 만기이고 이자율이 4.75%인 전환사채 400달러로 교환해주겠다는 내용의 공개매수를 했다.

공개매수가 진행되는 동안, 발행일 결제(장래에 증권이 발행되는 경우, 발행되는 때에 결제하기로 하고 실물 없이 하는 거래)를 조건으로 아래와 같은 가격에 교환될 사채가 거래되었다.

○ 만기 1976년, 이자율 5.5%의 일반 회사채는 77달러

○ 만기 1976년, 이자율 4.75%의 전환사채는 101달러

일반 회사채와 전환사채를 한 묶음으로 한 가격은 862달러였다. 이때 구 전환사채를 81달러에 매입할 수 있었는데, 이를 위 묶음과 대응하는 단위로 환산하면 810달러가 되었다.

즉, 액면가 1만 달러인 구 전환사채를 시장가인 81달러로 총 8,100달러를 들여 매입하고, 동시에 새로 발행될 (1)액면가 6,000달러 이자율 5.5% 일반 회사채와 (2)액면가 4,000달러, 이자율 4.75% 전환사채-(1), (2)의 합계 가격은 8,620달러-를 매도하면, 520달러의 이익을 얻을 수 있었던 것이다.

이처럼 공개매수가 철회되지 않고 실제 실행되는 것을 전제조건으로 특수상황투자자는 차익거래를 통해 이익을 얻을 수 있는 지위를 얻었다. 위 사례에서는 실제로도 2개월 후 공개매수가 실행되면서 예상했던 이익을 얻을 수 있었다.

헤지

헤지도 종종 차익거래로 불린다. 이를 통해 헤지에서도 둘 혹은 그 이상의 거래가 필요함을 짐작할 수 있다. 헤지는 손해와 반대되는 가격의 움직임을 통해 위험을 분산한다. 헤지는 기업의 중요한 활동이 진행되는 도중 발생하

는 특수상황투자에 자주 활용된다. 헤지는 동시에 두 방향으로 베팅하는 것과 비슷하다. 손해에 대비해 보험을 드는 것, 계약에서 해제권을 유보하는 조항을 두는 것도 헤지와 비슷한 성격의 거래다. 차익거래에서는 두 거래를 완전하게 대응시켜 거래하지만, 헤지에서는 부분적이고 완전하지 않은 거래를 할 때가 많다. 공매도 역시 헤지를 위해 자주 쓰인다.

헤지는 청산, 구조조정, 자본구조의 변경, 인수, 합병, 초과청약, 발행일 결제 거래, 전환사채 등의 사례에서 다양하게 쓰인다.

전환사채를 보유하면서 나중에 전환권을 행사해 받을 주식을 미리 매도하는 거래가 가장 흔한 헤지의 사례다. 이렇게 하면 전환사채는 보유하고 전환될 주식은 공매도하는 지위를 통해 전환한 뒤 주식을 매각해 얻을 투자수익을 확실히 보존할 수 있다. 나아가 이 거래에서는 공매도한 주식의 주가가 하락할 때 추가적인 이익을 노려볼 수도 있다. 즉, 만약 주가가 하락하면 공매도한 수량만큼 주식을 매수해 공매도를 청산하고 이익을 확정한 뒤, 전환사채는 전환사채대로 계속 보유할 수도 있는 것이다. 특히 주식이 전환사채의 하락폭에 비해 더 큰 폭으로 하락하지만 전환사채는 적어도 채권으로서 가지는 최소한의 가격보다 아래로 하락하지 않을 때 해봄 직한 거래다.

청산에서의 헤지는 (청산 중인 기업에서) 청산이 종료되기 전에 전부 또는 일부의 증권을 미리 매도해버리는 것이다. 이렇게 하면 물리적인 청산금 분배를 기다리지 않고도 이익을 확정할 수 있다.

레블론Revlon, Inc.과 유에스 비타민앤파마슈티컬U.S. Vitamin & Pharmaceutical Corporation 사이의 합병을 통해 헤지가 어떻게 쓰이는지 살펴보자. 존속회사인 레블론은 합병을 빨리 진행하기 위해 전환우선주를 발행했다. 이 전환우선주는 언제든지 레블론 주식 0.85주로 전환할 수 있는 주식이었다. 합병계약에 따라 유에스 비타민앤파마슈티컬 보통주 1주를 이 전환우선주와 교환할 수 있었다. 주주들은 12월에 합병을 승인했지만, 거래의 완결은 1월에나 될 예정이었다. 합병이 승인될 당시 유에스 비타민앤파마슈티컬의 주가는 33달러였고, 레블론은 41.13달러였다. 이는 합병이 발표되었을 때 주가인 28.37달러, 42.63달러와 비교된다. 합병 가능성이 커질수록 가격의 차이가 좁아지며, 종료일에는 거의 차이가 나지 않는다. 이때가 되면 헤지를 할 필요가 없어진다.

위 사례에서는 아래와 같은 방법으로 헤지를 할 수 있었을 것이다.

(단위: 달러)

유에스 비타민앤파마슈티컬의 주식 100주를 28.5달러에 매수	2,850
레블론 주식 82.5주를 42.63달러에 공매도	3,517
총수익	667
수수료와 인지대	70
순수익	597

투자금 2,850달러에 대한 수익률은 21%인데, 거래에 걸리는 기간이 6개월이었기 때문에 1년 단위로 환산하면 42%에 달했다.

헤지에 드는 비용

먼저 헤지를 할 증권에 투자하는 비용이 든다. 다음으로는 공매도할 때 드는 수수료와 연방정부, 주정부의 세금이 있다. 예를 들어 20달러의 주식 100주를 매수하고, 22달러에 같은 양을 공매도해 헤지하면, 비용은 수수료와 세금 포함 60달러 정도 든다. 전환사채투자에서도 전환사채를 매입할 때 드는 수수료뿐만 아니라, 전환될 주식을 공매도할 때 드는 수수료와 세금을 포함해 계산해야 한다. 예를 들어 액면 금액이 1만 달러인 전환사채가 있고, 대략 주당 30달러에 300주를 전환할 수 있다고 하면, 수수료는 100달러, 세금은 24달러 정도다.

주식을 공매도한 뒤 배당금을 수령하면 이 배당금도 갚아야 한다. 물론 헤지를 위해 공매도했다면 투자자는 상응하는 증권을 가지고 있을 것이기에 배당이나 이자는 상쇄된다.

헤지의 리스크

공매도하기 전에 빌릴 주식의 유동성을 확인해야 한다. 주식을 빌려주는 사람은 언제든지 갚으라고 청구할 수 있다. 만약 유동성이 충분치 않다면, 100주를 하루 빌리는 데 1달러나 되는 수수료, 심지어는 빌려주는 사람이 달라는 대로 높은 수수료를 지급해야 할 수도 있다. 갚으라는 청구를 받은 투자자는 다른 주식을 빌려 갚지 않고 아예 공매도를 청산하기 위해 주식을 매수할 수도 있는데, 그러면 애초 헤지를 할 때 의도한 목적을 달성할 수 없게 된다. 경영권 분쟁 상황에서 종종 이런 청구가 있을 수 있다. 심지어 의결권을 행사하기 위해 주식을 보유하려는 성향이 아주 강하게 되기 때문에 빌릴 주식이 없게 된다. 결국 쇼트스퀴즈short squeeze 상황에 부닥치게 되고, 강제청산을 당해 큰 손해를 입을 수 있다. 참고로 강제청산은 투자자가 주식을 갚는 데 실패하는 경우, 중개업자가 직접 시장에서 매입해 공매도를 청산하는 것을 말한다.

종합하자면 투자자는 (1)투자기간, (2)배당 및 이자 비용, (3)거래비용, (4)주식의 유동성 등을 모두 확인해야 한다.

아래와 같은 인수, 합병의 사례도 차익거래, 헤지 차원에서 접근할 수 있다. 참고로 투자를 추천하는 게 아니라 공부를 위한 사례로 드는 것임을 명심하라.

애쉬랜드 오일앤리파이닝Ashland Oil & Refining Company과 워런브라더스Warren Brothers Company는 애쉬랜드가 자신의 주식과 교환해 워런브라더스의 모든 자산을 인수한다고 발표했다. 구체적인 인수 조건에 의하면, 워런브라더스의 주주는 애쉬랜드의 보통주 1.15주 또는 전환우선주 0.54주를 받을 수 있었다. 발표 당시 워런브라더스의 보통주는 27.50달러였고, 애쉬랜드의 전환우선주는 64.63달러였다.

비치넛라이프세이버Beech-Nut Life Savers, Inc.와 돕스하우시스Dobbs Houses, Inc.는 비치넛라이프세이버에 돕스를 합병하겠다고 발표했다. 합병계약에 의하면, 비치넛라이프세이버는 돕스의 주식 2주당 2달러의 배당을 주는 전환우선주 1주를 발행해주기로 되어 있다. 이 전환우선주는 비치넛라이프세이버 주식 0.95주로 전환할 수도 있고, 매년 누적적으로 2달러의 배당금을 받을 수도 있다. 발표 시점에 비치넛라이프세이버의 주가는 55.75달러였고, 돕스의 주가는 26달러였다.

전환증권

전환증권은 보통주로 전환할 수 있는 권리를 가진 주식, 채권 등을 의미한다. 전환권은 채권이나 주식의 위험을 제한하면서 투자수익의 매력을 더 높이기 위한 수단이다. 전환사채는 주식회사의 자본구조상, 주주보다 우선하는 지위에 있고, 거래도 쉽다.

전환사채의 가격은 이론적으로 정해지는 정도가 있고, 전환권이 없는 일반 채권보다 낮게 떨어지지는 않는다. 이에 더해 전환사채는 전환의 대상인 보통주의 주가가 오르면, 그 상승에 따른 이익에도 참여할 수 있다.

채권이 주식보다 안전하다는 본연의 성질에 더해, 전환사채는 주식보다 더 가치가 있을 때가 많다. 몇 년 전 미국전화전신회사American Telephone & Telegraph의 전환사채는 몇몇 은행과 20%의 낮은 증거금으로 거래를 할 수 있었다. 전환사채는 언제든지 주식과 교환할 수 있기에 투자자들은 매우 적은 증거금을 지급하고 주식을 보유하는 것과 비슷한 효과를 누렸다. 주가가 오르자 투자자들은 전환사채를 주식으로 교환해 투자수익을 올렸고, 다시 과거와 비슷한 조건으로 채권투자도 계속했다.

하방은 막혀 있고 상방은 열려 있는 구조 때문에 생기는 거래기회도 있다. 전환우선주나 전환사채는 전환대상인 보통주의 가격이 전환가보다 높아지면 보통주의 가격을 따라 움직인다. 4주의 보통주로 교환할 수 있는 전환우선주를 예로 들면, 전환가에 도달한 후 보통주가 1포인트 움직일 때마다 우선주는 4포인트씩 움직인다. 이런 관계는 전환사채도 마찬가지다. 예컨대 리비맥네일앤리비Libby McNeil & Libby가 발행한 만기 1976년, 이율 5%의 전환사채는 액면금액 1,000달러의 사채를 보통주 77.75주와 교환할 수 있었다. 이처럼 주식과 1:8인 관계를 반영해 주식이 1포인트 움직이면 이 전환사채는 8포인트 움직였다. 이런 특성 덕분에 투자자는 전환대상인 주식이 올랐을 때 공매도하고, 나중에 낮은 가격일 때 전환해 쇼트커버링(시장에서 공매도한 주식을 사는 것을 의미한다)을 할 수 있었다. 쇼트커버링을 하면 해당 거래가 종료된다.

거래는 전환우선주나 전환사채의 투자가치나 전환가액이 합리적인 범위 내에 들어왔을 때 전환우선주나 전환사채를 매입하면서 시작된다. 보통주가 특정한 수준까지 오르면, 투자자는 전환우선주나 전환사채를 보유하면서 보통주를 공매도할 수 있다. 이 방법으로 투자자는 보통주가 오르거나 내리는 것과 관계없이 이익을 얻는다.

주가가 내리면 투자자는 전환우선주나 전환사채를 그대로 보유한 채, 더 낮은 가격에 시장에서 주식을 사 빌린 주식을 갚고 공매도만 청산한다. 주가가 오르면 전환사채나 전환우선주를 전환해 보통주를 취득한 다음 공매도한 가격보다 더 높은 가격에 취득한 주식을 매도한다. 물론 주가가 너무 크게 오를 수도 있다. 이때는 전환해 공매도를 청산하고 거래를 끝내면 된다.

전환우선주나 전환사채로 헤지 포지션을 구축하기 전에, 전환우선주의 배당과 전환사채의 이자를 공매도하는 주식의 배당에 수수료를 더한 것과 비교해보는 게 좋다. 공매도를 위해 주식을 빌리면 배당금도 함께 갚아야 하므로 배당금이 전환우선주의 배당과 전환사채의 이자보다 크지 않은 게 좋다. 아래의 표는 대표적인 전환사채, 전환우선주 투자 사례다.

전환사채 (단위: 달러)

기업명, 이율, 만기	전환가액	받을 수 있는 주식의 수	대략적인 보통주 주가	사채의 가격
에러 리덕션(Air Reduction), 3%, 1987	42.50	16.00	72.00	117.00
아메리칸 에어라인스(American Airlines), 4%, 1990	61.50	16.20	63.00	134.00
셀라니즈(Celanese Corp.), 4%, 1980	100.00	10.00	75.00	98.00
엘파소 내추럴 가스, 5.25%, 1977	28.00	35.71	21.00	101.50
그레이스(Grace (W.R.)), 4.25%, 1990	65.00	15.38	53.00	109.00
헌트푸드(Hunt Food & Ind.), 5.375%, 1986	44.44	22.50	27.00	90.00
리비맥네일앤리비, 5%, 1976	12.73	77.75	13.00	109.00
싱클레어 오일(Sinclair Oil), 4.375%, 1986	70.00	14.29	58.00	99.00
유나이티드 메앤엠에프(United Meh. & Mf.), 4%, 1986	34.25	29.20	33.00	110.00

전환우선주

(단위: 달러)

기업명	배당금	받을 수 있는 주식의 수	보통주 주가	전환우선주에 포함된 보통주 가치	우선주 가격	전환 가액	전환권 행사 가능 기간
아틀란틱 리파이닝 (Atlantic Refining)	5.00	0.85	9.76	64.00	72.00	85.00	1972.12.30.이후
뱅골 푼타 알레그레 슈가(Bangor Punta Alegre Sugar Corp.)	1.25	1.00	30.00	30.00	32.00	26.00	1967.9.16.부터
보이즈캐나다 (Boise Canada)	1.40	0.65	63.00	41.00	46.00	40.00	
콘티넨털 오일	2.00	0.73	61.00	45.00	61.00	60.00	
엘리라(Elira Corp.)	1.40	0.95	45.00	43.00	43.00	37.50	
조지아퍼시픽 (Georgia Pacific)	1.64	0.57	64.00	36.00	40.00	43.00	1970.5.1.부터
미들랜드로스 (Midland-Ross Corp.)	4.75	2.20	57.00	125.00	125.00	106.00	
유니온 오일 컴퍼니 오브 캘리포니아 (Union Oil Company of California)	2.40	2.00	29.00	58.00	62.00	85.00	1967.4.1.부터
워너램버트 (Warner-Lambert)	2.50	1.30	54.00	70.00	73.00	87.00	1970.7.1.부터

액면분할

액면분할, 주식배당도 '발행일 결제 조건'을 사용해 헤지하기에 좋다. 액면분할은 인기가 높은 주주정책이다. 액면분할을 하면 실제로도 주가가 오르는 편이다. 주식이 더 잘게 나눠져 가격이 낮아지고, 더 많은 투자자가 주식을 살 수 있으며, 거래량도 더 많아지기 때문이다. 기업이 성장함에도 불구하고 시장에서 소외되고 있다면, 액면분할을 고려해봄 직하다.

액면분할은 상승장일 때 더 빈번하다. 1964년엔 액면분할과 100% 주식배당이 모두 368건 일어났다. 이후 1965년 상반기 상승장이 펼쳐지자, 액면분할과 주식배당의 수가 상반기에만 225건에 달했다.

액면분할될 주식은 발행일 결제 조건으로 거래되는데, 분할되어 발행될 신주의 가격이 구주보다 높은 게 일반적이다. 크라이슬러Chrysler가 전형적인 사례다. 1:2의 비율로 액면분할될 신주가 거래되기 시작할 무렵, 신주의 주가는 52.50달러였고, 구주는 104달러였다. 이 차이는 액면분할이 완료될 때까지 좁혀지지 않았다. 구주를 신주로 교환하는 과정에서 수수료가 발생하기 때문이다[18].

그러므로 보통의 투자자는 크라이슬러 구주와 신주의 가격이 차이나더라도 투자수익을 얻을 방법이 없다. 수수료가 극단적으로 싼 거래소 정회원, 또는 전문적인 투자자들이나 투자할 수 있다.

그러나 간혹 가격차이가 너무 벌어지면 일반 투자자에게도 기회가 생길 수 있다. 그러면 구주를 실물로 사고, 이에 상당하는 신주를 발행일 결제를 조건으로 매도하는 거래기술을 활용하면 된다. 산수 정도만 알면 할 수 있는 일이다. 현재의 가격에 사고, 정해진 미래의 가격으로 팔며, 실제 발행이 되면 그때 결제하는 것이다. 결제일은 수일 후일 수도 있고, 수개월 후가 될 수도 있다.

아래는 현재 진행 중이거나, 액면분할의 가능성이 큰 사례다.

기업명	액면분할 비율	연도	대략적인 가격 (단위: 달러)
아나콘다(Anaconda Corp.)			88.00
브리스톨마이어스(Bristol-Myers)	2:1	1963	100.00
셀라니즈	2.5:1	1946	75.00
컨솔리데이티드 내셔널 가스(Consolidated Nat. Gas)	2:1	1954	58.00
코닝글라스워크(Corning Glass Works)	2.5:1	1955	295.00
더글러스 에어크래프트(Douglas Aircraft)	3:2	1955	76.00

18 우리나라에서 상장주식은 예탁결제원에 예탁되어 있고 그것도 전자증권화되어 있기에 신주권과 구주권이 동시에 유통되는 경우를 상상하기 어렵다._역주

페어차일드 카메라(Fairchild Camera & Inst.)	2:1	1961	176.00
제너럴 일렉트릭(General Electric Corp.)	3:1	1954	109.00
제너럴 모터스(General Motors Corp.)	3:1	1955	80.00
모토로라(Motorola, Inc.)	50% 주식배당	1965	180.00
스켈리 오일(Skelly Oil Company)	100% 주식배당	1953	110.00
스미스클라인앤프렌치(Smith Kline & French)	3:1	1959	69.00
텍사스 걸프 설퍼	3:1	1965	107.00
제록스(Xerox Corp.)	5:1	1963	254.00

액면분할의 헤지의 좋은 예로 카펜터 스틸Carpenter Steel의 액면분할 상황을 들 수 있는데, 카펜터 스틸은 신주가 30달러 정도에서 거래될 때 구주는 58달러였다. 그러므로 구주를 사고, 발행일 결제를 조건으로 신주를 매도하면 되었다.

발행일 결제 증권

발행일 결제 조건이란 '장래에 증권이 발행되면, 증권이 발행되었을 때' 결제하기로 하는 조건이다. 당장 증권의 실물이 없더라도, 매도인과 매수인은 나중에 실물을 인도하기로 하고 계약할 수 있다. 나중에 증권이 발행되면 그때 결제하고 계약을 완결시킨다.

구조조정이나 자본구조의 변경과 같은 기업의 중요한 활동이 있을 때, 이런 거래가 자주 발생한다. 자본구조가 변경될 때는 액면분할되어 신주가 발행되는 것은 물론이고, 새로운 자본구조를 반영한 주식이나 채권이 추가로 발행될 때가 많다. 그러나 실물 주식이나 채권이 발행되기 전까지는 이를 취득할 수 있는 권리만 존재하는 상태가 이어지는데, 이에 발행일 결제 조건의 거래가 흔히 발생하게 되는 것이다. 발행일 결제 조건의 거래는 증권가의 정보지를 통해 이루어지는 경우가 많다.

기업의 중요한 활동이 지연되어 실물 증권의 발행이 늦어질 때도 발행일 결제 거래가 생길 수 있다. 이때도 현재 거래 중인 주식, 채권과 나중에 발행될 주식, 채권의 가격 차이를 이용해 투자수익을 얻을 가능성이 있다.

동일한 증권에 가격차이가 생기는 이유

실물 증권을 거래하는 것보다 발행일 결제를 조건으로 거래할 때 거래비용이 덜 들기 때문에 가격차이가 생길 수 있다. 발행일 결제를 조건으로 거래할 때는 어떤 권리나 책임이 기재된 실물 증권이 없다. 그러므로 통상의 방법이 아니라 최소한의 증거금만 가지고, 실물의 이동없이 계약하는 수밖에 없다. 그러니 거래에 현금이 덜 든다는 관점에서 보면, 매수인은 발행일 결제 조건으로 계약할 때 값을 더 쳐줄 수도 있는 것이다.

실물 증권과 비교해 오히려 위험이 적다고 볼 만한 특징도 있다. 만약 발행일 결제 조건에서 장래 실물 증권이 발행되지 않으면 계약은 자동으로 해제되고, 투자자의 손실은 수수료 정도에 그치게 되기 때문이다. 이런 이유로 발행일 결제 조건의 거래가 선호되는 것일 수도 있다.

발행일 결제 증권은 기업활동을 신속히 진행하기 위해 필요하기도 하다. 링템코보우트의 차익거래, 헤지에서 이를 살펴본 바 있다. 이 책의 뒷부분에서 철도 기업 사례를 다루면서도 다시 이 기업의 사례를 살펴볼 예정이다.

계약

발행일 결제를 조건으로 거래하려면 계약이 필요하다. 계약은 매도인과 매수인이 대상인 증권을 사고팔기로 하는 약정으로, 계약상 지위를 양도할 수도 있다. 예를 들어 매수인이 발행일 결제를 조건으로 어떤 기업의 주식 100주를 50달러에 매수하기로 했을 때, 계약은 100주를 대가로 5,000달러를 지급하고자 하는 매수인과 5,000달러를 대가로 100주를 이행하기로 하는 매도인 사이에 이루어진다. 둘 사이의 계약은 구속력이 있고, 계약상의 지위는 가치가 있는 것이기에 양도도 가능하다. 이에 매수인은 100주를 50달러에 매수할 수 있는 지위를 제3자에게 팔 수 있는 것이다. 이후 100주가 실제로 발행되면, 매도인은 매수인의 권리를 양수받은 제3자에게 100주를 인도해야 한다. 물론 매도인은 실물을 인도하지 않고 그에 상당하는 차액만 지급하는 식으로 계약을 이행하고 청산할 수도 있다[19].

발행일 결제 증권과 이에 대한 계약이 증권거래의 수단으로 사용되는 모습을 살펴보았다. 이 증권거래 수단 덕분에 거래에 이해관계를 가진 사람들이 생기게 되고, 결과적으로 기업의 중요한 활동도 더욱 촉진된다. 이 증권거래 수단은 기업의 일상적인 영업에 전혀 영향을 주지 않는다. 투자자 사이의 이익에만 영향을 줄 뿐이다.

투자수익이 발생하는 이유

차익거래, 헤지에서 투자수익은 단순히 거래기술 때문에 생기는 것이 아니

---

19 이 부분에서 저자는 1970년대에 널리 퍼질 옵션거래를 암시하고 있다._편저자 주

다. (1)증권 발행 시간에 따른 가격 차이, (2)특수상황이 종료되기를 기다리기보다 (현금이 필요하다는 등의 이유로)먼저 투자수익을 실현하려는 결정, (3)많은 기회가 생기는 기업활동의 중요성에 대한 대중들의 무관심과 무시 때문에도 생긴다.

정보의 출처

차익거래, 헤지, 발행일 결제 증권, 계약, 공매도 등의 정보는 공개되어 있다. 증권 중개인이 가장 중요한 정보원이다. 중개인을 거느린 증권회사는 이런 거래를 일으키기 위해 혈안이 되어 있기 때문이다.

거래 정보지도 구조조정이나 자본구조의 변경과 같은 기업의 중요한 활동에 관한 루머를 다룬다.

기업은 기업활동을 공시하며, 기업활동이 지연되면 스스로 그 이유도 알린다. 금융정보지도 이런 분야를 샅샅이 다루는 편이다. 가장 중요한 건 투자자 스스로 여기에 언급된 거래기술에 친숙하도록 노력해야 한다는 점이다. 잘 알면 잘 보인다.

분석 방법

거래기법을 적용할 만한 특수상황을 분석하는 것은 일반적인 특수상황 분석과는 다르다. 일반적인 특수상황에서는 증권의 가격, 투자의 질을 분석하는 게 중요하지만, 거래기법을 적용하는 특수상황에서는 실질보다는 거래에 중심을 둔다. 그러니 차익거래, 헤지, 공매도 등 거래에서 무엇을 분석하는 게 필요한지 알아야 한다. 예컨대 공매도의 경우, 빌릴 주식이 있는지, 배당금의 크기, 액면분할의 가능성 등을 주로 다루어야 한다. 차익거래나 헤지의 경우, 기초가 되는 증권의 성질을 알아야 한다. 예를 들어 전환사채라면, 전환권을 언제까지 행사할 수 있는지, 시간이 지나면 사라지는 권리는 아닌지 등을 확인해야 한다. 기업이 매도청구권을 행사해 소멸시킬 수 있는 조항을 둔 채권도 있기에 더욱 그렇다.

발행일 결제 조건으로 증권을 거래할 때엔 실물증권이 발행되기까지 얼마나 기다려야 하는지를 알아야 한다. 나아가 기업의 중요한 활동이 완료되지 못할 만한 사정은 없는지, 계약상의 지위는 양도가 가능한 것인지 등이 중요한 요소다.

거래기법 특수상황에서는 기업이 중요한 활동을 벌이는 초기에 증권에 대한 분석이 완료되어야 한다. 인수, 합병에서 헤지를 할 때, 관련된 증권의 교환비율 등은 이미 정해져 있다. 그러니 주로 관심 가져야 할 사항은 기업의 중요한 활동이 잘 성사될지 여부다. 증권 자체에 대한 분석은 인수, 합병 상황을 염두에 두면서 해야 함을 명심하라. 그런 다음에 헤지 포지션을 구축해야 완벽하다.

거래기법 특수상황에 투자하는 투자자는 주로 기업활동의 현재 상황이 잘 종료되기를 바라게 된다. 그러므로 거래기법에 투자하는 특수상황 기회가 발생하면, 그 자체로 기업활동도 순조롭게 진행되는 경우가 많다. 기업 자체의 분석은 중요치 않다. 차익거래, 헤지, 발행일 결제, 계약 조건 등은 주로 기술적인 이유로 변동하는 주가 스프레드를 다룬다. 미리 좋은 조건으로 포지션을 구축하면 투자수익이 발생한다. 해당 기업이나 증권의 저평가 여부에 대한 정보는, 포지션 구축 단계에서 거의 알려진 게 없는 경우가 허다하다.

우리나라에의 적용

우리나라에서도 전환우선주가 발행되곤 합니다. CJ나 아모레퍼시픽의 지주회사인 아모레G 등이 전환우선주를 발행한 사례입니다. 유동성이 떨어지고 보통주로 전환할 수 있는 시기가 10년 후로 상당히 긴 것이 단점입니다.

전환우선주는 보통주보다 더 낮은 가격에 거래되긴 하지만, 전환권을 행사할 수 있는 시기가 먼 미래이기에 현재 시점에서 이 책에서 설명하는 바와 같이 차익거래를 하기는 어렵습니다. 대신 기업의 가치가 상승하여 보통주가 상승하면 우선주 역시 상승하는 게 보통이며, 간혹 적은 유동성으로 인해 오히려 보통주보다 더 크게 상승하기도 하므로, 기왕 보통주를 투자하려 할 때 그 대안으로 전환우선주를 고려해볼 수 있습니다.

전환사채는 전환우선주보다 흔히 발행됩니다. 다만 우리나라에서 발행되는 전환사채는 주주배정이 아닌 제3자 배정의 형식으로 전문적인 투자자가 인수해가는 경우가 많습니다. 또한 우리나라에서 발행되는 전환사채는 전환가액을 조정해주는 조항이 있는 경우가 일반적인데, 대체로 주가가 일정 비율 이하로 하락하면 전환가액도 하락하는 하락조정만 있습니다. 심지어 일부 전환사채는 하락조정의 한계선을 액면가 수준까지 낮게 설정하기도 합니다. 물론 하락조정만 존재하고, 이에 더해 전환가액 조정의 하한선이 액면가까지도 가능한 문제와 관련해서는 정부가 2021년 개선책을 내놓았기 때문에 다소나마 문제가 해결되긴 할 것입니다.

어쨌든 정부가 내놓은 해결책은 이미 존재하는 전환사채에는 적용되지 않습니다. 전환가액 조정 덕분에 주가가 하락하면 전환가액도 하락하므로, 나중에 주가가 회복되기만 한다면 적어도 일시적으로는 주가가 하락하는 것이 전환사채권자에게 유리한 상황이 벌어지기도 합니다. 나아가 전환사채권자는 저자가 설명한 바와 같이 보통주를 공매도하는 방법으로 차익거래, 헤지를 할 수 있기에, 이 공매도가 주가의 하락을 더욱 부추기는 경향도 있습니다. 더욱이 나중에 전환사채가 보통주로 전환되면 발행주식총수가 늘어나 지분가치가 희석될 위험성도 있습니다. 그러므로 전문적인 투자자가 아니라면 전환사채를 자주 발행하는 기업을 되도록 피하는 것이 유리한 편입니다.

한편, 주가가 조정될 수 있는 전환가액 하한선보다 더 크게 하락하였다면 다소 주의 깊게 볼 필요가 있습니다. 부실한 기업이나 애초부터 너무 높은 가격에 전환사채가 발행된 경우가 아니라면, 경영진이 최저 전환가액 이상으로 주가를 회복시키기 위해 노력할 것으로 기대되기 때문입니다.

저자는 액면분할도 이야기하고 있습니다. 액면분할은 실제 기업의 가치에 미치는 영향이 크지 않지만, 저자가 말한 바와 같이 유동성을 증가시키는 등 주가 측면에서는 여러 긍정적인 영향이 있습니다. 높은 상속세 등의 이유로 주가가 상승하기를 바라지 않는 대주주가 많은 우리나라 현실에서 액면분할은 적어도 해당 기업의 주가나 소수주주에 대해 어느 정도 신경을 쓰고 있다는 신호로 해석할 수 있습니다.

제8장
공개매수

증권을 매도하라고 청약하는 것을 공개매수라 한다. 한 번에 많은 양의 증권을 취득하려 할 때 쓰이는 방법이다. 공개매수는 일반적으로 시장가격보다 프리미엄을 지급한다. 공개매수는 청약하는 기간, 공개매수 가격 등의 조건이 정해져 있다. 일정한 수량의 증권이 공개매수에 응하지 않으면 철회도 가능하다.

투자수익이 나는 이유

공개매수가 있으면, 일반투자 상태와 비교해 이 절차와 관련한 투자와 거래 기회가 추가로 생긴다. 또한 공개매수는 그 자체로 프리미엄이 지급되곤 하기에 투자자에게 유리한 제도다. 공개매수에서 투자수익이 발생하는 구체적인 이유를 정리하면 아래와 같다.

1. 공개매수에서는 프리미엄이 지급된다

컨카운티랜드Kern County Land Company의 제이엘케이스J. L. Case Company 공개매수 사례를 들어보자.

컨카운티랜드는 제이엘케이스의 보통주를 14.50달러, 우선주를 120달러에 공개매수하겠다고 발표했다. 당시 제이엘케이스의 보통주는 12.25달러, 우선주는 90.75달러였다. 즉 공개매수 가격이 주가보다 상당히 높았다.

우선주를 120달러로 공개매수하겠다는 제안은 우선주에 미지급된 배당금이 21달러나 쌓여 있다는 사실을 고려하면 합리적인 수준이었다. 보통주 역시 경영권 프리미엄을 고려할 때 합리적인 수준의 제안이었다. 이 사례에서 컨카운티랜드는 56%의 보통주와 65%의 우선주를 취득했다. 이처럼 공개매수에서는 일반적으로 투자수익이 난다. 공개매수를 경험한 투자자라면 잘 아는 사실이다.

2. 공개매수의 대상인 주식은 상당한 수준으로 가격이 상승한다

그레이트 아메리카Great America Corporation의 브래니프 항공Braniff Airways에 대한 공개매수가 그 예다. 브래니프 항공의 주가는 69.87달러였지만, 그레이트 아메리카가 75달러에 공개매수를 발표하자, 주가는 공개매수 가격보다도 더 높은 81달러까지 치솟았다. 그레이트 아메리카는 이미 브래니프 항공의 대주주였다. 그레이트 아메리카는 적어도 47만 주의 브래니프 항공 보통주를 추가 매수해 80%까지 지분을 높이며, 가능하면 52만 주까지도 매수해 100% 지분 보유를 원했다. 100%를 보유하면 연결납세consolidated income tax return의 적용을 받을 수 있었기 때문이다.

그러나 공개매수로 유통주식수가 줄어들자 당연하게도 가격이 올랐다. 결국, 그레이트 아메리카는 52만 주가 아닌 48만 2,000주밖에 매수하지 못했으며, 이 상태로 공개매수가 종료되었다. 이처럼 유통주식이 소량만 남은 채 공개매수가 끝나자 주가는 더 높은 가격대에서 머무르게 되었다.

펜조일Pennzoil의 유나이티드 가스United Gas 공개매수는 큰 투자수익이 발생했다는 점도 중요하지만 교육차원에서도 중요하다. 펜조일은 유나이티드 가스 100만 주를 41달러에 매수하겠다고 갑작스럽게 발표했다. 워낙 갑작스러운 발표에 시장이 반응하기까지 시간이 좀 걸렸기에 발표 직후에도 38.50달러에 주식을 매수할 기회가 있었다. 이에 더해 공개매수가 연말 연초에 진행되면서 1월 1일 유나이티드 가스를 보유한 주주는 공개매수에 응하면서도 42.5센트의 배당금도 받을 수 있었다. 그러므로 이 공개매수 특수상황은 대략 3달러(8%)의 투자수익이 가능한 기회였다고 평가할 수 있다. 공개매수는 단기간에 이루어지므로 위 수익률을 연수익률로 환산하면 더욱 상당한 수준이 된다. 이 공개매수 특수상황은 최소 100만 주의 하한선만 정했을 뿐, 상한선을 정하지 않았다는 특징도 있다. 며칠 후 펜조일이 유나이티드 가스와 합병할 수도 있다는 보도가 나오자, 주가는 42.75달러까지 올랐다. 그 무렵 펜조일은 이미 유나이티드 가스 주식 500만 주가 공개매수에 응했다고 발표했다.

철회할 수 없는 공개매수에서는 공개매수의 기한이 다 다가올 때까지 기다렸다 청약할 수도 있다. 최소한의 조건인 100만 주가 넘는 수량이 응한 것으로 확인된 유나이티드 가스 공개매수도 그런 경우였다. 1월 10일이 되자 주가는 공개매수 가격인 41달러를 넘어섰다. 공개매수는 1월 14일 오후 5시 종료하기로 되어 있었다. 공개매수가 발표되었을 당시 유나이티드 가스의 주식을 38.50달러에 매수한 투자자는 공개매수에 응하지 않고도 시장에서 팔아 몇 주 만에 10%의 이익을 얻을 수 있었다.

3. 공개매수를 하는 주체는 신속히 목표량을 채우기 위해 중간에 공개매수 가격을 높일 수도 있다

뱅골 푼타 알레그레 슈가는 스미스앤웨슨Smith & Wesson, Inc.의 공개매수 가격을 75달러에서 80달러로 높였다. 이 사례에선 소량의 주식이 매수되지 않고 남았다는 점도 중요하다. 공개매수 가격을 높이는 일은 자주 일어나는 편이다. 이 방법 말고는 목표하는 수량을 매수하기 어렵기 때문이다.

4. 공개매수가 있으면 주식의 진정한 가치에 주목하게 된다

프랑코 와이오밍 오일Franco Wyoming Oil Company의 사례를 보면 알 수 있다. 이 기업의 주가가 55달러를 살짝 밑돌 무렵 55달러의 공개매수 제안이 있었다. 그러자 프랑코 와이오밍 오일의 대표이사는 주식의 실제 가치는 80달러가 넘는다고 반박했다. 공개매수가 저평가된 주식에 불을 밝히는 역할을 한 셈이다. 또한 이 같은 상황의 전개는 이 기업에서 뭔가가 진행되고 있다는 낌새도 주었다.

실제 가치가 매우 높다는 대표이사의 반박 덕분에 특수상황투자자는 객관적인 가격을 알 수 있었고, 상당한 투자수익의 가능성도 인식하게 되었다. 공개매수 제안의 효과로 시장의 관심이 증대되었고, 상당한 정도로 주가도 올랐다. 결국, 프랑코 와이오밍 오일은 90달러 근방에서 매각되었다.

5. 공개매수가 끝난 후 주가가 다시 내려갈 수도 있다

드레서 인더스트리스Dresser Industries는 47달러에 35만 주의 자사주를 공개매수한다고 발표했다. 그러나 공개매수에 응한 주식이 35만 주를 초과했다. 불과 25.26%의 주식만 공개매수될 수 있었다. 공개매수 기한이 지나자 주가는

41.25달러까지 떨어졌다. 이런 식으로 공개매수 특수상황이 전개되면 여러 가지 방법을 써 리스크를 줄여야 한다. 그중 하나로 공개매수에 응하지 않고 주가가 높을 때 공매도를 하는 방법이 있다. 이후 적은 수량만 공개매수되었다는 발표 후 주가가 하락했을 때 포지션을 정리할 수 있다. 공개매수에 응한다는 의사표시를 철회하고 시장에서 파는 방법도 있다. 절반 정도만 매수될 것으로 평가되었던 쉔리 인더스트리스Schenley Industries 공개매수 사례에서 이게 가능했다. 투자자는 공개매수 가격에 가까운 가격으로 시장에서 매수되지 않을 절반을 매도해 보유 주식 중 50%의 이익을 확정할 수 있었다.

6. 공개매수로 경영권 다툼이 벌어질 수 있다

스탠더드 프로덕츠를 두고 이런 일이 벌어졌었다. 아메리칸 스틸앤펌프가 스탠더드 프로덕츠 주주들을 상대로 공개매수를 벌였는데 가격은 13.50달러였다. 그러나 스탠더드 프로덕츠 경영진이 다양한 전략을 동원해 경영권을 지키고자 노력했고, 이를 위해 자사주를 공개매수하자 주가는 17.25달러까지 치솟았다. 아메리칸 스틸앤펌프가 경영권을 차지하려 한 덕분에 성공적인 투자가 가능했던 셈이다.

경영권 다툼의 다른 사례로 뮐러 브라스Mueller Brass Company를 들 수 있다. 뮐러 브라스의 임원들은 엘트라Eltra Corporation에 자신들이 가진 지분을 주당 40달러에 팔기로 합의했지만, 곧이어 유에스 스멜팅,리파이닝앤마이닝으로부터 주당 42달러의 더 높은 공개매수 제안이 들어왔다. 이 공개매수가 있을 무렵 뮐러 브라스의 주가는 38달러였고, 이 또한 한 주 동안 3달러나 오른 가격이었다. 이런 상황에서 유에스 스멜팅,리파이닝앤마이닝이 공개매수를 발표하자 주가는 추가로 4달러 더 올랐다.

7. 상환채권이나 우선주도 좋은 투자 기회다

채권이나 우선주 중에는 종종 중간중간 원금을 상환하도록 하는 조건이 있을 때가 있다. 기업이 매년 약간의 돈을 지급해 해당 증권의 일부 원금을 상환하는 식이다. 이런 증권의 속성을 이해하면 투자자들은 두 가지 방법으로 이익을 얻을 수 있다. 하나는 일부 원금 상환까지 포함된 높은 이자나 배당을 받는 것이고, 다른 하나는 간혹 기업이 이런 채권이나 주식을 공개매수할 때 큰 투자수익을 얻는 것이다. 상환 조건은 매년 일부씩 상환하도록 하는 게 일반적이기에, 공개매수에 응하지 않는 증권에 대해서는 이후로도 상환 원금이 포함된 높은 이자나 배당금이 지급된다. 해당 채권이나 우선주의 실질 가치를 따져 싸게 사야 함은 물론이다. 싸게만 사면 장기간에 걸쳐 투자수익이 날 수 있다.

공개매수 제안에서 투자수익의 가능성을 읽어낼 수도 있다. 자사주 혹은 자기 자신에 대한 채권이든 다른 기업에 대한 증권이든 간에, 공개매수를 하는 기업들은 종종 또다시 공개매수를 하곤 한다. 특히 기업은 확정배당금의 규모가 크지만, 매도청구권이 없는 우선주를 매입, 소각해 자본구조를 변경하려는 동기가 크다. 그러니 투자자는 공개매수의 가능성을 짐작하고 해당 우선주를 매입하는 전략을 사용할 수 있다. 아래의 표는 고배당을 지급해야 하면서도 매도청구권이 없어 공개매수를 해야만 없앨 수 있는 우선주를 정리한 것이다.

기업명	약정 배당금 (단위: %)	액면가 (단위: 달러)	유통 주식 (단위: 천주)	1965년부터 1966년 초까지의 가격		평균가 (단위: 달러)	평균 배당률 (단위: %)
				상단 (단위: 달러)	하단 (단위: 달러)		
아메리칸 뱅크 노트 (American Bank Note)	6	50.00	26	75.50	71.00	72.00	4.1
아메리칸 캔 (American Can Co.)	7	25.00	1,662	41.00	36.00	36.00	4.7

리겟앤마이어스 (Liggett & Myers)	7	100.00	154	164.50	147.00	147.00	4.7
몽고메리 워드 A 종류주(Montgomery Ward)	7	no	129	163.00	143.00	143.00	4.9
프록터앤갬블 (Procter & Gamble)	38	100.00	23	186.00	175.00	175.00	4.4
유에스 집섬 (U.S. Gypsum)	7	100.00	78	171.50	181.00	183.00	4.3
유에스 러버 (U.S. Rubber)	8	100.00	642	184.50	156.00	1600.00	5.0
유니버셜 리프 타바코 (Universal Leaf Tobacco)	8	100.00	44	185.00	162.00	187.00	4.7

공개매수가 활용되는 경우

다양한 기업활동에서 공개매수가 활용된다. 이 중에서도 인수나 합병, 기타 기업의 경영권을 차지하는 과정에서 활용되는 사례가 많다.

내셔널 유니언 일렉트릭National Union Electric은 에머슨 라디오앤포노그래프 Emerson Radio & Phonograph Company의 지분을 많이 취득하기 위해 주당 18달러에 공개매수를 진행했다. 이후 내셔널 유니언은 같은 주식에 대해 다시 주당 24달러의 공개매수를 진행했다. 두 번째 공개매수는 잠재적으로 합병까지 염두에 두고 80% 이상의 충분한 주식을 확보하기 위한 것이었다. 걸프앤웨스턴 Gulf & Western도 합병을 염두에 둔 공개매수를 한 적이 있다. 펜실베이니아 철도 Pennsylvania Railroad의 마코 리얼티Macco Realty에 대한 공개매수는 실제로도 인수까지 이루어졌다. 파워코퍼레이션 오브 캐나다Power Corporation of Canada는 공개매수를 활용해 콘고리움 나른Congoleum Nairn의 경영권을 취득했다.

공개매수를 활용해 청산절차를 신속히 진행하기도 한다. 에이비스코는 청산을 하면서 가장 처음의 절차로 자사주 공개매수부터 진행했다.

분할에서도 공개매수가 자주 활용된다. 엘파소 내추럴 가스는 자사주를 공개매수하고, 그 대가로 노스웨스트 파이프라인의 주식을 교환해주는 방식으로 노스웨스트 파이프라인을 처분했다.

많은 지분을 매입하려 할 때는 시장에서 사는 것보다 공개매수를 활용하는 게 나을 때가 많다. 자사주 매입에서도 시장에서 사봐야 한계가 있기에 기업들은 공개매수를 자주 활용한다. 커티스라이트Curtiss-Wright는 발행주식총수를 750만 주에서 650만 주로 줄이기 위해 공개매수를 활용해 자사주를 매입했다. 이 기업은 공개매수의 성공을 위해 시장가격보다 4포인트 높은 가격으로 공개매수를 시작했는데, 이 시장가격도 공개매수가 임박했다는 소문에 오른 가격이었다.

소수지분을 없애기 위해 공개매수가 활용되기도 한다. 이땐 10주 이하를 가진 주주들조차 공개매수에 청약하라는 권유를 받는다. 청약을 유도하기 위해 공개매수 가격은 시장가격보다 높다.

자본구조의 변경이나 구조조정에서도 공개매수가 활용된다. 유니버설 리프 타바코는 확정 배당률이 8%나 되는 상환우선주를 없애기 위해 노력했다. 이를 위해 이 기업은 주주들이 정한 가격에 매수하는 특이한 방법을 썼다. 즉, 일정한 가격 상한선을 정해놓은 채, 이를 밑도는 주주들의 가격 제안은 모두 받아들였다. 185달러가 가격 상한선이었다. 제너럴 베이킹General Baking Company은 8달러의 배당금을 지급하는 우선주를 없애기 위해 이를 6달러의 배당금을 지급하는 새로운 상환우선주 및 24달러의 현금과 교환해주겠다는 내용으로 공개매수를 했다. 이 중 현금은 미지급된 배당금의 대가였다. 유에스 스틸U.S. Steel은 새로운 채권을 교환해주는 내용으로 공개매수를 해 확정배당율 7%의 우선주를 없애고 자본구조의 변경을 완료했다.

상환증권sinking fund에도 공개매수를 활용하도록 하는 조건이 있을 때가 있다. 상환증권은 보통 영업이익을 활용해 상환해야 한다. 그러나 일부 상환증권엔 해당 증권을 담보하는 자산이 매각되는 경우 그 자금으로 공개매수를 진행해 채권이나 우선주를 상환하도록 하는 조건이 있다. 이런 조건은 매우 중요하다. 이런 조건에서 핵심적인 아이디어를 얻어 투자를 결정할 때도 많다. 자산을 매각하는 기업 역시 매각대금의 활용에 제약이 있으므로 유념해야 한다. 특정 자금이 반드시 관련 증권의 상환에만 사용되어야 한다면, 해당 증권에 대한 투자가 성공할 가능성이 크다.

개개 증권의 구체적인 조건은 재무적인 보고서나 공시자료 등에서 찾을 수 있다.

공개매수의 장점

공개매수는 투자자와 공개매수를 진행하는 주체 모두에게 좋은 제도다. 투자자는 더 높은 가격에 증권을 팔 수 있기에 좋다. 특히 주식을 대량보유한 투자자는 시장에 영향을 주지 않고도 매도할 수 있기에 더욱 좋다. 가격을 낮추어 내놓는 수고를 들이지 않고도 한 번에 거래가 끝난다. 트레이더도 신속히 거래할 수 있는 점을 높이 산다. 나아가 투자자든 트레이더든 공개매수가 끝난 후에는 낮아진 가격으로 원래의 수량만큼 다시 매수해 원래의 포지션으로 돌아갈 수 있다.

공개매수의 주체에게는 매수할 때 발생할 수 있는 가격변동으로부터 보호해줄 수 있다. 시장에서 매수했더라면 더 오른 높은 가격에 매수해야 할 수도 있기 때문이다. 또한, 시장에서 매수하면 원하는 수량만큼 매수하지 못할 수도 있다. 공개매수는 최소한의 매수 예정 수량을 정해두고 이보다 응모가 많이 들어오면 원하는 수량을 전부 매수하고, 이보다 적게 들어오면 공개매수를 취소할 수도 있다. 공개매수의 주체는 원치도 않게 많은 지분을 가진 소수주주가 되어 시장에서 낮은 가격에 주식을 다시 매도하는 위험을 지지 않아도 되는 것이다. 주주를 상대로 직접적으로 공개매수에 응할 것을 설득할 수 있다는 장점도 있다.

공개매수의 단점

투자자의 관점에서 공개매수는 아래와 같은 단점이 있다.

(1)공개매수에 응해서 주식을 예치하면, 공개매수가 끝날 때까지 사고팔 수 없다.

(2)공개매수에 응하면 투자가 끝나는데, 애초에 원했던 시점이 아닐 수 있다.

(3)공개매수에 응한 주식 중 일부만 비례해 매수되면, 남은 주식에서 손해가 날 수 있다.

(4)공개매수가 실패하면, 주가가 내려가 손해를 볼 확률이 높다[20].

(5)공개매수 제안이 있고 난 뒤 주가가 갑자기 오르면, 오른 가격에 시장에서 매도할지, 아니면 모든 수량이 매수되지 않거나 철회될 수도 있는 공개매수에 응할지를 결정해야 한다. 후자의 경우 손해가 날 수 있다.

---

20 3, 4와 같은 경우 주주가 받는 압력을 공개매수 압력이라고 한다. 이 압력으로 주주는 자신이 원하지 않거나 기업이 내재가치보다 낮은 가격에서 공개매수에 응할 수도 있다. 경영진은 이런 공개매수로부터 주주를 보호할 의무가 있으며, 앞서 프랑코 와이오밍 오일 사례와 같이 실질가치가 더 높다고 여론전을 펼치거나, 포이즌 필(Poison pill) 등 경영권 방어 수단을 사용하기도 한다. 다만 이 책이 출간된 시점은 포이즌 필과 같은 경영권 방어 수단이 개발되기 전이었다._역주

공개매수의 주체는 아래와 같은 단점이 있다.

(1)공개매수를 할 때는 그 목적을 공시해야 한다. 이 공시로 증권이 더 매력적으로 보이게 될 수 있으므로 오히려 목적 달성에 실패할 수 있다.

(2)공개매수에 반대하는 경영진이나 경영권을 차지하려는 다른 주체가 대항하는 공개매수를 진행할 수도 있다.

분석과 절차

기업을 분석해야 했던 다른 특수상황과는 달리, 공개매수는 절차 자체를 먼저 공부해야 한다. 가장 근본적인 질문은 '왜 공개매수가 일어났지?'라는 것이다. 이 질문에 대한 답에 따라 대응방법이 달라진다.

공개매수는 매수를 좀 더 쉽게 하기 위한 절차다. 왜 공개매수를 하려고 할까? 경영권 다툼이 있거나 상환해서 소멸시키는 게 불가능한 증권이 있기 때문이다. 앞서 언급했듯 이런 공개매수는 반복되는 경우가 많다. 이땐 나중의 공개매수가 더 좋은 조건으로 이루어지곤 한다. 그러니 보유한 채 상황을 즐길 수 있다. 경영권 다툼은 뉴스나 경제매체 등에서 쉽게 찾을 수 있다. 당사자나 증권거래위원회로부터도 정보를 얻을 수 있다.

매도청구권이 없는 우선주를 공개매수해 없애려 하는 경우, 그런 목적은 공개매수 시 공시된다. 프리미엄도 지급되는 게 보통이다. 투자자는 추가적인 공개매수가 있을지를 검토해야 한다. 만약 기업이 합병이나 세무적인 이유로 반드시 80% 이상의 지분을 취득해야 한다면, 추가적인 공개매수가 있을 수 있다. 앞서 반복적인 공개매수가 있었던 내셔널 유니언 일렉트릭의 에머슨 라디오앤포노그래프 공개매수를 다루었다. 유니언 일렉트릭은 첫 번째 공개매수에서 18달러의 가격으로 과반을 확보했지만, 80% 이상의 지분을 취득하기 위해 두 번째 공개매수에서 24.50달러를 제안했다.

공개매수로 자사주 매입을 하는 경우엔 전통적인 방식의 재무분석이 필요하다. 간단한 산수 수준이면 된다. 예를 들어 커티스라이트는 100만 주의 자사주를 32달러에 공개매수하겠다고 발표했다. 공개매수가 발표되자 27달러였던 주가는 29달러까지 올랐다. 발행주식의 숫자가 줄면 주당 1.01달러였던 순이익은 주당 1.37달러가 된다. 공개매수 가격인 32달러는 1.37달러의 23배다. 하지만 1개월 전만 해도 주가는 순이익의 20배였으므로 보수적으로는 이를 멀티플로 사용해 1.37달러의 순이익에 곱하는 게 좋다. 이 경우 적정주가는 27달러가 된다. 그러므로 32달러의 공개매수에 응하는 것이, 공개매수 후 줄어드는 주식 수를 참작해도 더 매력적이다. 이는 이 공개매수에서 매수 예정 수량인 100만 주를 초과한 응모가 있을 가능성이 높다는 의미도 된다.

청산을 위한 공개매수에서는 자산가치를 평가해보는 게 좋다. 청산 상황에서 순자산가치보다 낮은 가격에 공개매수가 이루어지면, 남은 주식의 가치는 증가한다. 공개매수에 사용된 자산을 고려하더라도 더 적은 주의 주식이 남기 때문에 생기는 일이다.

공개매수에서는 '모든 주식이 매수될까?' 하고 질문해보는 게 좋다. 이 관점에서 얼마나 많은 수량의 (채권이든 주식이든) 증권이 공개매수될지를 예상해볼 필요가 있다. 대주주, 경영진, 친인척 또는 다른 유형의 주주들이 응모할 가능성이 있는지도 알아야 한다. 만약 이들이 응모하면 매수될 주식의 수량도 줄어든다.

공개매수는 수량과 금액을 정해서 진행될 수 있다. 이때 기업의 자본구조와 비교해서 공개매수의 규모를 생각해야 한다. 만약 공개매수가 발행주식총수와 비교해 상당한 수준이라면, 응모한 주식의 전부 또는 거의 대부분이 매수될 가능성이 높다.

만약 공개매수되는 주식 수(또는 증권의 양)가 발행된 수량에 비해 적다면, 응모한 주식 중 적은 비율만 매수될 것이다. 예를 들어 커티스라이트는 발행된 수량에 비해 적은 편인 13%의 주식을 43달러에 공개매수한 적이 있는데, 이 때문에 주가가 급등했었기에 청약된 주식의 수도 많은 편이었다. 당연히 응모한 주식이 매수 예정 주식의 수량을 크게 초과했고, 공개매수 이후 주가는 하락하고 말았다.

주가의 움직임도 얼마나 응모할지, 얼마나 매수될지 등에 관한 단서를 준다. 공개매수 가격보다 주가가 2~3포인트 낮거나 10% 이상 낮다면 일부만 매수될 가능성이 크다는 이야기다. 주가가 낮다면 주주들은 더 많은 수량을 청약할 것이고, 공개매수가 끝나면 주가는 더욱 내릴 것이다. 그러니 투자자는 공개매수를 통한 매도에 실패하고, 주가가 더 내릴 가능성에 대비해야 한다.

공개매수에서 일부만 매수될 것으로 예상하였을 때는 이에 대비한 헤지가 필요하다. 셴리 인더스트리스가 유통주식수의 약 25%를 32달러에 공개매수했을 때 헤지의 기회가 있었다. 당시 뉴스는 청약한 물량의 절반 정도만 매수될 것 같다고 보도했다. 기사를 읽은 주주는 당시의 주가는 주당 29달러 정도였으므로, 보유 수량의 절반을 29달러에 미리 공매도해 절반만 32달러로 공개매수되는 것을 헤지할 수 있었다. 구체적인 방법은 다음과 같다.

(1)200주를 29달러에 매수한다.

(2)200주를 32달러의 공개매수에 응해 응모한다.

(3)100주를 29달러에 공매도한다.

실제로는 84주만 공개매수되었다. 이에 헤지를 한 주주는 공개매수 되지 않은 116주 중 100주의 대여를 상환해 공매도를 청산하고, 남은 16주를 29달러에 팔 수 있었다. 84주가 공개매수되어 얻은 이익은 252달러(3달러×84주)였다. 16주는 29달러에 팔았고, 수수료와 세금은 약 110달러였으므로, 결국 이 특수상황에서는 142달러의 투자수익이 발생했다고 볼 수 있다.

공개매수를 반대하는 움직임은 유리할 수도 있고 불리할 수도 있다. 그러므로 반대 움직임의 성질을 잘 알아야 한다. 현실적이고 실현가능한 반대인지 아니면 단순히 법적인 시끄러움만 있는 것인지를 파악해야 한다. 반대 움직임이 존재하면 공개매수에 응할 주식의 수가 줄어들 수 있다. 경쟁률이 줄어들어 좋긴 하지만, 반대 움직임이 너무 강하면 공개매수 시 조건으로 내세운 최소 매수 예정 주식 수량을 맞추지 못해 공개매수가 취소될 수도 있다.

동일한 가격이 아니라 낮은 가격에 응모하는 순으로 매수하겠다는 공개매수가 벌어졌는가?[21] 공개매수 주체가 낮은 가격에 정해진 수량만 매수하고자 할 때 이런 일이 생긴다. 이때의 대응방법은 다음과 같다.

기업이 최대 주당 76달러까지 더 낮은 가격순으로 청약을 받겠다는 공개매수를 발표했고, 당신이 500주를 가지고 있다고 가정해보자. 여러분은 아래와 같은 방법으로 응모할 수 있다. 100주 72.24달러, 100주 74.73달러, 100주 74.98달러. 전부 같은 가격으로 응모하다 실패하는 것보다 일부라도 매도에

---

21 이렇게 하면 주주들에게 매도 압력이 커지므로, 우리나라의 자본시장법상으로는 금지되어 있는 방식이다. 공개매수 가격은 균일하여야 하며, 중간에 매수 가격이 인상되더라도 그 전에 응모한 주주에게까지 인상된 가격으로 대금을 지급해야 한다. 미국의 경우 간혹 modified “Dutch auction” tender offer의 형태로 공개매수를 하는데 이는 주주들에게 직접 회사가 정한 가격 범위 내에서 입찰 가격과 입찰하고자 하는 주식의 수를 정하도록 한다. 공개매수 결과는 입찰된 주식 가격이 낮은 순으로, 주식 수에 비례하여 이루어진다._역주

성공하는 것이 낮기 때문이다.

선착순으로 공개매수하는 예도 있다[22]. 이땐 투자자도 실제 대금이 지급될 때까지는 청약에 성공했는지를 알 수 없다. 이는 증권을 보유한 자들이 청약이 받아들여지지 않을지도 모른다는 우려를 이용하기 위한 것이다. 예를 들어 매도청구권이 없는 상환채권을 가진 투자자는 공개매수에 응할 생각이 있더라도 최대한 나중까지 시간을 끌면서 가장 유리한 조건이 나오기를 기다리곤 한다.

결론

공개매수는 장외에서 다수의 증권을 처분하고 취득하는 절차다. 공개매수의 특성상 투자수익을 얻을 기회가 존재한다. 공개매수는 합병, 청산, 경영권 취득, 자본구조의 변경 가능성을 암시하기도 한다. 공개매수 제도는 소수주주를 보호하고 자칫 많은 수량을 매입하려다가 원치 않는 소수주주가 되는 상황에 부닥칠 수 있는 공개매수 주체를 보호한다. 투자자는 프리미엄을 받고 공개매수에 응해서 투자수익을 올릴 수 있고, 공개매수 도중 시장에 팔아 투자수익을 낼 수도 있다.

22 역시 현행 자본시장법상 금지되어 있다. 공개매수 주체는 안분비례하여 응모주식을 매수할 수 있을 뿐이다._역주

오늘날의 사례

공개매수, 역합병: 하이어퀘스트Hire Quest (HQI, 전 CCNI)

좋은 기업을, 충분한 시간 동안, 할인된 가격에 매입하는 사례를 들어보겠습니다. 이 사례에서는 유동성이 없고, 규모가 작은 회사인 탓에 상당한 기간 주가가 공개 매수 가격보다 낮았습니다. 이 사례는 2단계 합병Two-Step Merger으로 공개매수와 역합병이 동시에 일어나며 준비된 투자자에게 할인된 가격으로 주식을 취득할 기회가 주어졌다는 특징이 있습니다.

커맨드 센터Command Center, CCNI는 2019년 6월 기준 시가총액이 2,500만 달러에 불과한 소형주입니다. 경공업, 제조업 등의 인력파견을 전문으로 다루는 기업이죠. CCNI는 직접 고용한 직원들을 활용해 중소기업부터 대기업까지 인력 수요를 맞춰줍니다. CCNI는 22개 주에 67개의 지점을 보유하고 있으며, 2017년을 기준으로 3,200개의 고객사를 두고 있고, 3만 3,000명의 인력을 고용하고 있습니다. 미국인력협회American Staffing Association의 조사에 의하면, 인력파견 시장은 2016년 기준 1,280억 달러 규모이고, CCNI는 이 시장에서 중간 정도의 숙련도가 필요하고 중위 수준의 인건비가 지급되는 시장에 주력하고 있습니다.

CCNI의 상호는 원래 템퍼러리 파이낸셜 서비스Temporary Financial Services였습니다. 이 기업은 2001년부터 2004년까지만 하더라도 인력파견 사업을 하는 기업들을 상대로 미수금을 유동화하는 사업을 하였습니다. 이 기업은 2005년 사업을 재검토하고 커맨드 스태핑Command Staffing이라는 인력파견 기업과 그 계열사로서 소프트웨어 사업을 하는 하버뷰Harborview의 자산을 인수하였습니다. 커맨드 스태핑은 당시 69개의 지점을 운영 중이었는데, 모두 프랜차이즈로 지점에 대한 소유권은 갖고 있지 않았습니다. 템퍼러리 파이낸셜 서비스는 이후 이름을 CCNI로 바꾸었는데, 이름을 바꾼 계기는 앞으로 프랜차이즈가 아니라 직영을 하기로 방침을 정한 탓도 있습니다. CCNI는 2006년 무려 54개의 지점을 프랜차이즈 점주들로부터 인수하고 권리를 보상해주었습니다. CCNI는 이후 경쟁기업으로부터 원치 않는 합병 제안을 받았고, 이 경쟁기업이 주주들을 상대로 캠페인을 벌이는 것까지 지켜보는 경험을 했습니다. 이 일을 겪은 후인 2017년 4월, CCNI는 사업전략을 전면 재검토하였고 2019년 4월 하이어퀘스트 홀딩Hire Quest Holding, HQH과 합병하기로 하였습니다.

역합병 및 공개매수

2019년 4월 8일 CCNI와 HQH는 주식교환 방식의 합병계약을 발표합니다. HQH는 기업공개가 되지 않은 기업이었고, 트로잔 레이버Trojan Labor와 아크룩스 스태핑Acrux Staffing이라는 기업을 소유하고 있었습니다. 이들 기업은 제조업이나 경공업 분야, 관리직 분야에서 인력파견 사업을 하고 있었습니다. 트로잔 레이버와 아크룩스 스태핑은 모두 프랜차이즈 방식으로 지점을 운영하고 있었고, HQH는 이들을 위한 지원업무를 담당하는 식이었습니다. CCNI 역시 합병 후엔 기존의 직영점을 다시 프랜차이즈로 바꾸기로 하였습니다.

CCNI와 HQH의 합병은 역합병이라 불리는 합병입니다. 왜냐하면 실질적으로는 HQH의 규모가 더 크고, HQH가 주도하지만, 형식적으로는 상장기업인 CCNI가 존속기업이 되기 때문입니다. 역합병을 하면 HQH는 상장기업인 CCNI를 통해 상장을 할 수 있는 이점을 누리게 됩니다. CCNI는 합병 대가로 980만 주를 HQH 주주들에게 교환해주기로 했는데, 이렇게 되면 HQH 주주들의 CCNI 지분율은 76%까지 올라가게 됩니다. 이 역합병만큼이나 흥미로운 일은 합병을 전제로 CCNI가 150만 주를 6달러에 공개매수하기로 발표했다는 사실입니다. 당시 주가는 5.4달러에 불과했습니다. 역합병이 진행 중 이었던 데다가, HQH의 실적이 더 좋았고, HQH가 주식이 더 집중돼 책임경영이 이루어지고 있었기 때문에, 공개매수는 리스크가 거의 없으면서도 단기간에 11%의 수익(5.4~6달러의 수익)을 올릴 기회가 되었습니다. 이에 더해 합병 후의 기업이 더 좋은 기업이 된다면, 더 좋은 성과와 더불어 더 높은 내재가치를 기대할 수도 있습니다. 합병 후의 모습에 대해서는 CCNI가 가이던스를 통해 몇몇 숫자를 제시한 게 있습니다.

"만약 HQH의 매출이 CCNI와 비슷한 방식, 즉 프랜차이즈가 아닌 직영 방식이었다면, 2018년 12월 31일을 기준으로 매출이 1억 8,900만 달러에 달했을 것으로 추정해볼 수 있습니다. 앞으로 통합이 잘 이루어지고 정상적인 매출이 나오기 시작하면, 매년 이자법인세 감가상각 전 영업이익EBITDA이 성장하지 않는다고 가정하더라도 약 1,500만 달러 정도 될 것입니다."

CCNI는 합병 발표 직전인 2018년 EBITDA가 470만 달러에 불과했습니다. 주가는 4달러대였는데, 이는 EBITDA의 3배 수준이었습니다. HQH의 주식은 합병의 효력이 발생하기 전에 미리 CCNI의 주식으로 교환되게 되어 있었습니다. 이 경우 가격의 변동성은 더 커질 수 있죠. 합병 후의 CCNI는 기존에 22개 주에서 67개 지점을 운영하던 것에서 31개 주에서 160개의 지점을 운영하는 것으로 바뀔 것이었습니다. EBITDA는 인력파견 프랜차이즈 시장에서의 성장을 제외하고도 1,500만 달러로 예상되었습니다.

HQH는 프랜차이즈 형식으로 사업을 하고 있었기 때문에 직영으로 사업을 하던 CCNI와 비교하면 실제 규모보다 회계적으로 인식되는 매출액이 더 적었지만, 이윤이나 투하자본대비이익률ROIC 등의 지표는 더 좋았습니다. HQH는 2016년부터 두 자릿수 중반대의 성장을 보였고, 매출총이익률은 94%, 영업이익률은 26%였습니다. 2018년을 기준으로 HQH의 ROIC는 42%였고, CCNI는 11%에 불과했습니다. 앞서 HQH가 CCNI와 비슷하게 직영 방식으로 사업을 했다면 2018년 매출이 1억 8,900만 달러에 달했을 것이라고 했는데, 같은 기간 CCNI의 매출은 9,700만 달러에 불과했습니다. 그러므로 CCNI의 주주들은 앞으로 더 크고, 더 잘 운영되며, 더 가치가 높은 기업의 주주가 되는 일만 남은 셈이었습니다. 엄청나게 주식이 희석되는 것을 감안하더라도 매력적인 상황이었습니다.

그러니 희석과 관련해 HQH가 CCNI의 기업가치를 어떻게 평가했는지 살펴보면, CCNI의 2018년 EBITDA는 470만 달러였는데 HQH는 이에 5.7배의 멀티플을 부여해 기업가치를 2,670만 달러로 평가했습니다. 다만 합병 후의 기업에 기존 CCNI의 멀티플을 그대로 부여하는 건 부당할 것입니다. 그러나 시장에 비교할 만한 기업군이 있지도 않았기에 가치평가가 곤란한 편이긴 했습니다. 맨파워 그룹Manpower Group, 비지 스태핑BG Staffing, 캘리 서비스Kelly Services처럼 몇몇 인력파견 기업이 아예 없는 것은 아닙니다. 하지만 합병 후 기업은 중위 수준의 인건비를 받는 시장에서 사업할 것인데, 이 영역의 파견업은 위 기업들과 비교해 기간이 더 짧고, 기술 수준도 낮은 편입니다. 또한, 맨파워 그룹은 프랜차이즈와 직영 사업을 겸하고 있고, 심지어 다른 기업들은 모두 직영으로만 운영하고 있어 더욱 비교가 어려웠습니다.

그렇더라도 5.7배의 멀티플을 적용하는 건 너무 낮을 것이고, 위 비교 기업들이 대체로 더 안정적이고, 기술 수준이 높은 인력파견 사업을 한다는 걸 고려하면 이들 기업이 받는 9~10배의 멀티플도 과한 것일 수 있습니다. 그래서 중간인 7~8배의 멀티플을 합병 후 예상되는 EBITDA 1,500만 달러에 적용하면, 합병 후 CCNI의 기업가치는 1억 1,200만 달러, 주당 7.9달러가 나오게 됩니다. 이는 합병 후 공개매수가 이루어져 발행주식총수가 1,300만 주인 것까지 고려한 단순계산입니다. 만약 이런 계산법이 합리적이라면, 주당 6달러의 공개매수 가격은 나름 이해할 수 있는 수준이지만, 5.4달러의 현재 주가는 너무 낮은 것입니다. 즉 잠재적인 투자자들은 5.4달러에는 잃을 수 없는 투자를 하게 되는 것입니다. (1)회사가 6달러를 공개매수가로 정했기에 여기서 발생하는 차액거래를 실행해도 수익을 낼 수 있었고, (2)6달러조차 기업의 펀더멘탈 대비 매우 낮게 책정된 경우이기 때문입니다.

이후 진행된 공개매수는 놀랍게도 미달이 나고 말았습니다. 원래 공개매수 특수상황에서는 프리미엄을 붙여 공개매수 가격을 정하기에 차익거래 기회가 생기는 게 보통입니다. 그런데 이번처럼 미달이 되었다는 것은 오히려 공개매수 가격이 합병 후 실제 기업의 가치보다 못하다는 것을 암시한다고 할 수 있습니다. 공개매수 직후 주가는 8달러까지 치솟습니다. 그리고 1년 반이 흐른 후 주가는 20달러까지 올랐습니다. 최초 취득가에 비하면 3.5배의 상승입니다. 2020년 3분기 기준 EBITDA는 920만 달러로 합병 전 경영진이 예측한 1,500만 달러에 미치지 못합니다. 그러니 주가의 상승은 멀티플이 올랐기 때문으로 설명할 수 있습니다. 이에 더해 CCNI는 2021년 2월 M&A를 발표하는 등 이례적인 성장 중이기도 합니다.

공개매수와 합병 2단계 절차 중 공개매수에서 안전마진을 확보한 후 기업의 펀더멘털 대비 매우 낮게 형성된 시장가격을 토대로 큰 수익을 낼 수 있었던 특수상황이었습니다.

우리나라에의 적용

우리나라에서는 공개매수가 드문 편입니다. 저자는 인수, 합병 등의 상황에서 공개매수가 흔히 활용된다고 하고 있지만, 우리나라는 의무공개매수제도가 없기에 기업이 인수되더라도 공개매수가 발생하지 않는 경우가 많습니다. 미국 역시 대부분의 주에 의무공개매수제도가 없긴 하지만, 제6장에서 살펴본 이해관계충돌 문제, 이 장에서 설명한 연결납세 등의 이유로 소수주주의 주식을 모두 매수하므로 사실상 의무공개매수와 마찬가지의 결과가 도출되고 있습니다.

의무공개매수는 없지만, 우리나라에서도 간혹 임의적인 공개매수가 활용되기도 합니다. 주로 상장폐지를 하려는 기업이 그 요건을 맞추기 위해 공개매수를 하는 경우가 있습니다. 가장 최근의 예로는 부산가스가 있습니다. 부산가스의 모기업인 SK E&S는 2021년 말 공개매수를 통해 상장폐지에 이르기도 하였습니다.

저자는 공개매수를 하는 기업들은 종종 또다시 공개매수를 하곤 한다고 설명하고 있는데, SK E&S의 공개매수는 2013년에도 있었습니다. 여기서의 문제는 기간입니다. 투자자라면 2014년의 공개매수로 상장폐지의 목적을 달성하지 못했기에 추가적인 공개매수가 있을 것임을 예상할 수는 있었겠지만, 무려 8년이나 되는 기간을 기다리는 게 쉽지는 않았을 것입니다.

간혹 주주가치의 제고 차원에서 공개매수를 하기도 합니다. 2021년에는 KMH가 이런 유형의 공개매수를 진행했습니다. 한진칼에서는 경영권 분쟁 상황에서 의결권을 더 확보하기 위한 공개매수가 진행되기도 하였습니다.

상장폐지를 위한 공개매수든, 주주가치 제고를 위한 공개매수든, 공개매수 이후엔 주가가 내려가는 게 일반적입니다. 특히 상장폐지를 위한 공개매수가 성공하면 공개매수에 응하지 않은 주주들은 비상장기업의 주주로 남아야 한다는 불이익 때문에 매도 압력에 시달릴 수 있습니다.

이런 이유로 공개매수 가격은 기업의 내재가치를 반영하는 적정한 것이어야 하지만, 우리나라의 이사회는 이런 관점에서 주주의 이익을 대변하는 경우가 많지 않은 편입니다.

제9장
주식매수청구권

주식매수청구권Appraisal 특수상황은 소수주주권과 관련된다. 소수주주가 주식매수청구권을 행사하면 기업의 중요한 활동의 결과에서 얻어지는 이익보다 더 나은 가격에 주식을 처분하는 게 가능하다. 주식매수청구권을 행사하기 위해서는 기업활동을 반대해야 한다. 예를 들어 인수, 합병의 특수상황에서 어떤 주주는 합병가액보다 주식의 실제 가치가 더 높다고 생각할 수 있다. 그러면 해당 주주는 기업에 공정한 가치fair value를 평가해 달라고 주식매수청구권을 행사할 수 있다. 공정한 가치평가를 위해 외부의견이 필요한 때도 있다. 소송이나 중재에서는 종종 외부 감정인을 활용한다.

론스타 스틸Lone Star Steel Company의 한 주주는 필라델피아앤리딩이 론스타 스틸의 모든 주식을 취득하는 내용의 인수가 승인되자 소송을 제기했다. 인수계약에 의하면 론스타 스틸의 주주는 인수의 대가로 론스타 스틸 보통주 4주당 5%의 확정배당금을 주는 액면가 100달러의 필라델피아앤리딩 A종류주 1주를 받게 되었다. 그러나 소를 제기한 주주는 론스타 스틸의 가치가 훨씬 높다고 주장했다. 즉, 론스타 스틸의 주식가치를 배심원이 평가해야 하는 상황이 된 것이다.

주식매수청구권은 기업의 중요한 활동 중 유일하게 주주가 주체가 되어 일으키는 활동이다. 주식매수청구권의 구체적인 내용은 정관이나 각 주州의 법률에 정해져 있다. 주주총회소집통지서나 투자설명서, 증권의 권면에서도 관련된 내용을 찾을 수 있다. 투자자라면 이 권리를 행사해 공정한 가치를 보장받는 방법을 알아야 한다. 자산을 지킬 수 있을 뿐만 아니라, 이를 투자 기회로 활용할 수 있기 때문이다.

특정한 기업활동이 보통주 이외의 특정한 증권의 가치를 해할 것으로 예상할 때도, 해당 증권의 소유자가 매수청구권을 행사할 수 있다. 예를 들어 인수, 합병 또는 구조조정에서 특정 증권이 교환되고, 교환되는 조건이 지위를 약화시킬 것으로 예상할 때, 증권의 소유자는 공정한 가치를 주장하며 매수청구권을 행사할 수 있다. 예를 들어 전환권을 없애거나, 누적된 배당금이나 부활한 의결권을 없애는 등의 변화가 있는 경우, 특정 증권의 소유자는 기업활동에 반대하며 공정한 가치를 주장할 수 있는 것이다.

제너럴 퍼블릭 유틸리티즈General Public Utilities Corporation는 주주의 우선권을 수정해 잠재적인 손실을 끼칠 수 있는 자본구조 변경을 발표했다. 이에 뉴욕 주 법률에 따라 제너럴 퍼블릭 유틸리티즈에 주식을 매수해 달라는 청구가 있었다고 한다. 합계 1만 8,000주 상당의 주식을 가진 주주들이 이 기업에 서면으로 반대 의사를 표시했다는 소문이 돌기도 했다.

기업의 중요한 활동이 발표되었을 때, 투자자는 이것이 보유 중인 증권에 어떠한 영향을 미치는지 잘 살펴야 한다. 기업활동의 결과 변화가 생겼을 때, 현재의 시장가격보다 더 나은 가치를 인정받을 수도 있기 때문이다. 기업활동 이후보다 현재의 가치가 더 높을 때 주식매수청구권을 행사해야 한다.

공정한 가치를 평가하기 위한 기술적인 방법은 이 책의 앞부분에 설명한 분석 틀을 적용하면 된다. 다만 주식매수청구권 상황에서는 아래의 사항이 특히 중요하다.

- 이익에 관한 기록
- 현재의 재무상태에 기초한 증권의 가치평가. 여기엔 영업권과 특허권도 포함되어야 한다.
- 현재 그리고 기업활동의 결과에 따라 변동할 의결권의 크기
- 절차와 관련된 다른 증권들과의 관계
- 상대방 기업이 발행한 비슷한 증권과의 비교. 주식매수청구권을 행사해 법적 절차에 들어가면, 상대적인 가치평가가 필요할 수 있다.

주주의 의무

언제나 주식매수청구권을 쓸 수 있는 건 아니다. 주주총회소집통지서나 투자설명에 행사 가능 여부가 기재되어 있다. 주주가 주식매수청구권을 행사하면, 주주는 감정평가된 가격 또는 합의된 가격대로 주식을 매도할 의무를 진다. 기업은 그 대가로 대금을 지급해야 한다. 또한, 주주가 주식매수청구권을 행사하려면, 기업활동에 반대표를 던져야 한다[23]. 의결권을 행사하지 않으면 권리가 소멸될 수도 있다. 주식매수청구권 행사를 위해서는 보통 서면통지가 필요하다는 점도 명심하라[24]. 기한은 주주총회소집통지서에 명시되어 있다.

23 우리나라는 반대표를 던지지 않아도 된다. 다만, 주주총회에 출석해 찬성표를 던지면 주식매수청구권을 철회하는 것으로 간주된다._역주

24 우리나라도 사전에 서면으로 반대한다는 의사표시를 통지해야 한다._역주

항을 바꾸어 주식매수청구권 행사에 관한 뉴욕 주의 법률을 인용해보자.

반대 주주의 권리

기업이 자산을 매각하거나 대여하는 등 처분을 할 때 반대표를 던진 주주는 뉴욕 주 회사법 제623절에 따라 공정한 가치를 받을 권리가 있다. 제623절의 중요 부분을 인용하면 아래와 같다.

"주주는 (…) 주주총회에 앞서 서류를 제출해야 한다. (…) 투표에 앞서, 매각에 대한 반대의사를 서면으로 (…) 여기에는 매매대금의 지급을 구하는 의사가 포함되어야 한다. (…) 주주총회 후 10일 이내에 (…) 기업은 서면으로 (…) 매각이나 대여에 반대한 주주들에게, 이 통지를 받은 후 20일 이내에 반대의사를 표시한 통지서, 주주의 이름과 주소, 주식의 수를 기재한 서류를 (…) (서류를 받은 주주는) 공정한 가치의 매매대금을 지급해 달라는 요청과 함께 (…) 보내야 한다. (…) 7일 이내에 (…) 기업은 반대의사를 표시한 주주에게 매매대금을 제안해야 한다. 만약 이로부터 30일 이내에 가격 합의에 이르지 못하거나, 기업이 제안하지 않는 경우 (…) 기업은 뉴욕 주 대법원에 모든 반대 주주를 상대로 공정한 가격을 산정해 달라는 소를 제기할 수 있다. 대법원은 주주권을 보유한 가장 마지막 영업일을 기준[25]으로 공정한 가치를 결정해야 한다. (…) 주주총회소집통지를 할 때 반대 의사를 통지한 (…) 주주는 신청을 위해 주주임을 증명하는 서류를 (…) 주주총회소집통지서와 함께 제출해야 한다. (…) 그리고 비용은 법원이 결정한다."

---

25 우리나라는 해당 기업활동에 영향을 받지 않았을 시점의 주가를 기준으로 한다. 상장기업은 이사회 결의가 공시되므로 공시되기 전날이 기준이다._역주

반대 주주 권리의 한계

회사법에 의하면 주주는 해당 거래가 종결되어야 매매대금을 받을 수 있다. 이사회는 거래를 포기하고 주식매수청구권 행사에 따른 매매대금을 지급하지 않을 수 있다.

주주가 얻을 잠재적 투자수익

주식매수청구권 특수상황에서, 청구하는 사람(증권의 소유자)은 정해진 가격보다 더 높은 '공정한 가치'를 얻어내면 성공한다. 그러므로 정해진 가격과 공정한 가치의 차이가 잠재적인 투자수익의 크기다. 매수청구는 여러 건 있을 수 있다. 각각의 청구마다 저마다의 논리가 있을 수 있다.

주식매수청구권 특수상황에서는 가치평가가 다른 어떤 특수상황에서보다 중요하다. 주장하는 가치가 설득력이 있어야 하기 때문이다. 다양한 주체를 상대로 가치를 주장해야 하는데, 이 중에는 당신과 생각이 다른 사람이 있을 수 있다. 가치를 주장해 설득해야 하는 상대는 아래와 같다.

1. 가치에 관해 이견을 가진 기업

기업은 당연히 스스로 가치를 알며, 의견 차이의 정도가 얼마나 큰지도 잘 안다.

2. 가치를 판단해줄 주체인 법원이나 중재인

처음엔 기업과 가치를 놓고 다투지만, 합의에 실패하면 주주는 법원에 가치를 평가해 달라고 신청해야 한다.

투자자들은 같은 논리와 평가 기준을 사용하기에 설득이 간단한 편이다. 그러나 이런 논리를 알지 못하는 자들을 상대하는 건 쉽지 않다. 주주는 투자를 모르는 사람을 상대로 현금, 자산, 수익성, 경쟁력 등을 강조해야 한다. 각 평가 요소를 근거로 시장가격이 가치를 반영하지 못하고 있다고 주장해야 한다. 판사나 배심원은 투자를 모르기 때문에, (1)기업의 중요한 활동이 종료할 무렵의 시장가격 또는, (2)상당한 기간의 평균적인 시장가격이 대략 가치와 비슷할 것이라 쉽게 판단하려 한다. 법원은 기업의 중요한 활동이 완결될 무렵의 시장가격 근방에서 합의를 유도하려는 경향이 있다[26]. 주주가 가져야 할 적정한 가치를 찾기 위한 감정평가 기회를 제한하는 이런 식의 관행은 부당하다.

주주는 기업활동에서 공정한 대우를 받지 못해 가격이 왜곡되어 있으므로, 증권의 공정한 가치를 평가해 달라고 청구하는 것이다. 그러므로 진정한 재무적인 가치를 판단하지 않은 채, 기업활동 종료 시점의 가격만을 기준으로 조정을 강권하는 불쾌한 사례가 자주 발생하는 것은 부당하다.

경영진이나 내부자들insiders을 상대로 한 소송에서 보여주었던 법원의 적극적인 태도가 아쉽다. 물론 위 소송들은 손해배상 소송이긴 하지만, 손해배상 소송에서의 기준이 다른 기업활동 관련 소송에서도 적극적으로 활용되어야 한다. 오랫동안 주주는 기업활동 영역에서 소수이고 외면되어 온 주체다. 바뀌어야 한다.

과거엔 기업의 장부상 가치가 크지 않았지만, 요즘의 기업은 더 많은 공장과 장비를 사용하는 데다가 이익도 누적되어 자산이 많은 편이다. 그러므로 공정한 가치를 평가하는 기준에 자산이 포함되어야 마땅하다. 공장과 유형자

---

26 우리나라도 법원이 시장가격을 기초로 가치를 평가한다. 이 때문에 상장기업에서 법원에 매수 가격을 결정해달라고 신청하는 사례는 거의 없다._역주

산에 투자된 돈은 주주들의 것이다. 본디 주주에게 지급되었어야 할 배당금이 그 재원으로 사용된 것이기 때문이다.

주식시장에서 자산가치는 중요치 않게 여겨지는 편이다. 그러나 자산가치는 기업이 청산될 때의 가치를 평가할 수 있는 중요한 기준이다. 인수나 합병, 구조조정 역시 실질적으로는 (해당 기업활동이 종료되면 기존의 주주가 아니게 된다는 점에서) 청산이나 마찬가지다. 그런데 어떻게 자산가치가 주식의 공정한 가치를 평가하기 위한 중요한 기준이 아닐 수 있는가?

물론 이익, 성장, 질, 경쟁력 같은 다른 요소도 공정한 가치를 평가할 때 고려되어야 함이 당연하다. 시장가격은 개인들의 충동적인 매매나 많은 지분을 가진 주주의 행동이 영향을 미치기에 진정한 가치와 다를 때가 많다. 가격을 기준으로 증권을 평가하면 가치는 고려하지 않겠다는 말이나 마찬가지다. 공정한 가치를 평가하겠다는 목적에 전혀 부합하지 않게 된다.

위험들

(1)주식매수청구권을 행사하면 주식에 대한 통제권을 잃을 위험이 있다[27]. 즉, 분쟁이 끝나거나 기업이 양보하지 않으면, 팔 수 없다는 말이다.

(2)기업이 의도적으로 소송을 지연시킬 수도 있다. 소송은 원래 느리다. 시간에 따른 손해가 생긴다.

(3)법원은 기업이 제안했던 것보다 더 낮은 가격으로 가격을 결정할 수 있다.

(4)주식매수청구권을 행사하는 주주는 소송을 준비해야 하며, 큰 소송 비

---

27 우리나라도 주식매수청구권의 행사로 매매계약이 체결된 것으로 보기 때문에 주식을 팔 수 없다._역주

용을 염두에 둘 수밖에 없다.

외로운 늑대 상황

주식매수청수권 특수상황은 권리의 행사가 개별적으로 이루어지기 때문에 근본적으로 '외로운 늑대lone wolf' 상황이라고 할 수 있다. 보통은 소송까지 가지 않고 그 전에 합의가 이루어지는데, 합의절차는 공개되지 않는다. 그래서 다른 이가 얼마에 합의했는지 알기 힘들다. 물론 다른 주주와 힘을 합치면 협상력도 높이고 비용도 줄일 수 있다.

공정한 가치를 평가해 달라는 상황은 주주 스스로 만들어가는 것이지 다른 곳에서 주어지는 게 아니다. 다만 간혹 뉴스로 다른 이의 주식매수청구권 행사가 있었음을 아는 경우가 있다.

공정한 가치를 청구하는 기회는 주주가 기업의 중요한 활동에 동의하지 않아야 가질 수 있다. 한편 주식매수청구를 해 잠재적인 투자수익을 올릴 기회가 충분하다고 판단하는 투자자는 스스로 증권을 매입해 주식매수청구권을 행사할 수도 있다[28].

28 우리나라는 이사회 결의가 공시된 이후에 주식을 취득한 주주가 주식매수청구권을 행사할 수 없다._역주

우리나라에의 적용

우리나라에서도 합병 등의 절차에서 주식매수청구권이 자주 활용되는 편입니다. 다만 몇 가지 특이한 점이 있습니다. 우리나라는 상장기업의 경우 주주가 주식매수청구를 하면 우선 기업과 합의하여 가격을 정하되 그것이 정해지지 않은 경우, 자본시장법 및 자본시장법 시행령이 정한 방법(이사회 결의일 전일부터 2개월 전, 1개월 전, 1주 전 가격의 평균)에 따르도록 하고 있습니다. 자본시장법 및 자본시장법 시행령이 따른 가격이 마음에 들지 않는 경우 주주는 소송을 통해 다툴 수 있습니다.

이런 이유로 많은 기업이 자본시장법 및 자본시장법 시행령이 정한 대로 매수 가격을 제시합니다. 그러므로 만약 시가가 내재가치를 반영하지 못하고 있다고 하더라도 주주들이 높은 가격을 받아낼 방법이 마땅치 않으며, 법원에 이의를 제기해도 위 법률에서 정한 것과 달리 공정한 가격을 인정받는 사례가 매우 드뭅니다. 다만 과거 삼성물산과 제일모직이 합병할 당시 삼성물산의 주주였던 일성신약은 회사가 정한 주식 매수 가격이 부당하다며 공정한 가격의 결정을 법원에 신청했고, 2심에서 일부 승소판결을 받았습니다. 상장기업의 주주도 자본시장법 및 자본시장법 시행령이 정한 가격보다 더 높은 가격을 인정받을 가능성이 생긴 것입니다. 그러나 이 사건은 현재 대법원에서 판결이 오래도록 나지 않고 있습니다.

다른 한편 많은 기업이 자본시장법 및 자본시장법 시행령이 정한 대로만 매수 가격을 제시하기 때문에 합병 발표 이후 주가가 하락하면, 주주는 차라리 주식매수청구권을 행사하고자 하는 유인에 처하게 됩니다.

즉, 주식매수청구권을 행사할 수 있는 주주는 합병 발표 이후, 만약 주가가 오르면 그 이득을 취하면 되고, 혹여 주가가 하락하더라도 주식매수청구권을 행사해 최소한의 하방을 확보하는 식입니다. 그러나 합병 계약에는 주식매수청구권이 너무 많이 행사되면 합병을 무효로 돌릴 수 있는 조건이 들어가 있는 경우가 많습니다. 합병이 무산되면 주식매수청구권도 없었던 셈이 되고 맙니다.

제10장
신주인수권과 초과청약

초과청약 특수상황은 거래에만 집중해 투자수익을 내는 독자적인 특수상황 유형 중 하나다. 주식을 보유하는 중에 해당 특수상황이 우연히 일어날 수도 있다. 초과청약 특수상황에선 주주에게 주어진 '신주인수권'이라는 권리를 사용한다. 주주에게 부여된 신주인수권이 소멸하지 않고 살아있는 동안 초과청약 특수상황 투자를 할 수 있다.

신주인수권은 아래 3단계에 걸쳐 행사할 수 있다.

(1)기업이 유상증자할 때, 주주에게 신주를 인수할 권리를 주는 단계. 주주는 보유주식수에 비례해 신주를 배정받을 권리가 있다. 첫 번째 단계에서는 이 권리를 구체화하여 얼마의 가격에 몇 주를 배정받는지 등이 결정된다. 이 때의 청약을 최초청약이라 한다.

(2)1주에 미치지 않는 단주가 발생하는 경우, 주주에게 단주의 청약하는 것을 허용하는 단계

(3)(1단계에서) 최초청약에서 주주에게 인수되지 않고 남은 실권주를 초과청약의 비율대로 다시 청약할 수 있는 권리가 부여되는 단계

다시 말해 초과청약 특수상황은 기업이 주주에게 1차로 신주를 배정했는

데도 남는 실권주가 있을 때 초과청약을 한 주주에게 추가로 주식을 배정하는 상황을 의미한다[29]. 신주인수권은 대체로 2주 동안 부여된다. 이 기간이 지난 후 하루, 이틀 사이에 신주가 배정되는 게 보통이다. 초과청약은 주주의 권리이지 의무가 아니다. 초과청약은 위 1, 2단계에서의 권리에 영향을 주지 않는다.

초과청약은 충분히 좋은 투자수익을 얻을 기회다. 그런데도 무관심, 무신경으로 놓치는 경우가 많다. 기업이 발행하는 신주는 주주가 아니라 투자를 전문적으로 하는 금융기관이 인수하는 경우가 많기에 초과청약의 기회는 흔히 생기지 않는다. 그러나 금융기관이 아니라 일반 주주를 상대로 유상증자에 나서는 기업도 많다. 기업이 주주배정 유상증자를 하는 경우, 기업은 (1단계에서) 보유주식의 비율대로 주주에게 배정한 뒤, 다음 단계로 실권주를 초과청약의 비율대로 인수할 권리를 주주에게 준다.

예를 들어 시에라 퍼시픽 파워Sierra Pacific Power Company는 (금융기관을 상대로 하지 않고) 주주를 상대로 유상증자를 시행했다. 이 사례에서 나온 실권주는 전체 유상증자의 수량 중 13%였다. 초과청약을 한 주주는 최초청약만 한 주주보다 13%나 많은 주식을 분배받을 수 있었다는 말이다. 31달러에 유상증자를 했고, 주가는 35달러 근방이었기 때문에, 4포인트나 이익이었다. 그런데도 많은 주주가 초과청약을 하지 않았다.

---

29 우리나라는 에버랜드 전환사채 사건 등에서 주주가 인수를 포기한 전환사채를 특정인에게 처분할 수 있는지와 관련해 편법증여 논란이 있었다. 이에 2013년 자본시장법은 "신주인수의 청약 당시에 해당 주권상장법인과 주주 간의 별도의 합의에 따라 실권주가 발생하는 때"에 "신주인수의 청약에 따라 배정받을 주식수에 20%를 곱한" 수량까지만 초과청약을 한 주주에게 실권주를 배정할 수 있도록 하였다._역주

초과청약에서의 구체적인 거래방법을 살펴보려면, 그 전에 신주인수권, 워런트, 추상적인 우선권 등의 용어를 공부할 필요가 있다.

○ 신주인수권

신주인수권은 정해진 가격에 주식을 배정받을 수 있는 권리다. 일정 기간만 존재하고 소멸하는 게 특징이다. 신주인수권은 인수 가격보다 주가가 높을 때 가치가 있다. 신주인수권을 행사할 수 있는 기간은 정해져 있기에 주의를 기울여야 한다.

○ 워런트

워런트는 정해진 가격에 주식을 매입할 수 있는 권리, 즉 신주인수권을 유가증권으로 만든 것이다[30]. 주식을 매입할 수 있는 옵션에 가까우며 행사 가능 기간이 매우 길거나 기한이 없다. 워런트는 행사 가격보다 주가가 낮을 때 가치가 있다. 그러므로 워런트의 가치는 주가와 연동된다. 다만 행사 가격을 고려해도 워런트의 가격이 주가보다 낮을 때가 많다. 즉, 주식을 사는 것보다 워런트를 사는 게 유리할 때가 많다.

예를 들어 트랜스월드 항공Trans World Airlines의 워런트는 보통주를 22달러에 매입할 수 있는 권리가 부여되어 있었고, 23.13~40.63달러의 범위에서 가격이 형성되었다. 한편 보통주의 주가는 39.63~61.87달러였다. 예를 들어 투

30 우리나라에서도 과거 분리형 신주인수권부사채 발행이 금지되기 전까지 사채와 신주인수권이 혼합된 신주인수권부사채가 흔히 발행되었다. 분리형 신주인수권부사채에서 워런트(신주인수권증권)는 따로 분리하여 거래할 수 있었다. 일반 주주의 권익침해 문제가 심각히 발생하여 한때 상장기업이 분리형 신주인수권부사채를 발행할 수 없도록 한 적이 있다. 현재는 다시 발행이 허용되었다._역주

자자는 45달러로 보통주를 사는 것보다 거의 2배나 많은 워런트를 23달러 선에서 살 수 있었다. 워런트나 보통주가 움직이는 건 비슷했으므로, 워런트를 매수하면 보통주에 투자했을 때 들이는 원금으로 두 배의 효과를 낼 수 있었던 것이다.

○ 추상적인 우선권

(우선하여 매수할 지위인) 추상적인 우선권은 기업의 자본구조가 변하더라도 주주의 비례적인 지위가 유지되도록 하기 위한 권리다[31]. 즉 기업이 신주를 발행할 때는 주주에게 보유비율을 유지할 수 있는 수량만큼 인수할지를 먼저 물어야 한다.

만약 어떤 기업의 발행주식총수가 100만 주인데, 신주 10만 주를 발행한다고 가정하자. 이 경우 10%의 희석이 발생하므로, 주주는 보유주식의 10%에 해당하는 주식을 매수할 신주인수권이 생긴다. 100주를 보유한 주주라면 10주를 매수할 신주인수권이 있는 것이다. 신주인수권을 행사하면 해당 주주는 110만 주를 발행한 기업의 110주 주주가 되는 것이고, 이는 100주를 발행한 기업에서 100주를 보유한 주주의 지위와 같다.

신주인수권은 투자설명서나 공시자료, 주주총회소집통지서, 정관 등에 기재되어 있다.

---

31 우리나라에선 추상적인 신주인수권이라고 부른다. 신주인수권은 신주발행 결정 후에 발생하는 구체적인 권리인 데 반해, 추상적인 신주인수권은 주주의 비례적인 지위를 보장하기 위한 잠재적인 권리다._역주

초과청약 우선권

아래는 하와이안 일렉트릭Hawaiian Electric Company의 투자설명서에서 발췌한 것이다.

"초과청약 우선권: 주식을 인수할 우선권을 보유한 주주는 워런트의 기간이 만료되거나 근로자에 배정된 신주인수권이 소멸되어 남은 실권주를 배정받을 초과청약 우선권을 가진다. 이때 인수 가격은 원래 청약 시의 가격보다 높아서는 안 된다. 초과청약 우선권을 행사하려는 자는 청약한 주식 1주당 5달러의 보증금을 예치해야 한다. 초과청약 수량에 비해 실권주가 부족할 경우, 초과청약한 수량에 따라 비율대로 주식을 배정받는다. 주식 배정 시 단주가 발생하면, 반올림하여 조정한다."

잠재적인 투자수익

증권의 시장가격과 해당 증권을 신주로 인수하는 데 필요한 총비용의 차이가 초과청약 특수상황에서 기대할 수 있는 투자수익이다. 다만 초과청약을 통해 낮은 가격으로 인수할 수 있는 수량은 많지 않은 게 보통이다. 보통은 아래와 같이 진행된다.

우선 기업은 주주를 상대로 비율대로 신주인수권을 행사할 수 있음을 알린다. 이에 대해 주주는 신주인수권을 행사한다. 이후 주주는 행사하기 전과 같은 상대적인 비율을 유지할 수 있는 수량의 주식을 배정받을 수 있다. 만약 한 기업이 10만 주를 발행했고, 1만 주를 발행할 계획이라면, 10%의 수량 증가가 있다. 이때 주주는 상대적인 비율대로 지위를 유지하기 위해 10주당 1주의 주식을 배정받을 수 있다. 1,000주를 가진 주주는 100주를 배정받아 원래의 1000/10만, 즉 1/100의 지위를 나중의 1100/11만, 즉 1/100과 같이 비례적인 지위를 그대로 유지할 수 있는 것이다.

만약 현재 주가가 20달러이고, 주주는 18달러로 신주를 배정받을 수 있다고 가정하면, 주가인 20달러보다 신주인수가가 낮으므로 신주인수권은 가치가 있다.

신주인수권 가치의 계산법

18달러에 신주를 인수하려면, 1주당 18달러를 납입하고 1주를 인수할 수 있는 신주인수권 10개를 매수하는 수밖에 없다. 이때 신주인수권 10개의 가치는 주가(20달러)와 인수가 18달러의 차이, 즉 2달러라고 볼 수 있다. 2달러를 10개로 나누면, 신주인수권 1개의 가치는 20센트다. 신주인수권은 시장에서 거래도 된다[32].

신주인수권의 시장가격은 실제 가치에 근접하는 게 일반적이다. 간혹 할인되기도 하고 프리미엄이 붙기도 하는데, 프리미엄은 최초청약 이후 초과청약이 있을 것을 기대하고 이때의 권리만큼 웃돈이 얹어졌기 때문일 수 있다.

초과청약 특수상황에서의 거래방법

청약이 끝나 신주인수권이 소멸되는 시점에, 예정된 수량보다 청약이 적게

32 우리나라에서도 상장기업이 주주배정 유상증자를 할 때는 신주인수권증서를 발행하고 이것이 유통되도록 할 의무가 있다. 이는 신주인수권부사채에서 발행되는 워런트(신주인수권증권)와 다르며 신주인수권증서라 불린다. 워런트보다 존속기간이 짧다._역주

들어올 수 있다. 예를 들어 1만 주의 신주가 발행되었지만 9,000주만 청약이 들어왔다고 가정하자. 이때 남은 1,000주는 실권주가 되어 초과청약의 대상이 된다. 이 1,000주를 통해 초과청약 특수상황의 투자수익을 낼 수 있다.

위 예에서, 기업이 최초청약 시 초과청약을 한 주주에게 비율대로 실권주를 18달러에 배정하기로 약속했다고 가정하자. 그러면 주주가 최초청약을 하면서 초과청약에도 참여하겠다는 의사표시를 해 1,000주의 실권주를 배정받을 수 있다. 주가는 20달러이고 인수 가격은 18달러다. 별도의 권리행사나 절차 없이 자동으로 주식이 배정된다는 점을 유념하라.

주주는 비율대로 초과청약에 참여할 수 있다. 또한, 최초청약 당시 주주가 아니었던 투자자도 신주인수권을 매입해 초과청약에 참여할 수 있다. 신주인수권은 최초청약을 할 권리뿐만 아니라 초과청약에 관한 권리도 보유한다.

한편 초과청약 특수상황에서 투자자의 목적은 장기투자가 아니다. 그러므로 투자자가 청약을 통해 신주인수권을 매입할 때는 최초청약에 따라 받을 주식과 같은 수량의 주식을 공매도한다. 이렇게 하면 신주인수권의 매수가 주식의 공매도와 상쇄되기에 가격 변동의 위험을 부담하지 않고, 오로지 초과청약에만 투자할 수 있다.

예를 들어 X라는 기업이 10주당 1주를 18달러에 신주를 발행한다고 하자. 주가가 20달러라면 신주인수권은 주당 20센트다. 만약 1,000개의 신주인수권을 매입하면, 100주를 청약할 수 있다. 그러므로 초과청약을 위해 1,000개의 신주인수권을 개당 20센트 이하에서 최대한 낮은 가격에 매수하고, 100주를 20달러에 공매도한다. 이후 1,000개의 신주인수권을 행사하고, 그 대가로 100주를 받는다. 그런 뒤 이 100주로 공매도를 위해 빌린 주식을 갚아 최초청약에 따른 포지션을 청산하는 것이다.

최초청약에 대한 포지션을 청산하면 초과청약에 참여할 권리만 투자의 대상으로 남는다. 중립적인 포지션을 구축하면 신주인수권이 존재하는 가장 마지막 시기까지 초과청약의 참여 여부를 결정하지 않아도 되는 장점도 있다. 주가가 충분히 높아 초과청약으로 투자수익을 올릴 수 있을 때만 초과청약을 한다.

필자가 수년간 관찰한 바에 의하면, 초과청약에 배정된 실권주의 수량은 최대 60%에서 무시해도 될 만한 수준까지 다양했다. 60%나 실권된 사례는 센트럴 허드슨 가스앤일렉트릭Central Hudson Gas & Electric Corporation이 주주배정 유상증자를 했을 때 있었다. 이때 초과청약에 참여한 주주는 전체 신주발행 물량의 60%를 비례해 배정받을 수 있었다[33]. 한편 인터스테이트 파워Interstate Power Company는 발행주식총수가 17만 7,354주인데, 실권주가 7,000주에 불과했다. 최근 하와이안 일렉트릭의 초과청약 특수상황에서, 초과청약에 참여한 사람들은 주당 2.875포인트의 투자수익만을 얻을 수 있었다. 실권주가 발생할 무렵 주가가 32.87달러였던 반면, 신주인수가는 30달러였기 때문이다.

분석

신주인수권의 가치를 시장가격과 비교하는 방식이 가장 널리 쓰인다. 주가가 안정적이었을 때 가치분석이 쉽다. 투자수익은 초과청약으로 배정된 주식을 매도해야 생기므로, 투자도 주가가 안정적일 때 하는 게 좋다. 만약 직전에

33 앞서 설명했듯 우리나라에서는 (최초의) "신주인수의 청약에 따라 배정받을 주식수에 20%를 곱한" 수량까지만 초과청약을 한 주주에게 실권주를 배정할 수 있다._역주

주가가 올랐거나 안정적이지 못한 성질의 주식이라면, 실권주를 받을 때까지 미래의 주가를 예측할 수 없다.

신주를 발행한 기업의 주가 움직임을 잘 살펴야 한다. 관련해 발행주식총수, 주식의 집중도, 상장된 거래소의 유동성 등을 보도록 하자. 신주의 발행간격도 봐야 한다. 신주가 너무 자주 발행되면, 초과청약에 적합한 우호적인 시장상황이 계속되기 어렵다. 초과청약 특수상황의 거래방법에서 금방 소멸되는 신주인수권의 성질, 공매도를 통해 헤지를 하는 방법, 신주인수권이 소멸되기 전 초과청약의 포기 가능성 등을 살펴봤다. 이런 거래방법을 적용하려면 결국 유동성이 핵심이다. 실권주가 생길 무렵 주가의 움직임도 안정적이어야 한다.

정보의 출처

초과청약에 관한 정보는 신문, 경제지, 각종 서비스 또는 중개업자 등을 통해 취득할 수 있다. 주주명부에 등록된 주주에 대해서는 기업이 투자설명서, 주주총회소집통지서, 서신 등으로 정보를 제공한다. 초과청약 기회가 있었던 기업들엔 그 뒤에도 유사한 기회가 생긴다는 게 특이한 점이다. 최근 초과청약 특수상황이 있었던 기업은 하와이안 일렉트릭, 인터스테이트 파워, 시에라 퍼시픽 파워, 내셔널 에비에이션National Aviation Company 등이 있다.

초과청약 특수상황 요약

(1)주주는 신주를 인수할 권리가 있고, 실권주에 비율대로 참여할 권리가

있다.

⑵중요한 점: 주가와 신주인수가의 차이, 최초청약 시 발표된 신주인수권의 내용과 실권주의 처리 조건

⑶투자수익의 크기는 주가와 신주인수가의 차이에 초과청약으로 취득하는 주식의 수를 곱한다.

⑷신수인수권의 가격은 주가와 연관하여 변동한다.

⑸최초청약이 얼마나 있었는지에 따라 초과청약의 양이 정해진다.

⑹최초청약에서 받을 주식을 공매도하면 배정받을 신주 가격의 하락에서 오는 위험을 제거할 수 있다.

- 6의 행위를 하더라도 초과청약에서 배정받는 수량이 줄진 않는다.
- 초과청약에 참여할지 여부를 신주인수권이 소멸되기 직전까지 미룰 수 있다.
- 이 특수상황은 거래에 관련한 특수상황이므로, 초과청약을 통해 받는 주식은 곧바로 팔아야 한다.

오늘날의 사례

신주인수권, 행동주의, 턴어라운드, 주식회사로의 전환: 스톤머 파트너스Stonemor Partners, STON

이제 여러분도 오늘날의 특수상황투자가 어떤 특성을 가지는지 어느 정도 눈치채셨을 겁니다. 이번 역시 복합적인 특수상황이 펼쳐지는 사례입니다. 방금 제10장에서 공부했던 신주인수권뿐만 아니라, 행동주의, 공개매수(제8장), 자본구조의 변경(제13장), 턴어라운드(제14장) 등이 한꺼번에 발생하는 특수상황입니다.

STON은 미국에서 두 번째로 큰 규모로 묘지를 갖추고 장의사업을 벌이는 기업입니다. STON은 일반적인 주식회사가 아닌 마스터합자회사Master Limited Partnership라는 형식을 갖추고 있었습니다. STON은 경영이 엉망이었고 회계조차 의문투성이였기 때문에, 이 기업의 지분 가격은 2년 동안 크게 하락했었습니다. 이에 행동주의 투자자가 강한 압박을 가했고, 많은 변화가 발생하는 중입니다. 우선 새로운 경영진을 선임했고, 이사회도 새로 구성했습니다. 자본을 유치해 재무구조를 개선했고, 인센티브 전략도 수정하였으며, 무엇보다 마스터합자회사에서 일반적인 주식회사로 기업의 형태를 전환하기로 하였습니다.

인터넷 커뮤니티인 VICwww.valueinvestorsclub.com는 가치투자자들이 즐겨 찾는 사이트로 유명합니다. VIC에는 2013년 이 기업의 하락을 점치는 매우 뛰어난 보고서가 올라왔었습니다. 다만 당시에는 이 기업의 공매도를 위해 지분을 빌리는 비용이 엄청나 하락에 베팅할 수는 없었습니다. 보고서 자체의 논리구조는 이 기업의 배당정책은 지속가능하지 않고, 불가피하게 현금이 고갈될 수밖에 없다는 내용이었습니다.

STON은 마스터합자회사로서 배당을 의무사항으로 정해두고 있었습니다. 배당의 재원은 세 가지로 마련했는데, 이는 묘지 매도, 묘지 매도예약 및 상조기금 적립 등을 통한 현금흐름이었습니다. 특히 매도예약과 상조기금 적립은 관련되어 있습니다. 주법은 고객이 묘지와 관을 예약하면, 제3자가 관리하는 상조기금에 일정 비율의 돈을 예치하도록 하고 있었기 때문입니다. 예치된 기금은 실제 STON이 모든 서비스를 제공한 시점, 즉 묘지를 예약한 고객이 실제 사망할 때까지 시간의 진행에 따라 매출을 인식하며, 이 예치된 금액을 STON이 돌려받게 됩니다. 그러나 매출의 '진행적인 인식'엔 결국 경영진의 재량이 많이 개입됩니다. STON의 경영진은 매출을 꽤 공격적으로 인식하면서 더 적은 돈을 유보하고 더 많은 돈을 배당에 사용하였습니다. 이 와중에 이자율은 높아졌고, 성장에 필요한 자본적지출CAPEX도 늘어만 갔습니다. 결국 STON의 현금은 고갈되게 됩니다. 급기야 STON은 사실상 다단계의 양상을 띠었습니다. 기존 사원[34]을 위한 배당, 채권자에 대한 이자 등을 지급하기 위해서는 새로운 투자자를 끌어들여야 했습니다.

결국 STON은 2016년 배당을 반으로 줄인다고 발표했습니다. 2016년 약 25달러에 거래되던 지분 가격이 이 발표 이후 반토막이 났고 2019년엔 겨우 1달러 수준에 거래되었습니다. STON은 배당을 줄인 이유로 영업사원 200명이 쟁의행위를 벌여 입은 손해와 현금 관리의 실수를 들었지만, 실제로는 투자금을 유치해 배당하는 구조 자체가 지속가능하지 않았던 게 문제였습니다. STON은 문제점을 해결하고 1~2년 사이에 배당을 증액하겠다고 공언했지만, 결국 채권자들과 협약을 맺고 배당을 아예 중단할 수밖에 없었습니다. 몇몇 헤지펀드에서는 애널리스트 교육자료 중 분식회계 부분에 STON의 이러한 작위적 회계처리 방식을 대표적인 예시로 사용하기도 하는 등 안타까운 상황이 벌어졌습니다.

이때 악사 캐피털Axar Capital이 등장합니다. 악사는 앤드류 엑셀로드Andrew Axelrod가 설립한 기업인데, 엑셀로드는 마운트 켈렛 캐피털Mount Kellett Capital의 북미지사장을 역임했고, 콜버그크래비스로버츠Kohlberg Kravis Roberts, KKR에도 몸담았었습니다. 악사는 2017년부터 조금씩 지분을 사 모아 2018년에는 5% 지분공시를 하였습니다. 악사는 공시에서 기업의 형태를 합자회사에서 일반적인 주식회사로 바꿀 계획임을 밝힙니다. 이 경우 법인세를 줄일 수 있다는 것입니다. 주식회사로의 전환을 위해 악사는 합자회사의 무한책임사원GP과 성과보수, 운용보수 보상을 위한 긴 협상을 벌였습니다. 악사는 결국, 2019년 6월 이들의 지분을 인수해 27.4%의 지분을 취득하였습니다. 또한, 이 무렵 악사는 엑셀로드를 STON의 이사회 의장으로 임명했고, 그 사이 CEO와 CFO를 구해 아

34 합자회사의 지분권자를 주주가 아니라 사원이라 부른다. 사원은 무한책임사원(GP)과 유한책임사원(LP)로 나뉜다.

래와 같이 자본구조를 변경하고 구조조정을 실시하도록 하는 등 다양한 업무를 진행하게 하였습니다.

○ 4억 4,750만 달러의 자본 확충(3억 8,500만 달러는 만기 2024년의 PIK payment-in-kind 선순위채권[35], 6,250만 달러는 A종 전환우선지분) 진행.

○ 선순위채권은 75%를 초과하는 현금흐름에서 우선하여 변제받을 권리 보유. 자산의 매각은 1억 5,500만 달러까지만 허용. 최초 5,500만 달러까지 발생하는 매각차익은 전액을 채무 변제에 사용하여야 하고, 나머지 1억 달러까지는 발생하는 매각차익 중 80%를 채무 변제에만 사용.

○ A종 전환우선지분 중 5,210만 단위는 악사와 신규 투자자가 인수. 인수 가격은 지분 1단위당 1.104달러인데, 이는 1단위당 1.2달러인 청산가치에서 8% 할인한 금액. 전환우선지분은 1:1비율로 보통의 지분으로 전환 가능.

○ 선순위채권과 A종 전환우선지분 발행으로 확충된 자금은 전량 (1)2021년 만기인 선순위채권 및 (2)2020년 만기인 한도대출revolving credit facility 채무 변제에 사용. 대출만기를 5년 연장. 3,500만 달러의 중순위채권은 악사 인수.

○ 전환우선지분 1단위당 1.2달러에 매입해 소각하려는 의도로 4,000만 달러의 신규 지분을 청약할 수 있는 신주인수권을 발행한 뒤 납입된 4,000만 달러를 재원으로 현재 5,210만 단위나 발행된 전환우선지분 중 3,350만 단위를 매수, 소각하려고 계획. 그러나 실제로는 360만 달러의 신규 지분만 발행에 성공, 악사가 소유한 190만 단위의 전환우선지분을 포함해 300만 단위의 전환우선지분만 매입, 소각할 수 있었음. 이는 유한책임사원LP 대다수가 추가로 신규 지분을 인수해 STON에 대한 포지션을 늘리는 걸 원치 않고 있음을 의미.

○ 우선지분 및 합병을 위해 무한책임사원에게 추가로 발행된 지분을 모두 더하면 지분은 모두 9,460만 단위가 되며, STON이 일반적인 주식회사로 바뀌면, 지분은 주식으로 전환.

---

35 PIK채권은 이자를 현금이 아니라 채권으로 지급하는 채권을 말한다. 만기까지 채권의 액면가가 계속 쌓이게 된다.

○ 악사는 앤드류 악셀로드, 데이비드 밀러David Miller, 스펜서 골든버그 Spencer Goldenberg 등 3명의 이사를 임명. 데이비드 밀러는 블랙스톤 Blackstone이 운영하는 대형 펀드인 전략 기회 펀드Tactical Opportunities Fund의 수석고문이었음.

○ 2018년 7월 조 레들링Joe Redling을 새로운 CEO로 선임. CEO는 자산을 세 그룹으로 분리, 가장 하위의 자산군을 매각. 최대 3,000만 달러의 판관비 및 간접비를 줄일 수 있는 것으로 확인.

전반적인 상황을 살펴보면, 악사가 차입매수Leveraged Buyout, LBO를 한 것으로 볼 수 있습니다. 다만 영업활용 현금흐름 대신 자산을 매각해 나오는 현금으로 채무를 갚는 게 전형적인 차입매수와 다른 점입니다. 자산에 대해서 는 뒤에 이야기를 나누도록 하고요. 위 자본구조 변경 중 지분 1단위당 1.2달러에 신주(합자회사이니 정확히는 신'주'가 아니라 신규'지분'이 되어야 합니다)를 발행하려고 시도한 것이 있는데, 이는 STON이 명목상 보유한 영업자산 대비 현저히 낮게 평가된 가격이었습니다. 각종 기업활동으로 인해 복잡해지는 자본구조가 만들어낸 가격 괴리라고 볼 수 있습니다.

자산 측면에서 보면, STON은 얼마나 빨리 턴어라운드를 할 수 있을지와 턴어라운드 할 때까지 추가로 자산을 매각하지 않고 버틸 수 있을지의 싸움입니다. 게다가 현금을 마련하더라도 선순위채권과 자산매도로 생기는 현금을 배당하도록 하는 조항으로 인해 다 사용하기도 힘든 상황이었습니다. 이와 관련 STON은 2020년 1월 몇몇 자산을 캐리지 서비스Carriage Services, Inc., CSV, 시가총액 약 8억 4,000만 달러에 3,300만 달러를 받고 팔기로 합니다. 일부 선순위채권을 상환재원으로 활용하겠다는 의도였습니다. 앞서 이야기했듯, STON의 CEO는 자산을 세 그룹으로 나누었고, 낮은 순위의 자산을 매각하겠다고 발표한 바 있었습니다. 그러나 CSV의 CEO는 자산을 매수하면서, "오크몬드Oakmont 묘지는 확실한 잠재력이 있습니다. 매입 가격보다 더 나은 수익을 창출해낼 것입니다. 직원들은 이 토지의 가치를 A+++라고 평가했습니다"라고 말했습니다. 이런 매매 상대방의 말에 비추어 어쩌면 가장 값어치가 낮은 그룹의 자산들이 팔리지 않아 1번 그룹의 좋은 자산들을 파는 것이 아닌가 하는 우려를 낳기도 했습니다.

STON은 변화를 위해 노력 중이지만 대중을 설득하기엔 부족했습니다. 애석하게도 2020년 3월부터 STON의 지분 가격은 1단위당 1달러 미만이 되었으며, 이는 뉴욕증권거래소의 상장기준을 맞추지 못하는 수준이었습니다. 그러자 악사는 2020년 5월 지분 1단위당 50일 평균 가격에서 17%의 프리미엄을 더한 0.67달러로 공개매수해 상장폐지를 시키자고 제안합니다. STON의 이사회가 이에 동의하지 않자 악사는 0.8달러로 다시 제안했으며, 그럼에도 STON은 다시 거절했습니다. STON의 자산가치나 경쟁기업이 받는 평가 등에 비추어 보면, 두 제안 모두 극단적으로 낮은 가격에 해당하였기 때문입니다. 물론 엄청나게 낮은 가격을 부르는 게 위법한 건 아닙니다. 그러나 최대주주의 공개매수에 반대한 STON 이사회의 거절이야말로 진정 옳은 행동이었으며, 유한책임사원들을 위한 길이었습니다. 한편, 몇몇 특수상황투자자들은 STON이 0.67달러 제안을 거절했을 때 악사가 제안 가격을 높일 것으로 예측하고 STON 주식을 매입하여 단기간에 약 20%의 수익을 올리기도 했습니다.

STON은 공개매수 제안을 거절한 후 EBITDA 측면에서 매우 좋은 실적을 내놓았습니다. 공동묘지 매매가 늘었고, 비용도 많이 준 덕택이었습니다. STON은 2분기 연속 영업활동 현금흐름에서 플러스를 기록했고, 현재 회계연도 중 자산매각을 제외하고도 4,800만 달러를 모았습니다. 특히, STON은 5,500만 달러의 계약금 지급 안건을 통과시키기도 했습니다. 자산매각의 흐름을 돌리는 것이라 고무적이라 할 수 있습니다. 지분은 현재 2~3달러 수준에서 거래되고 있습니다. 불과 2년 전 악사가 제안했던 것보다 7배나 높은 수준입니다.

어려운 상황에 처해있는 기업이 각종 기업활동을 통해 구조조정을 했음에도 더욱 저평가되었기 때문에 투자자들은 매우 낮은 가격에 STON을 매입할 수 있었습니다.

무엇보다 이 사례는 STON의 최대주주가 행동주의 펀드였음에도, 그리고 그 최대주주는 기업이 어려웠던 상황에서 자금을 유치해준 유일한 투자자였음에도, 또한 그 최대주주가 이사회를 구성했음에도, 그 투자자가 기업을 너무 니없이 낮은 가격에 공개매수해 상장폐지하려 하자 지분권자 전체의 이익을 위해 끝까지 악사의 낮은 제안을 거절한 STON 이사회의 독립적인 거버넌스governance가 빛이 난 사례라 할 수 있습니다.

우리나라에의 적용

우리나라에서도 워런트(신주인수권증권), 신주인수권증서가 거래되므로 저자가 주장하는 바와 같은 논리를 이용해 투자할 수 있습니다.

워런트는 분리형 신주인수권부사채에서 분리되어 거래되는데, 상대적으로 상장되어 거래되는 기간이 깁니다. 2022년 1월 현재 기준으로 두산중공업 1WR, 두산중공업 2WR, 한진칼 3WR 등이 상장되어 거래되고 있습니다.

특히 한진칼 3WR는 한진칼이 대한항공의 유상증자에 참여하기 위해 분리형 신주인수권부사채를 발행하였기에 유통되고 있는 것입니다. 그런데 이 신주인수권부사채가 발행되었던 당시는 한진칼과 KCGI 등이 서로 지분경쟁을 벌이던 중이었습니다. 이에 KCGI 등은 시세보다 높은 가격에 공개매수하였고, 이에 응한 투자자들은 예상보다 큰 투자수익을 얻을 수 있었습니다.

한편, 주주배정 유상증자를 하는 기업은 신주인수권증서를 발행해 유통되도록 해야 합니다. 이때 신주인수권증서는 유통되는 기간이 짧기에 주의를 기울일 필요가 있습니다. 유상증자에 참여하기 위해서는 청약증거금을 납입해야 하므로 기존 주주로서는 현금을 지출해야 하는 부담이 생깁니다. 이에 기존 주주는 다소 할인된 가격에 신주인수권증서를 매도할 수도 있습니다.

신주인수권증서를 가진 기존 주주 혹은 기존 주주로부터 신주인수권증서를 매수하여 보유한 사람은 초과청약을 할 수도 있습니다. 다만 초과청약을 할 수 있는 비율은 신주인수권증서 1주당 0.2주의 한도까지로 정해져 있습니다.

문제는 일반적인 투자자로서는 주식을 공매도하는 게 쉽지 않다는 점입니다. 그러므로 저자가 이야기하는 것처럼 초과청약을 하면서 같은 수량을 공매도하는 방식의 투자를 실행하기는 어려울 것입니다. 다만, 특정한 주식을 매수하려고 하였는데, 기왕이면 더 할인된 신주인수권증권이나 신주인수권증서를 매수하는 방식으로 매수단가를 낮출 수는 있겠습니다.

제11장
인수와 합병

인수와 합병은 흔히 혼동하는 용어다. 합병은 두 기업이 합쳐서 하나의 기업이 되는 것이다. 합병이 이루어지면, 자산과 사업이 하나의 기업으로 합쳐진다. 그 과정에서 한 기업은 소멸하고 한 기업은 존속한다. 합병은 특수상황의 고전이라 할 수 있다. 소멸하는 기업의 주주가 투자수익을 얻는 경우가 많다.

인수는 어떤 기업이 다른 기업을 지배할 수 있는 지분을 취득하는 것이다. 인수하는 기업이 인수되는 기업을 지배한다. 인수는 주주의 승인이나 두 기업의 합의가 반드시 필요하지는 않다. 인수는 기업경영전략의 일환일 뿐이다. 한 기업이 흡수되어 소멸하는 합병과는 달리, 인수는 인수되는 기업이 법인격을 잃지 않는다. 인수하는 기업에 의해 지배, 통제당할 뿐이다. 인수는 자산양수도나 주식의 교환을 통해서도 일어날 수 있다. 캐터필러 트랙터Caterpillar Tractor Company의 토우모터Towmotor Corporation 인수를 통해 어떤 식으로 투자수익이 나는지 살펴보자. 이 사례에서는 보통주를 1:1로 교환해주는 게 인수 조건이었다. 인수 조건이 발표되었을 무렵, 두 기업의 주가는 3포인트 차이였다. 즉, 100주를 사면 210달러의 수익을 낼 수 있었다. 4.3%의 수익이다. 이를 표로 나타내면 아래와 같다.

(단위: 달러)

토우모터의 보통주 100주를 45.75달러에 현금으로 산다	4,575
캐터필러 트랙터의 보통주 100주를 빌려 48.75달러에 공매도한다	4,875
총 차액(또는 총 수익)	300
수수료와 인지대	90
순수익	210

이 사례에서 인수절차는 주주총회 결정 직후 곧바로 진행되었고, 종결까지 한 달이 걸렸다. 투자 역시 30일 정도 진행되었고, 연간으로 환산해 51% 수익이 발생했다.

상대적인 가치-수익의 열쇠

합병은 종종 새로운 기업을 설립해 이 기업에 기존 기업을 합치는 식으로도 진행된다. 더 빨리 진행하기 위함이다. 새로운 기업이 설립되면서 새로운 주식이 발행되는데, 이때도 투자수익이 나곤 한다. 새로운 주식과 기존 주식과의 관계에서 괴리가 생길 수 있기 때문이다. 즉, 두 기업이 통합되어 새로운 기업이 생길 때 기존 주식과 새로 발행되는 주식의 관계가 가치에 비례하지 않게 가격이 매겨지는 경우가 많다. 이 불일치가 바로 투자수익의 기회가 되는 것이다.

좀 더 쉽게 설명하기 위해 간략한 기업의 구조를 사례로 들어보겠다. 아크메라는 기업과 블루라는 기업이 합병한다고 가정하자. 기본적인 관계는 아래와 같다.

아크메의 주식은 1,000주다. 순자산가치는 10만 달러다. 그러므로 1주의 가치는 10만 달러를 1,000주로 나눈 100달러가 된다. 아크메 주식을 100주 소유한 주주 X는 1만 달러, 10%의 지분을 가진 셈이다. 블루의 주식도 1,000주지만 순자산가치는 아크메의 10%인 1만 달러에 불과하다. 그러므로 블루 1주의 가치는 1만 달러를 1,000주로 나눈 10달러이며, 200주를 소유한 주주 Y는 2,000달러, 20%의 지분을 가졌다고 볼 수 있다.

위 사례에서 아크메의 1주는 블루보다 10배나 가치 있다. 그러므로 합병할 때 아크메의 주주 X는 블루의 주주 Y가 받을 주식의 10배에 상당하는 주식을 받아야 마땅하다.

앞서 합병할 때는 합병되는 기업의 실질적인 가치에 비례해 가격이 매겨져야 하며, 만약 괴리가 발생하면 투자수익의 기회가 생긴다고 설명했다. 이 사례에서 아크메와 블루가 신속한 합병을 위해 새로운 기업을 설립한다고 가정하자. 새로운 기업은 아크메의 가치 10만 달러와 블루의 가치 1만 달러가 더해져 11만 달러의 가치를 가진다. 주식의 수는 여전히 1,000주다. 그러므로 새로 발행되는 주식은 1주당 110달러(11만 달러를 1,000주로 나눈 것)의 가치를 가진다. 합병 전과 가치를 놓고 보면, 아크메의 주주들은 새로운 기업의 주식 90.9%를 가지게 되며, 블루의 주주들은 9.1%를 가지게 된다.

그러므로 아크메의 주식 100주를 가지고 있던 주주 X는 아크메의 주주들에게 돌아가는 90.9%, 909주 중 10%를 받게 된다. 이는 90.9주에 110달러를 곱해 1만 달러의 가치를 가지며, 결국 합병 전후의 주식의 가치는 같아야 한다.

공통의 척도

상대적인 가치를 구하기 위해 공통의 척도를 찾아보자. 종종 공통의 척도는 존속기업의 주식이 된다. 결국 합병에서 남는 건 존속기업의 주식이기 때문이다.

예를 들어 유나이티드 스톡야드United Stockyards Corporation의 주주들은 4개의 자회사를 합병하는 계획을 승인했다. 이 자회사들은 세인트폴 유니언 스톡야드St. Paul Union Stockyards Company, 세인트조셉 스톡야드St. Joseph Stockyards Company, 포틀랜드 유니언 스톡야드Portland Union Stockyards Company, 수시티 스톡야드Sioux City Stockyard Company였다. 모기업은 이들 기업의 주식 75% 이상을 보유하고 있었다. 합병은 각 자회사의 주주에게 모기업의 주식을 교환해주는 방법으로 진행되었다. 교환비율은 아래와 같았다.

- ○ 세인트폴 유니언 스톡야드 1주 = 유나이티드 스톡야드 4.1주
- ○ 세인트조셉 스톡야드 1주 = 유나이티드 스톡야드 15주
- ○ 포틀랜드 유니언 스톡야드 1주 = 유나이티드 스톡야드 21주
- ○ 수시티 스톡야드 1주 = 유나이티드 스톡야드 7.5주

이때 공통의 기준이 되는 건 유나이티드 스톡야드의 주식이다. 그러므로 각 기업 주식의 가치를 평가하기 위해서는 (유나이티드 스톡야드의 시장가격인) 5.25달러를 자회사의 주식과 교환해서 받을 유나이티드 스톡야드 주식의 수량에 곱하면 된다. 예를 들어 세인트폴 유니언 스톡야드의 주식 1주의 가치는 4.1주에 5.25달러를 곱한 21.52달러라고 할 수 있다.

전환우선주가 공통의 척도가 되는 경우

주식과 전환우선주가 교환될 때 전환우선주도 공통의 척도가 될 수 있다. 인수, 합병에서 전환우선주가 사용되는 경우는 흔하다. 그런데 전환우선주는

보통주로 전환할 수 있다. 결국, 실질적으로는 공통의 척도로 보통주를 사용하는 것이나 마찬가지가 된다.

예를 들어 윌리엄 왈라스William Wallace Corporation와 머레이 코퍼레이션 아메리카Murray Corporation of America는 모두 같은 비상장 모회사가 이들을 지배하고 있었다. 이에 주주총회에서의 합병 승인엔 별다른 어려움이 없었다. 합병계약에 따르면, 머레이는 이름을 왈라스 머레이Wallace-Murray Corporation로 바꾸고 존속기업으로 남기로 되어 있었다.

머레이 주식 1주는 새로운 기업인 왈라스 머레이의 주식 1주 및 전환우선주 1/10주로 교환되었다. 전환우선주는 1주당 0.85주의 보통주로 전환되는 권리를 가진 것이었다. 왈라스 주식 1주는 왈라스 머레이의 전환우선주 1주와 교환되었다. 전환권은 달리 행사 가능 시점을 정하지 않았기에 전환우선주는 즉시 1주당 0.85주의 보통주로 전환가능했다.

합병 조건에서도 알 수 있듯이, 이 사례에서 공통의 척도는 왈라스 머레이 보통주다. 즉, 실질적으로 구 머레이의 보통주가 척도라고 할 수 있다. 그러므로 왈라스 머레이 보통주는 구 머레이의 것과 가격이 같다. 당시 머레이의 주가는 38.37달러였다. 전환우선주는 0.85주의 보통주로 교환가능했으므로, 전환우선주의 가치는 38.37달러에 0.85를 곱하면 된다. 결국, 윌리엄 왈라스의 보통주는 32.61달러로 평가할 수 있다. 합병으로 인한 머레이의 가치는 아래와 같다.

○ 새로 발행되는 보통주 1주는 구 머레이 보통주의 주가인 38.87달러

○ 새로 발행되는 전환우선주 1/10주는 0.85주의 보통주로 전환가능하므로 3.26달러

○ 예상되는 머레이의 가치는 1주당 41.63달러. 합병으로 지급되는 전환우선주 1/10주로 3.26달러의 투자수익이 생긴다.

인수, 합병에서 투자수익 기회가 발생하는 지점

투자수익은 대상 기업들 사이의 관계, 인수, 합병에서 사용되는 방법에 따라 발생한다. 인수, 합병엔 아래 두 가지 방법이 있다.

1. 현금을 지급하는 방법[36]
2. 주식으로 교환해주는 방법

인수나 합병이 발표되었을 무렵, 인수나 합병이 종료되었을 때 얻을 수 있는 가치보다 주가가 할인된 경우는 흔한 편이다. 이 할인의 크기로 해당 기업활동이 끝났을 때 얻을 수 있는 이익의 크기를 예상할 수 있다. 할인의 폭이 너무 크면 앞으로 기업활동이 잘 끝나지 않을지도 모른다는 시장의 평가가 반영된 것일 수 있다. 반대로 할인의 폭이 작을 땐 순조롭게 끝나는 경우가 많다. 인수나 합병 특수상황투자에서는 이 할인을 통해 투자수익을 얻는다. 그러므로 인수, 합병의 절차와 기간 등 기본적인 사항을 잘 파악해야 한다.

현금으로 대가가 지급될 때는 비교적 간단하다. 다양한 거래기법을 적용할 일이 생기기 어렵다. 그러나 주식교환의 경우, 헤지, 부분적인 헤지 또는 곧바로 매수해서 끝날 때까지 기다리는 방법 등을 다양하게 선택할 수 있다. 아래의 사례는 인수나 합병을 신속하게 끝내기 위해 사용되는 유형, 투자수익을 얻기 위해 투자자가 사용하는 거래기법 등을 정리한 것이다.

---

36 우리나라에서도 2011년 개정 상법에서 현금교부 합병제도가 도입되었다. 합병을 진행하면 대상회사의 법인격이 소멸되지만 주식의 포괄적 교환을 진행하면 법인격 소멸없이 완전 자회사를 만들 수도 있다. 이때 포괄적 교환 대상으로 주식이 아닌 현금(교부금)을 지급할 수도 있는데(2015년 개정 상법으로 도입), 한화갤러리아타임월드, 부산가스 등에서 이처럼 현금을 지급하는 방식의 주식의 포괄적 교환이 있었다. 법인격의 존속 말고는 현금 교부 합병이나 마찬가지다._역주

1. 교환되는 주식을 단순히 기다리는 방법

주식교환swap은 인수, 합병에서 흔히 사용되는 절차다. 주식교환을 할지는 인수, 합병을 처음 발표할 때 함께 발표된다. 이어 이사회가 승인을 하고, 주주총회 일자와 함께 구체적인 조건이 발표된다. 아래의 어소시에이티드 드라이 굿즈Associated Dry Goods의 조셉 혼Joseph Horne Company 인수가 전형적인 사례다.

어소시에이티드 드라이 굿즈는 피츠버그에 있는 조셉 혼 주식 1주당 1.2주의 어소시에이티드 드라이 굿즈 주식을 지급하기로 하고 인수를 진행했다. 해당 인수에 관한 소문은 발표 전에 이미 널리 퍼졌고, 인수가 발표될 무렵 조셉 혼의 주가는 40달러 중반에서 59달러까지 급상승했다. 그러나 이렇게 급히 올랐음에도 불구하고, 만족스러운 헤지 특수상황이 발생했다. 1.2주의 어소시에이티드 드라이 굿즈 주식과의 교환을 고려하면, 조셉 혼의 적정 주가는 66.90달러였다. 비용을 제외하고도 아래와 같이 700달러의 수익이 가능했던 것이다.

(단위: 달러)

조셉 혼의 주식 100주를 59달러에 현금으로 매수한다	5,900
어소시에이티드 드라이 굿즈 주식 120주를 빌려 55.75달러에 공매도 한다	6,690
예상되는 총수익	790
비용	90
순수익	700

위 사례에서 수익은 11.8%에 달한다.

2. 주주로부터의 공개매수

인수를 시도하는 기업은 대상 기업의 주식을 미리 오랜 시간을 들여 시장에서 매수할 수도 있다. 이렇게 상당히 매집한 다음, 인수를 시도하는 기업이

자신의 주식과 교환해주겠다며 공개매수를 발표하곤 하는 것이다. 이미 상당한 수준의 지분을 취득했기 때문에, 인수를 시도하는 기업은 상당히 유리한 지위에 있는 경우가 많다. 이때 투자자는 아래와 같은 방법을 사용해 투자수익을 거둘 수 있다.

맥크로리McCrory Corporation는 에스 클라인 백화점S. Klein Department Stores의 지분을 10% 보유하고 있었는데, 신속한 인수를 위해 공개매수를 진행했다. 공개매수 조건은 1976년을 만기로 한 워런트와 함께 1981년을 만기로 하며 5% 이자를 지급하는 채권을 지급하는 것이었다. 워런트는 아메리카증권거래소에서 거래가 가능했고, 가격은 5.50~6달러 수준이었다. 한편 뉴욕증권거래소에서 거래되던 맥크로리의 주가는 20달러 선이었다.

이에 아래와 같이 부분적인 헤지 거래가 가능했다.

(단위: 달러)

에스 클라인 백화점 주식 100주를 12달러에 현금으로 매수한다	1,200
맥크로리의 워런트 100개를 빌려 5.50달러에 공매도한다	550
액면 1,000달러인 채권의 실제 가치를 이에 더한다	900
공개매수로 지급되는 채권과 워런트의 실제 가치 합계	1,450
비용	15
순수익	235

위 사례에서 1,200달러를 투자해 얻는 수익은 19.6%에 달한다.

3. 경영권 지분을 블록으로 매수하고, 동시에 남은 주주들에게는 해당 인수가 성공할 것이라는 확신을 주면서 공개매수

카이저 로스Kayser-Roth Corporation의 콜로니얼Colonial Corporation 합병에서 이런 상황이 있었다. 당시 카이저 로스는 이미 콜로니얼의 경영권 지분 36.8%를 매수한 상태였다.

합병 조건에 의하면, 콜로니얼의 주주들은 보통주 3주당 카이저 로스의 보통주 1주를 받을 수 있었다. 콜로니얼의 주가는 11.37달러고, 카이저 로스는 37.37달러였으므로, 100주를 기준으로 325달러의 수익이 가능했다. 비용 94달러를 공제하면, 이 거래에서 얻을 수 있는 순수익은 231달러, 수익률은 6.8%였다.

인수를 시도하는 기업이 이미 경영권을 가지고 있는데도 계획이 실현되지 않을 가능성은 거의 없다. 그러므로 특수상황투자자로서는 더욱 안심하고 투자를 할 수 있다. 위 사례에서 수익률은 6.8%에 불과한 것처럼 보이지만, 합병이 3개월 만에 끝났기 때문에 연간으로 환산하면 수익률이 27%에 달했다.

4. 작은 규모의 기업을 인수하면서 현금을 지급할 때

필라델피아앤리딩이 론스타 스틸의 과반지분을 공개매수할 때 현금이 대가로 쓰였다. 필라델피아앤리딩은 적어도 론스타 스틸 발행주식 390만 주 중 200만 주 이상을 매수할 수 있는 것을 조건으로 22달러를 지급하겠다고 공개매수를 제안했다. 필라델피아앤리딩이 공개매수를 발표하자 론스타 스틸의 주가는 곧바로 19달러까지 올랐다. 필라델피아앤리딩은 적어도 200만 주 이상 매수할 수 있기만 하면, 보통주 모두를 매수하겠다고 했기 때문에, 특수상황투자자는 자신의 주식이 공개매수될 것으로 확신할 수 있었다. 이런 특수상황은 매력적이다. 공개매수 기간이 종료되었을 때, 필라델피아앤리딩은 390만 주 중 280만 주나 매수할 수 있었다.

이 사례에서 공개매수를 시도하는 기업은 대놓고 투자자에게 투자수익을 얻을 기회를 제공하고 있는 것이나 마찬가지다. 사전에 정보를 취득하지 못한 투자자도, 공개매수가 발표되던 시점에 매수해 만족스러운 투자수익을 올릴 수 있는 경우가 많다.

교환대가가 전환우선주일 때

인수, 합병의 교환대가가 전환우선주일 때는 두 가지 방법으로 접근해볼 수 있다. 하나는 전환을 전제로 가치를 평가하는 방법이고, 다른 하나는 전환우선주의 본연의 가치와 함께 매년 지급되는 배당에 기초해 예상되는 가격을 평가하는 방법이다.

하우스홀드 파이낸스Household Finance Corporation의 시티 프로덕츠City Products 합병 사례에 두 가지 방법을 다 적용해볼 수 있다. 하우스홀드는 합병의 대가로 시티 프로덕츠의 주식 2주당 4.40달러의 배당금을 지급하는 전환우선주를 지급하기로 했다. 이 전환우선주는 (2년 후에) 1.5주의 하우스홀드 보통주로 전환할 수 있었다. 특수상황투자자는 이 전환우선주의 배당수익률을 4%로 예상했다. 즉, 전환우선주의 가격을 110달러 정도가 될 것으로 판단한 것이다. 시티 프로덕츠 보통주의 가격은 46.75달러였으므로, 전환우선주 1주를 받기 위해 보통주 2주를 매수하는 데는 수수료를 포함해 94.37달러가 들었다. 이는 110달러로 예상되는 전환우선주보다 16%나 낮은 수준이었다.

다른 방법으로 전환을 전제로 해당 특수상황을 평가하면, 하우스홀드의 보통주 1.5주의 가격은 96달러지만, 시티 프로덕츠 보통주 2주를 사는 데 드는 비용은 94.37달러에 불과했다. 앞서 배당수익률로 평가했을 때보다는 할인율이 적긴 하지만, 어쨌든 이 합병에 투자할지를 고민할 때 또 하나의 판단 근거가 될 수는 있다.

결과는 더 흥미롭다. 이 합병은 발표된 후 3개월 만에 끝났고, 전환우선주의 가격은 112~117달러 사이에 형성되었다. 예상했던 110달러보다 2~5포인트 높은 가격이다.

반대파가 창출하는 투자수익 기회

기업활동 분야에서 반대파의 존재가 흔해지고 있다. 그러니 반대파가 당연히 존재할 것으로 생각하고 접근해야 한다. 반대파를 세심히 조사하는 게 좋다. 반대파가 얼마나 잘 싸우는지에 따라 주가도 영향을 받기 때문이다. 찬성파와 반대파 둘 다 거대 자본인 경우도 있다. 이들이 싸우는 전장에 편승해 기회를 노릴 수 있다. 다툼이 격화되면 더 경쟁적으로 주식을 사 모으려 할 것이고, 그러면 주가가 상당한 수준으로 오른다. 어쩌면 기업활동이 종료되기 전에 투자수익을 올릴 수도 있다. 다투는 이들도 다른 투자자의 편승을 당연히 생각한다. 특수상황투자에서 늘 있을 수 있는 일이기 때문이다. 최근의 사례들을 들어보자.

○ 파이크 Pike Corporation

파이크는 아메리칸 마크American M.A.R.C.를 합병하면서 합병비율을 더 좋게 바꿔주었다. 처음에는 아메리칸 마크 7주에 파이크 1주를 지급하겠다고 했다가 아메리칸 마크 5주에 파이크 1주를 주기로 하였다.

○ 피츠버그 브루잉 Pittsburgh Brewing Company

피츠버그 브루잉은 두케인 브루잉Duquesne Brewing Company의 보통주 18만 주를 11.30달러에 사는 것으로 공개매수 조건을 조정해주었다. 원래의 조건은 8.50달러였다. 피츠버그 브루잉은 18만 주를 사면 두케인 브루잉의 지분 25% 이상을 취득하게 된다. 충분히 지배권을 행사할 수 있는 수준이다. 다만 공개매수에 응하는 수량이 이보다 부족하면, 공개매수를 철회할 수도 있었다.

○ **뮐러 브라스**

뮐러 브라스의 주가는 사상 최고치를 경신했다. 엘트라가 40달러에 공개매수를 선언했는데, 그 직후 유에스 스멜팅,리파이닝앤마이닝도 42달러의 공개매수를 선언했기 때문이다. 결국엔 유에스 스멜팅이 뮐러 브라스의 지분 74%를 취득하는 데 성공했다.

○ **세인트루이스 캐스팅**St. Louis Casting, Inc.

세인트루이스 캐스팅은 하이드롤릭 프레스 브릭Hydraulic Press Brick Company의 발행주식 29만 8,158주 중 80%를 14.50달러에 공개매수하겠다고 제안했다. 그러자 서스퀘해나Susquehanna Corporation는 15만 주를 16달러에 공개매수하겠다고 발표했다. 세인트루이스 캐스팅이 공개매수를 발표했을 당시 하이드롤릭 프레스 브릭의 주가는 12.50달러 근방이었다. 결국, 세인트루이스 캐스팅은 51%의 주식을 취득할 수 있었다.

○ **후다유 인더스트리즈**Houdaille Industries

후다유 인더스트리즈는 부르고마스터Burgomaster Corporation를 인수하면서 가격을 중간에 올려주었다. 원래 후다유는 부르고마스터의 전환우선주 34만

주를 1주당 후다유 우선주 0.657주로 교환해주기로 했었다. 그러던 것이 전환우선주 37만 4,000주를 1주당 후다유 우선주 0.755주로 교환해주기로 바꾼 것이다. 중간에 부르고마스터의 실적이 개선되었기 때문이다.

○ **유니언 퍼시픽 철도**Union Pacific Railroad**와 시카고앤노스웨스턴 철도**Chicago & North Western Railroad

유니언 퍼시픽 철도와 시카고앤노스웨스턴 철도는 시카고 록아일랜드 로드 Chicago Rock Island Road를 놓고 엄청난 전투를 벌였다. 유니언 퍼시픽은 가격을 높게 불렀고, 시카고앤노스웨스턴은 창의적인 방법을 개발했다. 이 사례는 철도 기업의 합병을 다룬 장에서 따로 다루겠다.

지분을 많이 가진 주주, 재정적인 여력이 높은 도전자가 반대하여 가격이 오를 수 있다. 경영권 다툼, 경쟁적인 공개매수가 벌어지면, 편승의 기회가 생긴다.

인수, 합병 시 투자를 잘하는 방법

실적, 배당, 재무적 상태는 당연히 봐야 하는 항목이다. 이에 더해 인수나 합병이 잘 끝날지 살피는 것도 중요하다. 특수상황투자자는 기존의 상황만을 놓고 인수, 합병이 잘 끝날지를 미리 파악할 수 있어야 한다. 검토하면서 다음과 같은 질문을 해보는 게 좋다.

1. 인수, 합병이 성공할 것인가?

해당 인수, 합병을 주주가 지지하는지를 보면 된다. 내부자들 즉, 임원이나 친인척, 경영진이 25% 이상의 지분을 보유하고 있다면, 원안이 통과될 가능성이 크다. 지분이 분산되어 있다면 반대의 결과가 나온다. 경영진이 인수, 합병안을 찬성하는지도 중요하다. 경영진의 견해가 주주에게 영향을 주기 때문이다. 주요 주주가 보이지 않는다면, 과거의 기록을 살펴보는 것도 도움이 된다. 평소 주주의 불만이 많았던 기업이라면, 인수, 합병이 성공할 가능성이 크다. 주요 주주의 존재 여부는 주주총회소집통지서나 투자설명서, 공시자료, 뉴스 등을 참고하면 알 수 있다.

성공 가능성을 가장 좌우하는 것은 가격이다. 가격의 관점에서 보면, 교환되는 기업 주식의 순자산가치 이외에 실적이나 배당도 중요하다. 인수, 합병에서 제안된 가격이 최근의 시장가격을 크게 넘어서는 게 긍정적이다. 과거의 사례를 보면 가격이 높아야 인수, 합병이 성공한다[37].

반대파가 없으면 인수, 합병의 성공 가능성이 크다. 정부기관의 이해관계에도 주의를 기울여야 한다. 정부기관의 입장은 뉴스 등을 통해 짐작할 수 있다. 비록 가장 중요한 요소는 아니지만, 인수, 합병의 이유가 설득력이 있고, 인수, 합병했을 때 전망이 나아지는지도 중요하다.

2. 인수, 합병이 지연될 것인가? 금방 종료될 것인가?

얼마나 빨리 끝날지와 관련한 질문이다. 투자는 늦어지면 늦어질수록 손해

37 우리나라는 상장기업의 합병가액이 법으로 정해져 있으며, 그 가액은 최근의 주가(1개월 동안, 1주일 동안 및 하루 전 주가의 평균)를 기준으로 한다. 그러므로 최근의 시장가격을 크게 넘어선 가격으로 합병될 가능성이 없다._역주

다. 배당금이 지급되는 기업의 인수, 합병에 투자하면 다소 손해를 줄일 수 있다. 때로는 인수, 합병이 실패하는 게 나을 수도 있다. 인수, 합병의 물망에 올랐다는 건 그만큼 기업이 가치가 있다는 것을 의미한다. 인수, 합병은 기업가치를 드러내는 기회가 되기도 한다. 우호적인 관심을 끌기 때문이다. 유니언 오일이 인수한 퓨어 오일의 특수상황이 이런 사례다. 퓨어 오일의 주가는 인수를 위한 공개매수가 시작된 이후 30달러에서 70달러 수준까지 올랐다.

인수, 합병은 일정표가 나오기 마련이다. 그러므로 타이밍을 쉽게 판단할 수 있다. 보통은 주주총회에서 승인된 후 신속히 종료되는 게 좋다. 끝나는 시점이 미뤄지는 게 좋을 수도 있다. 여러 단계 중 나중의 단계에 참여할 기회가 생기기 때문이다. 이자가 지급되는 채권이나 배당이 지급되는 주식을 들고 있는 특수상황이라면, 시간의 지연은 큰 문제가 아닐 수도 있다.

3. 해당 특수상황의 리스크가 적은가?

리스크에 관한 질문으로 모든 특수상황에 적용된다. 주주총회가 인수, 합병을 승인하고 난 뒤라면 리스크가 적다. 이 단계에서는 헤지 거래를 하는 것도 쉽다. 헤지를 하면 설령 인수나 합병이 지연되거나 심지어 취소되더라도 손해가 준다. 주주총회 승인 뒤엔 남은 절차가 무엇인지 분명해진다. 그러니 리스크의 정도를 쉽게 판단할 수 있어야 한다.

주주총회의 승인 전에 투자한다면 리스크의 크기를 가늠해봐야 한다. 인수, 합병을 기대하고 얼마나 주가가 올랐는지를 보는 게 좋다. 다만 인수나 합병이 취소된다고 하더라도 해당 기업이 다른 인수, 합병 기회를 맞이하는 건 흔한 일이다. 더 나은 조건으로 인수, 합병될 때도 많다.

4. 인수, 합병이 끝나기 전에 투자금을 회수할 수 있는가?

투자금 회수 기회의 다양성에 관한 질문이다. 인수, 합병 이외에도 투자금을 회수할 기회가 있는지에 관한 것이다. 대체로 인수, 합병 이외에도 투자금을 회수할 기회가 있는 경우가 많다. 걸프앤웨스턴이 뉴저지아연New Jersey Zinc을 인수할 때도 그랬다. 걸프앤웨스턴은 합병 발표 전에 51%의 지분을 취득했고, 이를 위해 주당 40달러를 지출했다. 이후 걸프앤웨스턴은 합병을 발표했다. 합병 조건은 뉴저지아연의 1주를 확정배당금이 3.50달러이고 현금 100달러로 상환할 수 있는 상환전환우선주 0.425주와 교환해주는 것이었다. 이 상환전환우선주엔 걸프앤웨스턴 보통주의 평균 시장가격보다 12.5% 높은 금액 상당의 상환전환우선주를 납입하면, 걸프앤웨스턴 보통주 1주와 교환할 수 있다는 조항도 있었다. 합병 발표 당시 뉴저지아연의 주가는 38.50달러, 걸프앤웨스턴의 주가는 69달러였지만, 뉴저지아연의 실제 가치는 40.10달러라고 할 수 있었다. 왜냐하면 걸프앤웨스턴이 40달러에 뉴저지아연의 과반지분을 매수했으므로 적어도 그 가치를 최소한이라 가정할 수 있는 것이다.

이 특수상황이 벌어지자 시장의 주목을 받아 뉴저지아연의 주가가 올랐고, 주식의 수도 줄어들었다. 그러므로 투자자는 적어도 주당 40달러의 가치가 있다는 믿음을 가지고 합병 종료를 기다리며, 뉴저지아연의 주식을 38.50달러에 매입할 수 있었다. 실제로 합병 종료를 2개월 앞두고 뉴저지아연의 주가는 48.50달러까지 상승했다. 합병이 끝나기도 전에 10포인트의 수익을 올린 것이다.

반대파의 영향 덕분에 인수, 합병 종료 전 투자수익의 기회가 생기기도 한다. 서로 더 좋은 조건으로 공개매수하려 해서, 또는 서로 대항해 의결권을 모으기 위한 노력으로 인해 주가가 매우 높은 수준으로 오를 수 있다. 반대파의 영향 때문에 인수, 합병이 실패하면, 종종 더 좋은 조건으로 인수, 합병 제안을 받기도 한다.

큰 폭의 할인이 있을 때 투자수익을 올리기 더 쉽다. 인수, 합병이 종료되기 전에 투자수익을 실현할 수 있다. 인수, 합병 진행 과정에서 할인의 폭이 줄어들 것이기 때문이다. 할인의 폭이 줄어들 것을 예상해 헤지 포지션을 구축할 수도 있다. 인수, 합병 특수상황이 거의 끝나거나 결정적인 장애가 해소되면, 할인의 폭은 축소되게 마련이다. 인수되는 기업의 주가는 점점 할인의 폭을 줄이며, 막바지에는 할인이 아예 사라진다. 그러므로 인수되는 기업의 주식을 매수하고 공매도로 위험을 분산하면, 약간의 비용이 들더라도 결국에는 이익이 발생한다.

투자에 진입하는 시기

매력적인 인수, 합병을 발견했다면 투자에 진입하는 시기를 고민해야 한다. 투자 시점은 아래와 같이 네 가지로 구분해볼 수 있다.

1. 계획이 발표되자마자 주식을 사는 방법

이땐 발표 후 주식을 사서 할인의 축소를 기다리며, 헤지 포지션을 구축할 수 있다. 이 방법의 수익성은 높은데, 아래 사례를 보면 알 수 있다.

워너브라더스Warner Brothers와 화이트스태그 매뉴팩처링White Stag Manufacturing Company은 화이트스태그 보통주 1주당, 1.50달러의 확정배당금을 지급하는 워너브라더스 전환우선주 1주를 지급하기로 하는 합병을 발표했다. 발표 직후 화이트스태그의 주가는 25.50달러에서 26.50달러로 뛰었다. 그러나 여전히 할인의 폭이 컸다. 유사한 전환우선주와 비교해 새로 발행되는 전환우선주의 가치는 45.40달러에 달할 것으로 예상할 수 있었기 때문이다. 그러니 화이트스태그의 주식 700주를 26.50달러에 매수하고, 워너브라더스 전환우선주 500주를 공매도하여 비용을 제하고도 20%의 이익을 얻을 특수상황이 펼쳐진 셈이었다. 물론 이는 워너브라더스 전환우선주의 가치를 안정적으로 예상할 수 있어야만 가능한 투자다. 최근엔 인수, 합병을 신속히 하기 위해 전환우선주 사용이 늘어나는 추세다. 그러므로 투자수익 기회를 가늠해보기 위해서는 유사한 전환우선주와 비교하거나, 전환우선주의 절대적인 가치평가를 해보는 것이 중요하다. 워너브라더스는 원래부터 전환우선주를 발행해 왔다. 덕분에 이 사례에서는 비교 대상이 존재했다. 다른 워너브라더스 전환우선주의 배당수익률은 3.3% 정도였다. 그러므로 새로 발행되는 전환우선주도 비슷하게 배당수익률을 3.3% 정도로 예상해볼 수 있다. 전환우선주의 가치 45.40달러(=1.5달러×100/3.3, 소수점 둘째 자리 이하는 버림)는 이렇게 하여 나온 값이다.

2. 절차가 진행되는 도중에 헤지 포지션을 구축하는 방법

주주총회는 인수, 합병이 발표된 후 수개월 후에나 열린다. 그사이 얼마든지 투자에 진입할 기회가 생길 수 있다. 브리스톨마이어스가 드라켓Drackett Company을 인수한 사례에서도 발표에서 종료까지 4개월이 걸렸다. 이 사례에서는 아래와 같은 방법을 사용할 수 있었다.

우선 브리스톨마이어스는 드라켓 100주에 브리스톨마이어스 46주를 지급하기로 합의했다. 그런데 두 주식 모두 뉴욕증권거래소에 상장되어 있었다. 이에 아래 표와 같이 헤지가 가능했다.

(단위: 달러)

드라켓 주식 100주를 32.50달러에 현금으로 매수한다	3,250
브리스톨마이어스 주식 46주를 75.87달러에 빌려 공매도한다	3,500
예상되는 총수익	250
비용	90
순수익	160

위 사례에서 수익은 5%지만, 이 기회가 생긴 때로부터 3개월 만에 인수가 종료되었기에 연간으로 환산하면 수익률이 20%나 되었다.

3. 주주총회가 임박한 때를 노리는 방법

주주총회가 임박한 때에도 투자의 기회가 있다. 타이밍이 금세 닫히긴 하지만 말이다. 인수, 합병 거래에서 늘 할인이 생기는 건 아니다. 하지만 아주 자주 할인이 생기는 게 사실이다. 할인의 상황에서 헤지마저 쉽다면, 투자수익을 올리는 건 기정사실이다. 할인을 이용하는 차익거래는 인수, 합병의 성사 가능성이 클 때 해야 한다. 그러니 주요 주주가 인수, 합병에 동의하는지를 살피는 게 좋다.

특히 인수, 합병을 시도하는 기업이 상대방 기업의 지분을 많이 보유하고 있다면, 성사 가능성이 크다고 할 수 있다. 경험상 25%를 기준으로 삼으면 좋다. 이 지분율 이상이라면 인수, 합병이 대체로 성공하기 때문이다. 화이트 컨솔리데이티드 인더스트리White Consolidated Industries와 화이틴머신 웍스Whitin Machines Works가 합병한 사례를 살펴보자.

이 사례에서 합병은 아득히 멀어 보였다. 화이틴머신은 여러 기업으로부터 인기가 높기도 했다. 하지만 화이트 컨솔리데이티드가 25%의 주식을 취득하자 이야기가 달라졌다. 화이틴머신의 이사들은 화이트 컨솔리데이티드 이외의 제안은 모두 거절했다. 이사회가 화이트 컨솔리데이티드의 제안을 승인하자, 화이트 컨솔리데이티드는 포기한 경쟁자로부터도 상당한 지분을 한 번에 취득할 수 있었다. 특수상황투자자는 이 움직임을 포착하고 화이틴머신을 인수하기 위한 경쟁의 끝이 보인다고 판단했다. 다시 말해 인수, 합병에서 흔히 발생하는 투자수익의 기회가 드디어 열렸다고 판단했다.

합병 계약에 의하면, 화이틴머신의 보통주 1주는 화이트 컨솔리데이티드 보통주 1.5주와 액면가 50달러에 5.5%의 누적적 배당금을 지급하는 우선주 0.52주로 교환되었다. 화이틴머신의 보통주는 비상장시장에서 매도호가 42.25달러, 매수호가 41.50달러 수준을 형성하고 있었다. 이 가격이라면 합병으로 주어지는 대가보다 4포인트 정도, 다시 말해 비용을 공제하고 8.3% 정도 할인되었다고 평가할 수 있었다. 합병 대가로 지급되는 화이트 컨솔리데이티드 보통주를 48~48.75달러, 새로 발행되는 우선주를 45달러로 평가할 수 있다면 말이다. 이때 우선주 45달러는 기존에 발행된 2달러의 확정배당금을 주는 우선주와 비교를 통해 나온 가격이다. 2달러의 확정배당금을 주는 우선주의 배당수익률은 6%였으므로 액면가 50달러를 기준으로 5.5%의 배당금, 즉 2.75달러의 확정배당금이 지급되는 우선주의 가치는 45달러 정도(=50×0.055×100÷6) 된다고 볼 수 있는 것이다.

이 합병은 두 기업의 주주총회에서 2/3 이상의 찬성을 얻은 날로부터 15일 후에 효력을 발생하기로 되어 있었다. 이 기간을 고려하면, 주주총회에 임박해 투자에 진입하더라도 투자기간이 1개월 정도밖에 되지 않기 때문에 연간으로 환산해 100%의 수익률을 올릴 수 있었다.

4. 주주총회에서 인수, 합병이 승인된 이후

인수, 합병이 주주총회에서 승인된 뒤로도 기술적인 이유로 절차가 계속될 수 있으며, 이때 주식을 살 수도 있다. 이 경우 상당한 수준의 수익을 기대할 수 있다. 주주총회에서 승인이 나면, 끝날 때까지 오래 걸리지 않기 때문이다. 레스토랑 어소시에이츠Restaurant Associates와 월도프 시스템Waldorf System, Inc.의 합병이 이런 사례였다.

두 기업의 주주들이 합병을 승인한 뒤, 일어날 일은 예측할 수 있었다. 월도프는 레스토랑 어소시에이츠의 지분 19%를 소유하고 있었고, 이사회의 의장도 같았다. 합병에 장애가 될 만한 것은 전혀 없었다. 그런데도 주주총회 이후 투자자들은 레스토랑 어소시에이츠의 주식을 7달러에 매수할 수 있었다. 이와 교환해서 지급될 월도프 주식 1과 1/3의 가치는 (1주가 5.75달러이므로) 7.65달러였는데도 말이다. 0.65달러의 스프레드가 존재한 셈이며, 이는 비용을 공제하기 전으로는 9%, 비용을 공제한 뒤로는 5%의 투자수익이 생긴다는 말과 같았다. 불과 30일 만에 모든 절차가 종료되었기에 연간으로 환산한 수익률은 60%나 되었다.

기업은 왜 인수, 합병하는가?

인수, 합병의 주된 목적은 수익성의 강화다. 맨바닥에서 성장하려면 그만한 대가가 따른다. 인수, 합병 역시 비용이 드는 건 맞다. 맨바닥에서 성장하는 것과 비교해 인수, 합병으로 절감되는 비용의 차이, 그 크기가 특수상황투자자의 잠재적인 투자수익이다. 아래에서 인수, 합병의 동기와 조건, 목적 등을 살펴보자.

1. 시장의 확대

제품이 다르다고 해도 영역이 비슷하면 인수, 합병을 통해 시장을 확대할 수 있다. 예를 들어 석유 기업은 화학, 비료 사업 등을 추가하면 시너지가 난다. 화학 기업 역시 석유 기업을 합병할 수 있다. 셀라니즈가 석유와 가스를 탐사, 생산, 정제, 판매하는 챔플린 오일앤리파이닝Champlin Oil & Refining Company을 합병한 사례가 대표적이다. 셀라니즈는 화학, 섬유, 플라스틱, 페인트, 임산물, 석유 및 천연가스를 생산하는 다국적 기업이었다.

브리스톨마이어스는 드라켓을 인수해 생활용품 시장에 뛰어들었다. 브리스톨마이어스가 보유한 판매, 유통망을 이용해 드라켓의 물품을 판매할 수 있었고, 이로써 소비자 시장에 더욱 깊숙이 침투할 수 있었다.

카이저 로스는 콜로니얼을 인수해 카이저 로스의 잠재력을 키웠다. 콜로니얼은 미국에서 가장 큰 의류 제조 기업이 되었다.

2. 성장의 자극

현대 경제는 '성장하느냐 죽느냐grow or die'의 경제다. 기업은 스스로 성장하거나 인수, 합병을 통해 성장하느냐의 압력을 받는다. 맨바닥부터 시작하는 것과 비교해 합병을 이용하는 게 적은 비용이 들면 합병을 선택한다. 전자, 우주항공, 통신, 첨단과학, 컴퓨터, 복사기 등이 주로 인수, 합병이 잘 일어나는 영역이다.

국제전화전신회사International Telephone & Telegraph는 아메리칸 브로드캐스팅American Broadcasting을 합병했다. 통신산업에서 텔레비전과 라디오의 영향력이 커지고 있었기 때문이다. 합병을 통해 연구개발에 힘쓸 수 있었다.

3. 다각화의 노력

많은 기업이 다양한 목적으로 다각화를 노린다. 경기변동을 많이 타는 기업이 그 영향력을 상쇄하기 위해 합병하기도 한다. 현금이 많지만, 산업 자체가 쇠퇴하는 기업은 성장하는 산업에 있는 다른 기업을 인수해 역동성을 노린다.

세계적인 전자 기업인 레이테온Raytheon Corporation은 디시 헬스앤컴퍼니D. C. Heath & Company를 인수해 사업영역을 넓혔다. 펩시콜라Pepsi-Cola는 계절에 따른 진폭을 줄이고자 과자 기업인 프리토레이Frito-Lay를 합병했다. 세인트루이스 스틸St. Louis Steel Company은 부르고마스터를 합병해 양조 사업에 뛰어들었다.

철도 기업의 다각화는 유명한 사례다. 캔자스시티 서던 인더스트리즈Kansas City Southern Industries는 철도를 운영하던 기업이다. 지금은 텔레비전과 라디오 방송 사업에 진출했다. 펜실베이니아 철도는 플로리다의 부동산 개발이 주업인 아바이다Arvida Corporation의 지분 51%를 취득해 사업을 다각화했다. 펜실베이니아 철도는 건설사인 마코 리얼티의 지분을 취득한 적이 있다.

은행은 신용카드 기업을 합병하곤 한다. 체이스맨해튼은행Chase Manhattan Bank은 다이너스 클럽Diner's Club을 합병했다. 금융기업이 소매 판매로 영역을 옮기기도 한다. 하우스홀드 파이낸스가 다양한 소매점과 아웃렛을 운영하는 시티 프로덕츠를 합병한 것이 그 사례다. 시아이티 파이낸셜C.I.T. Financial Corporation은 기구 기업인 올 스틸 이큅먼트of All Steel Equipment Company를 인수했다. 담배 기업들은 식품 기업을 인수하곤 하며, 섬유와 의류 사업을 하는 지주회사인 필라델피아앤리딩은 론스타 스틸을 인수해 철강업에 뛰어들었다.

4. 자본구조의 변경과 구조조정을 촉진

유나이티드 스테이츠 스틸United States Steel은 뉴저지에 본사를 두고 있었는데, 델라웨어에 있는 자회사를 존속회사로 해 합병하면서 자회사의 이름을 유나이티드 스테이츠 스틸로 바꾸었다. 본사 소재지가 바뀐 셈인데, 덕분에 7%의 배당금을 지급하는 콜옵션 없는 우선주를 만기 30년, 이자율 4.625%, 액면 175달러인 채권과 교환해주는 작업을 더 신속히 진행할 수 있었다. 다른 방법을 통해서는 도저히 불가능했을 자본구조 변경이었다.

월도프 시스템은 레스토랑 어소시에이츠의 지분 19%를 보유하고 있었지만, 지배권을 행사하기가 쉽지 않았다. 결국 합병 덕분에 두 기업 사이의 거버넌스 문제가 해결되었다.

인수, 합병을 통해 설비나 영업을 처분하고, 현금을 취득하기도 한다. 리 내셔널이 이런 경우다. 이 기업은 합병을 통해 고무와 타이어 제조공장을 처분하고, 다른 기업을 인수, 합병할 재원을 확보했다.

5. 절세

기업 합병엔 재무적인 목적도 크다. 절세는 큰 이익이다. 과세되는 이익이 많은 기업이 결손금을 가진 기업을 인수하면 더욱 가치 있다. 수년 동안 세금을 상계할 수 있기 때문이다.

6. 가족지분의 처분

가족지분을 처리하기 위한 인수, 합병은 청산에서 자주 발견된다. 인수, 합병을 통해 처분이 어려운 상당한 지분을 다른 기업에 신속히 이전시킬 수 있다. 대개 경영권 지분을 보유한 기업의 설립자와 친인척이 기업을 매도한다.

영업을 중단하고 자산을 팔아 청산하는 것보다 기업 자체를 처분하는 것이 제값을 받을 수 있다. 청산보다 인수, 합병이 더 유리하다.

인수, 합병을 위해 공개매수를 사용하기도 한다. 터미널 트랜스포트의 아메리칸 커머셜 라인즈 인수가 대표적인 사례다. 가족지분의 처분을 위한 인수, 합병은 지방 소재의 소규모의 석유 기업에서 자주 일어났었다. 최근엔 전자, 과학기기 제조와 같은 산업에서도 이런 유형의 인수, 합병이 느는 추세다.

7. 비용 절감

운송업은 비용 절감을 위한 인수, 합병이 자주 일어나는 분야다. 철도 산업의 인수, 합병은 앞서 언급한 바와 같다. 항공사가 합병하면 마일리지를 쓸 수 있는 범위를 더 넓힐 수 있다. 화물 운송, 상수도 역시 규모를 통해 비용을 줄일 수 있는 분야다. 업황이 부정적인 기업은 자산을 보존하고 기업을 계속 운영하기 위해 업황이 좋은 분야의 기업을 인수하곤 한다.

재무적인 분석

인수, 합병 특수상황에서의 분석은 인수, 합병이 성공할 것을 가정하고 이루어진다. 다만 인수, 합병이 실패할 가능성에도 대비해야 한다.

인수, 합병이 시도되기 전 기존 기업이 저평가되어 있었다면 인수, 합병이 실패하기 어렵다. 반대의 이유가 없기 때문이다. 인수, 합병이 시도되면 저평가의 정도가 급격히 작아지는데, 이는 인수, 합병이 잘 끝나리라는 기대가 반영된 것이다. 그러나 반대파나 정부기관으로 인해 인수, 합병이 실패할 가능성도 있다. 결렬되리라는 루머에 잘 반응하는 경우나 협상이 너무 오래가는 경우 또한 거래가 성사되지 않을 가능성이 높다. 인수, 합병이 발표되었다가 취소되면, 이를 예상하고 올랐던 주가는 급락하곤 한다. 다만 그 영향이 영원할 수는 없다. 이미 인수, 합병의 대상이 되었다는 건 매력 있는 대상이라는 소리다. 가격은 결국 회복된다.

비더 루트Veeder-Root Company는 합병이 취소되더라도 가격이 회복되는 것을 보여주는 대표적인 사례다. 비더 루트의 주주들은 지아니니 컨트롤스Giannini Controls Corporation로부터 경영권 지분을 확보하는 것을 조건으로 시장가격보다 훨씬 높은 가격의 공개매수 제안을 받았다. 지아니니 컨트롤스는 일정 지분 이상의 주식을 38달러에 공개매수하겠다고 선언했고, 28~30달러 선이던 주가는 37달러로 급상승했다. 하지만 비더 루트 경영진은 공개매수가가 너무 낮다며 반대했고, 결국 지아니니 컨트롤스는 충분한 수량의 주식을 모으지 못했다. 공개매수 역시 없던 일이 되었지만, 주가는 내려가지 않았다. 공개매수를 통해 그만큼의 가치를 인정받은 셈이 되었기에 여전히 38달러에 머물렀다.

공개매수가 철회된 뒤 다른 공개매수 제안을 받을 수도 있다. 이런 기업은 공개매수가 근방에서 가격이 지지되곤 한다. 레이놀즈 타바코Reynolds Tobacco는 선샤인 비스킷의 지분을 인수하려 했고, 이에 선샤인 비스킷의 주가는 56달러까지 올랐다. 이후 협상이 깨지고 선샤인 비스킷의 주가는 하락했으며, 설상가상으로 감자파동이 나 비용이 오른 데다가, 공장 이전 때문에 지출이 늘어 이익이 급감하기도 했다. 그러나 선샤인 비스킷은 다시 아메리칸 타바코의 인수 물망에 올랐으며, 인수가가 56달러라는 사실이 알려지자 주가는 그 근방까지 급상승했다. 결국, 선샤인 비스킷은 1주당 아메리칸 타바코 주식 1.4주를 교환해주겠다는 제안을 받았다. 아메리칸 타바코의 주가가 40달러였으므로, 선샤인 비스킷 주식의 가치를 56달러로 계산한 셈이다.

인수, 합병에선 인수가, 교환비율, 합병비율을 계산해 어떤 가격이 되는 게 맞는지 계산하는 게 중요하다. 여기에 가수요가 붙으면 합리적인 수준보다 주가가 훨씬 더 오르기도 한다. 존속기업의 주가를 확인하는 것도 중요하다. 인수, 합병을 시도하는 기업 입장에서 교환해주는 주식의 주가가 높을수록 싸게 인수, 합병을 할 수 있다. 인수되거나 소멸되는 기업이 해당 존속기업의 주가에 미치는 영향은 제한적이므로, 존속기업의 주가가 안정적인지, 너무 높지는 않은지 세심히 살펴야 한다. 존속기업의 주식이 충분히 가치 있어야 한다.

기본적인 재무적 분석을 통해 적절한 가치로 인수되는지 살펴야 한다. 주당순이익, 배당, PER 등이 주가에 가장 큰 영향을 미치는 요소다. 투자금과 비교해 얼마만큼 매출을 올리는지도 중요하다. 전체 매출액을 주식 수로 나누면 이를 알 수 있다. 주당 매출액이 20달러이고 주가가 10달러라면, 투자금 1달러당 2달러의 매출을 올리는 것이다. 이때 순이익률이 5%면, 주당 20달러의 매출로 1달러의 순이익을 올리고 있다는 소리다.

전환우선주나 워런트, 옵션 등으로 인해 이익이 희석되는지도 살펴야 할 문제다. 이익의 희석도 인수, 합병에 부정적인 영향을 줄 수 있다. 합병기업들 사이의 자산가치나 세무적인 지위도 알아야 한다. 인수, 합병에서 세금이 발생하기도 한다. 예를 들어 인수, 합병 절차에서 주식을 교환받았는데, 이에 대해 양도소득세를 내야 할 수 있다.

상대적으로 어느 한쪽의 자산가치가 높다면 문제가 될 수 있다. 반대파가 생길 수 있기 때문이다. 항상 어떤 문제가 생기거나 취소될 가능성을 염두에 둬야 한다. 문제가 생겨 손해가 날 가능성이 있다고 가정하고 특수상황을 해석하는 게 좋다. 인수, 합병이 없더라도, 즉 해당 기업의 성장만 바라보고 계속 보유를 하더라도 매력적인 주가인지 반문해보라.

정보의 출처

인수, 합병은 늘 일어나며, 주가에 큰 영향을 미치는 중요한 기업활동이다. 금융전문지는 인수, 합병이 벌어지거나 지연되는지를 보도한다. 뜬소문도 많이 도는 편이다. 주가의 움직임으로 무언가 일이 돌아가고 있음을 추측할 수 있는 경우도 많다. 공식적으로 부정한 다음, 언제 그랬냐는 듯 긍정을 확인해주는 발표가 나올 수도 있다. 심지어 합병이 한창 진행되고 있음이 뻔히 알려진 때도 마찬가지다.

증권사, 투자자문사 등도 인수, 합병에 관한 정보를 실어 나른다. 투자설명서, 주주총회소집통지서, 간행물에서도 정보를 얻을 수 있다. 언급했듯이, 한 차례 인수나 합병의 대상이 되었던 기업은 다시 인수의 대상이 되곤 한다. 선샤인 비스킷은 레이놀드 타바코가 인수한다는 소문이 있었고, 잘 안 되었지만 결국엔 아메리칸 타바코의 인수, 합병 대상이 되었다.

어떤 기업이 다른 기업의 지분을 가지고 있는 것도 잠재적인 인수, 합병의 단서가 될 수 있다. 많은 기업이 다른 기업의 주식을 보유하고 있다. 본격적으로 인수, 합병에 나서기 전에 미리 다른 기업의 주식을 어느 정도 매수하는 건 흔한 일이다. 휴스턴 오일 퓨얼 머티리얼Houston Oil Fuel Material Corporation도 블랙, 시바스앤브라이슨Black, Sivas & Bryson의 주식을 보유하다가 결국 합병했다. 엠시에이MCA Corporation가 데카 레코즈Decca Records를 합병한 사례, 엠하트 매뉴팩처링Emhart Manufacturing이 플리머스 코디지Plymouth Cordage Company를 인수한 사례도 같은 경우다. 금융정보서비스나 여러 보고서에 기업의 주식보유 현황이 나온다.

아래 표는 한 차례 인수, 합병이 제안된 사례를 모은 것이다. 애초의 계획이 실현되지는 않았지만, 이 중 많은 기업이 장래 인수, 합병의 대상이 될 것이다. 대체로 인수가 되는 기업에 투자하면, 수익을 얻을 수 있었다.

존속기업	인수 대상이 된 기업	포기의 원인
아메리칸 타바코	컨솔리데이티드 푸드 (Consolidated Foods)	연방통상위원회의 조사
아메리칸 시안아미드 (American Cyanamid)	유니비스 (Univis, Inc.)	유니비스 임원들과의 논의가 중단
아메리칸 스틸앤펌프	스탠더드 프로덕츠	인수에 반대하며 자사주 매입
페더럴 모굴 (Federal Mogul)	스케일드 파워 (Scaled Power Corporation)	스케일드 파워에 의해 계획이 종료됨
지아니니 컨트롤스	비더 루트	비더 루트 경영진이 반대
걸프 아메리칸 (Gulf American)	팬사트론 (Pensatron, Inc.)	미시간 법원의 명령
걸프앤웨스턴	머스키건 피스톤 링 (Muskegon Piston Ring)	연방법원의 가처분
리턴 인더스트리즈 (Litton Industries)	유니버셜 컨트롤즈 (Universal Controls)	상호합의에 의한 종료
뉴욕 온두라스앤로사리오 (NY Honduras & Rosario)	고먼 인더스트리즈 (Gorman Industries)	알 수 없음
푸로레이터 (Purolator)	텅솔 일렉트로닉스 (Tung-Sol Electronics)	알 수 없음
티알더블유 (TRW, Inc.)	맥네일	이사인 맥네일의 반대

현재 진행 중인 인수, 합병

아래는 현재 진행 중인 인수, 합병에 관한 간략한 설명이다. 투자 방법을 교육하기 위한 목적으로 사례를 든 것이다. 원고를 쓰는 시점과 출판 시점은 차이가 있으므로, 이들 기업의 지위도 변화할 수 있다. 다만 글을 읽을 시점까지 해당 인수, 합병이 완료되지 않았다면 투자 기회를 찾을 수 있을지도 모른다.

○ 브라운Brown Company

브라운은 최근 공개매수를 통해 약 150만 주의 케이브이피 서덜랜드 페이퍼KVP Sutherland Paper Company 주식을 취득했다. 이는 두 기업이 브라운을 존속기업으로 하여 합병한다는 발표에 이은 것이다. 계획에 의하면, 브라운은 1:1로 케이브이피 주식 1주당 새로 발행되는 누적적 전환우선주를 교환해줘야 한다. 이 우선주의 배당금은 1.50달러이고, 우선주 1주는 브라운의 보통주 약 1.18주로 전환할 수 있다. 5%의 배당수익률을 적용해 우선주의 가격을 30달러로 평가하면, 현재 케이브이피의 주가는 4포인트만큼 할인되어 있다.

○ 컨솔리데이티드 라운더리즈Consolidated Laundries Corporation

컨솔리데이티드 라운더리즈는 던힐 인터내셔널Dunhill International, Inc.과의 합병이 발표되었다. 합병안은 각 기업 이사회와 주주총회의 승인을 받기 전이다. 인수와는 달리 합병은 두 기업의 주주총회에서 모두 승인을 받아야 한다. 합병하면 합쳐져 하나의 기업이 된다. 그러나 던힐의 주요 주주 5명은 합병이 아닌 인수를 전제로, 55~65%에 달하는 주식을 20달러에 매수해 달라는 제안을 했다. 현재 주가는 19.62달러 정도다.

○ 서튼티드 프로덕츠Certain-Teed Products Corporation

서튼티드 프로덕츠는 거스틴베이컨 매뉴팩처링Gustin-Bacon Manufacturing Company과의 합병을 발표했다. 합병 조건은 서튼티드가 거스틴베이컨의 주식 1주당 1주의 전환우선주를 교환해주는 것이다. 이 전환우선주는 언제든 1:1로 보통주로 전환할 수 있다. 현재 서튼티드의 주가는 21달러, 거스틴베이컨의 주가는 19.50달러다.

○ **레온앤핑크 드러그 프로덕츠**Leon & Fink Drug Products Corporation

기사에 의하면, 레온앤핑크 드러그 프로덕츠는 여러 건의 인수제안을 받았다. 이 중에는 스털링 드러그Sterling Drug, Inc.로부터의 제안도 있다. 기사엔 레온앤핑크 1주당 스털링 드러그의 주식 1.25주가 교환될 것이라는 언급도 있다. 이에 의하면 레온앤핑크의 주가는 현재 3포인트 할인되어 있다. 레온앤핑크의 주가는 이론상 3포인트 높아야 한다.

아래는 아직 확정적인 계획 없이 인수, 합병이 논의되고 있는 기업들, 여러 조건에 비추어 인수, 합병의 대상이 될 수 있는 기업들이다.

○ **아메리칸 스탠더드새니터리**American Standard-Sanitary Corporation

아메리칸 스탠더드새니터리와 유에스 플라이우드U.S. Plywood Corporation는 합병이 논의 중임을 밝혔다.

○ **제너럴 아메리칸 오일**

제너럴 아메리칸 오일은 자주 인수, 합병의 후보로 거론된다. 그러나 경영진에 의하면 어떤 제안이 오든 간에 세무적인 문제와 개인적인 사정 때문에 석유와 무관한 사업을 하는 기업에 가점을 주고 싶다고 한다. 가장 최근의 소문으로는 보든Borden Company이 언급되었다.

○ **게티 오일**Getty Oil

게티 오일은 여러 석유 기업을 거느리고 있으며, 이들과 인수, 합병을 진행해볼 만도 하다. 합친다는 소문도 여러 번 있었다. 게티 오일은 미션Mission

Corporation, 미션 디벨롭먼트Mission Development Company를 보유하고 있고, 미션 디벨롭먼트와 함께 타이드워터 오일Tidewater Oil을, 미션 오일 및 다른 또 하나의 기업과 함께 스켈리 오일을 보유하고 있다.

○ 커맥기Kerr-McGee Corporation

커맥기는 선샤인 마이닝Sunshine Mining Company으로부터 커맥기가 선샤인 마이닝을 인수할 수 있는지 제안받았다. 그러나 커맥기는 아직 협상이 시작된 건 없다고 발표했다.

○ 리 내셔널

과거 리 타이어앤러버Lee Tire & Rubber Company로 불렸던 리 내셔널은 몇 년 동안 모든 제조 설비를 처분했고, 현재는 현금 및 현금성 자산만 보유 중이다. 주가는 26달러인데, 오랜 기간 24.50달러 근방이었고, 마지막으로 자산을 처분한 직후엔 32달러까지 치솟기도 했다. 경영진은 다른 기업을 인수하기 위해 노력하는 중이다. 리 내셔널은 현금 이외에 이연 법인세 자산을 가지고 있는데, 과세되는 이익이 많이 나는 기업이라면 유용하게 쓰일 수 있다.

○ 시그널 오일앤가스Signal Oil & Gas

시그널 오일앤가스는 간혹 청산될 것이라는 소문이 돌았었다. 하지만 결국 우주항공 기업인 개릿Garrett Corporation을 인수했는데, 이는 합병에 관심이 더 많다는 증거다. 이 기업의 이름이 인수, 합병 논의에서 튀어나온 게 흥미롭다.

○ 파믈리 운송

파믈리 운송은 오랫동안 인수, 합병 또는 청산 가능성이 언급되어 왔다. 이 기업은 별다른 사업 없이 많은 현금만 보유 중이다. 이 기업은 체커 매뉴팩처링, 시카고 옐로캡과 순환출자 구조로 연결된 상태이기도 하다. 체커 매뉴팩처링은 파믈리 운송의 지분 63%를, 파믈리 운송은 시카고 옐로캡 지분 55%를, 시카고 옐로캡은 다시 체커 매뉴팩처링의 지분 8%를 보유하고 있다. 이런 구조, 영업이 종료된 점, 이에 더해 현금이 많은 점을 고려하면 결국 인수, 합병이 되긴 할 것이다.

철도 기업들

철도 기업의 합병에선 두 갈래의 접근이 가능하다. 이는 특수상황투자 중에서도 유별난 경우다. 하나는 주가가 본질적인 가치에 미치지 못하는 경우, 주식을 매입해 합병의 특수상황에 투자하는 것이다. 합병이 종료될 때까지는 헤지를 할 수도 있다. 다른 하나는 합병 후 이익이 많이 날 것을 예상하고 그대로 보유하는 것이다.

철도 기업이 합병하면, (세전으로) 10억 달러에 달하는 막대한 이익을 기대할 수 있다. 이는 현재 철도 산업 전체가 7억 7,000만 달러의 이익을 내고 있다는 점을 고려하면 상당한 수준이다. 왜 철도 산업에서 합병이 아주 중요하다는 것인지, 왜 철도 기업 주식에 큰 수익을 기대할 수 있는지를 이해할 수 있을 것이다. 합병하면 중복되는 노선을 없애고, 수익성이 없는 노선을 정리할 수 있다. 이에 더해 낡은 장비를 교체하면, 연방세를 절감할 수도 있다. 누적된 손실을 이익에서 공제받아 절세할 수 있는 경우도 있다. 비용절감의 효과는 장래의 수익에도 영향을 줄 것이다. 예를 들어 살펴보자.

노던 퍼시픽 철도Northern Pacific Railway-그레이트 노던 철도Great Northern Railway가 합병하면 같은 지역에서 두 개의 강력한 철도 기업이 통합되는 효과가 생긴다. 합병 후 5년 동안 절감되는 비용은 4,300만 달러에 달한다.

노퍽앤웨스턴-니켈 플레이트Nickel Plate가 합병하면 5년 이내에 2,700만 달러를 아낄 수 있다. 주당 2.90달러에 해당하는 돈이다. 여기에 연방세를 아끼는 것도 이익에 추가된다.

펜실베이니아 철도와 뉴욕 센트럴 철도New York Central Railroad가 합병하면 8,000만 달러에 달하는 비용이 절감되며, 체서피크앤오하이오Chesapeake & Ohio와 볼티모어앤오하이오Baltimore & Ohio가 합병하면 5,000만 달러가 절감된다. 애틀랜틱 코스트라인Atlantic Coast Line과 씨보드 에어라인 철도Seaboard Air Line Railroads는 4,000만 달러에 달하는 돈을 아낄 것으로 전망된다. 씨보드 에어라인과 애틀랜틱 코스트 라인 1주당 4~10달러에 달하는 이익이 생기는 셈이다. 노던 퍼시픽 철도와 그레이트 노던 철도는 1주당 8.50~10달러, 펜실베이니아 철도와 뉴욕 센트럴 철도는 4달러 수준인 주당 수익이 19달러까지 오를 것이다.

아래는 진행 중이거나 멈추어 있는 철도 기업 합병 건들이다.

○ 애틀랜틱 코스트라인과 씨보드 에어라인 철도

합병 조건에 의하면 씨보드 에어라인은 신설 기업의 주식을 1:1로 교환받으며, 애틀랜틱 코스트라인은 1:1.42로 교환받는다. 현재 애틀랜틱 코스트라인의 주가는 78달러, 씨보드 에어라인의 주가는 45.5달러인데, 위 교환비율에 의하면 씨보드 에어라인의 주가는 54달러가 되어야 옳다. 할인의 이유는 주간통상위원회가 합병을 승인한 것에 대한 법원 판결이 불투명하기 때문이다. 대법원은 하급법원에 합병 승인을 다시 심사하라고 파기 환송했다. 대법원의 판결은 독점보다는 공익의 관점에서 사안을 살피라는 취지였다. 이 판결의 주된 논지에 의하면, 진행이 더디던 합병이 촉진될 수 있고, 다른 철도 기업과의 합병도 논의해볼 수 있다.

○ 노퍽앤웨스턴과 니켈 플레이트

합병 절차는 3개의 동부 철도 기업을 포함할지를 결정하기 위해 재개되었다. 이를 위해 노퍽앤웨스턴은 주주총회에서 2/3 이상의 찬성을 얻어야 한다.

○ 델라웨어앤허드슨 철도, 보스턴앤메인 철도 Boston & Maine Railroad, **이리 래커워너 철도**Erie Lackawanna Railroads

노퍽앤웨스턴 시스템을 포함해 이 3개 기업은 경쟁관계다. 델라웨어앤허드슨 철도는 펜실베이니아-뉴욕 센트럴 철도 합병 사건에서 주간통상위원회에 델라웨어앤허드슨 철도가 노퍽앤웨스턴에 합류할지가 확실해질 때까지 합병 승인을 연기하거나, 펜실베이니아-뉴욕 센트럴 철도 합병에 참가하게 해달라는 신청을 해 둔 상태다. 이 기업의 제안에 의하면, 델라웨어앤허드슨 철도의 가치는 현재 주가인 36.50달러가 아니라 45달러 근방이다.

○ 이리 래커워너 철도

이리 래커워너 철도는 결국 거대 동부 철도 합병에 포함될 것으로 여겨지고 있다. 노퍽앤웨스턴과 체서피크앤오하이오 합병에서 이리 래커워너 철도에 대한 조건도 발표되었다. 그러나 지금까지의 조건은 3개 기업 합병을 추진하기에 부족하다. 노퍽앤웨스턴과 제휴를 하면 이리 래커워너 철도의 지위가 더 나아질지도 모른다. 보스턴앤메인 철도의 실적이 나아진 덕분에 노퍽앤웨스턴 합병에서 이리 래커워너 철도의 가격이 더 싸게 보일 수도 있다.

○ **시카고 그레이트 웨스턴**Chicago Great Western**과 시카고앤노스웨스턴 철도**

합병 조건은 시카고 그레이트 웨스턴 1주에 시카고앤노스웨스턴 철도 주식 7/10과 7.62달러의 현금을 지급하는 것이다. 시카고앤노스웨스턴 철도의 주가는 110달러이므로, 이 합병 조건의 가치는 85달러다. 우선주의 주가도 시카고 그레이트 웨스턴 우선주 1주에 시카고앤노스웨스턴 철도 우선주 3/4를 지급하는 것을 반영해 비슷하게 할인되어 있다. 즉 받을 우선주의 가치는 86달러지만, 그레이트 웨스턴 우선주는 70달러 선에 머물러 있다.

○ **시카고앤이스턴일리노이 철도**Chicago & Eastern Illinois Railroad**와 미주리 퍼시픽 철도**Missouri Pacific Railroad

연방법원은 미주리 퍼시픽 철도의 시카고앤이스턴일리노이 철도 인수를 승인하는 내용의 가처분을 내렸다. 1965년 3월 내려진 주간통상위원회 결정을 뒤집는 취지다.

○ **시카고,밀워키,세인트폴앤퍼시픽 철도**Chicago, Milwaukee, St. Paul & Pacific Railroad **및 시카고앤노스웨스턴 철도**

합병 조건은 시카고,밀워키,세인트폴앤퍼시픽 철도 주식 1주당 시카고앤노스웨스턴 철도 주식 7/10를 교환해주는 것이었다. 이 조건대로면 시카고,밀워키,세인트폴앤퍼시픽 철도가 받을 합병 대가의 가치는 73달러 정도다. 반대 때문에 오랜 기간 지연되었지만, 1965년 5월 합병을 통해 연간 4,000만 달러 이상이 절감되기에 주주총회에서 합병이 승인되었다.

○ 시카고,록아일랜드앤퍼시픽 Chicago, Rock Island & Pacific**과 유니언 퍼시픽 및 시카고앤노스웨스턴 철도**

뒤의 두 기업은 시카고,록아일랜드앤퍼시픽을 차지하기 위해 경쟁 중이다. 이 경쟁 덕분에 시카고,록아일랜드앤퍼시픽의 주주는 이익을 얻고 있다. 유니언 퍼시픽의 제안에 따르면, 시카고,록아일랜드앤퍼시픽의 주주는 1주당 1.80달러의 배당금을 지급하는 우선주와 유니언 퍼시픽 0.85주로 전환할 수 있는 전환우선주를 받을 수 있다. 합병 대가의 가치는 40달러인 반면 시카고,록아일랜드앤퍼시픽의 주가는 33달러다. 시카고,록아일랜드앤퍼시픽 주주들은 이 제안에 찬성하는 결의를 했고, 92%의 주주가 주식교환을 위해 주권을 예탁했다. 한편 시카고앤노스웨스턴 철도의 제안은 5달러의 현금, 30달러 가치에 해당하는 6% 수익사채, 0.277주의 보통주를 지급하는 것으로 총 가치는 55~60달러 정도다. 뒤이어 시카고앤노스웨스턴 철도는 예탁된 시카고,록아일랜드앤퍼시픽 주권과 교환해달라며, 위 합병 대가에 상당하는 증권을 예탁했다. 시카고앤노스웨스턴 철도 경영진에 의하면, 시카고,록아일랜드앤퍼시픽 주주들이 유니언 퍼시픽의 제안을 거절하고 자신의 제안을 받아들이는 게 법적으로 가능하다고 한다. 또한 시카고앤노스웨스턴 철도의 제안은 철회할 수 없는 확정적인 것이며, 원한다면 유니언 퍼시픽의 제안을 따라도 된다고도 했다. 이러한 시카고앤노스웨스턴 철도의 움직임은 유니언 퍼시픽의 제안을 수용하려는 시카고,록아일랜드앤퍼시픽 주주들을 분열시키기 위한 것으로 보인다. 시카고,록아일랜드앤퍼시픽 주주로서는 어떤 제안을 받아도 무방하다. 주간통상위원회 역시 어느 합병이든 간에 이를 승인할 것으로 보인다.

○ **노던 퍼시픽 철도와 그레이트 노던 철도**

합병 조건에 의하면 그레이트 노던 철도는 1주당 합병으로 신설되는 기업의 주식 1주, 10달러의 가치를 가진 5.5% 확정배당금을 지급하는 무의결권 우선주 1.5주를 받는다. 주간통상위원회는 애틀랜틱 코스트라인과 씨보드 에어라인 철도의 합병에 관한 대법원의 결정을 지켜보고 있기에 이 건의 승인이 지연될 수도 있다. 이 합병에 따르면 이론적으로 4,300만 달러의 비용이 절감되는데, 이는 지난해 순이익과 맞먹는 수준이다. 특수상황투자자는 이 합병을 통해 절감되는 비용과 늘어날 이익을 노려 투자할 수도 있다. 두 기업 모두 배당금을 지급하기 때문에 이를 받으며 결과를 느긋하게 기다려도 된다.

○ **걸프 모바일앤오하이오**Gulf, Mobile & Ohio Railroad Company**와 일리노이 센트럴 철도**Illinois Central Railroad

합병의 효과에 대한 분석은 이미 끝났다. 합병으로 인한 비용절감액은 2,000만 달러 정도다. 합병 조건은 현재 검토 중이지만, 바로 결정이 날 것 같지는 않다.

○ **뉴욕 센트럴 철도와 펜실베이니아 철도**

실적이 개선되며 상당한 경제적 효과가 생길 것으로 예상된다. 제안된 조건에 의하면 뉴욕 센트럴 철도는 1주당 새로 설립되는 기업의 주식 1과 1/3주를 교환받는다.

오늘날의 사례

제6장의 부록에서 케이쓰리미디어의 사례를 들었습니다. 주가와 기업가치가 일치하지 않는 극적인 사례였습니다. 그린블라트는 가치와 괴리된 가격을 이용해 잔여자산투자 상황을 만들어냈습니다. 하이어퀘스트에서는 역합병, 공개매수 등을 통해 가치가 훌륭한 비상장기업이 상장기업을 인수해 가치를 극대화하는 사례를 살펴보았습니다. 이처럼 특수상황투자는 합병을 제외하고 생각하기 어려울 정도로 각종 복잡한 특수상황에 반복적으로 등장합니다.

이번 챕터에서는 모리스 실러가 다룬 인수합병 차익거래에 대한 짧은 예시를 들고자 합니다. 합병 차익거래와 관련해서는 수많은 저서와 정보들이 존재하기 때문에 여기서는 매우 간략하게 짚고 넘어가도록 하겠습니다. 하지만 그 전에 합병 차익거래의 주의사항을 말씀드려야 할 것 같습니다. 합병 차익거래는 이미 시장에서 매우 널리 사용되는 전략으로, 이 전략을 주로 사용하는 헤지펀드는 다수의 M&A 전문가들이 실제 합병이 체결될 확률을 섬세하게 계산하여 투자를 진행합니다. 따라서 개인투자자가 실제 매력 있는 차익거래 기회를 찾고 성과를 내기에 벅찬 전략입니다. 아무래도 M&A 시장에 오랫동안 몸담은 투자가들이 M&A가 성사될 확률과 이후 합병하는 두 회사가 성공적으로 통합되어 시너지를 발휘할지에 대해 더 잘 판단할 것이기 때문입니다. 발표된 합병 조건 대비 시장에서 거래되는 차익이 크면 그만한 이유가 있는 것이고, 성사될 확률이 높은 거래의 차익은 매우 낮은 게 현실입니다. 실제 그린블라트도 《주식시장의 보물찾기》에서 합병 차익거래를 하려는 개인투자자들에게 최대한 주의를 기울이라 당부합니다.

곧 개인투자자들이 합병 차익거래로 수익을 낼 수 있는 상황은 '특수한 특수상황'이어야 하는데, 이런 상황으로는 바로 코로나19 바이러스 유행으로 인해 기존에 발표되었던 합병 거래들이 모두 수포로 돌아가는 것 아닌가 하는 우려에서 비롯된 차익거래를 들 수 있습니다. 대표적인 사례는 블랙스톤과 스페인의 에나가스Enagas가 톨그래스 에너지Tallgrass Energy, TGE를 합병하는 사례였습니다. 코로나 이전 매수단은 이미 TGE의 44% 주식을 보유한 상태에 주주동의까지 이끌어 냈던 상황이라 차익은 약 1% 내외로 거래되었습니다. 코로나 이후 일시적인 시장 패닉에 의해 이 차익은 약 40%까지 벌어졌으나 해당 M&A는 기존에 동의했던 조건에 따라 완료되었습니다. 따라서 이 M&A가 불발되지 않을 것이란 확신을 가졌던 투자자들은 불과 몇 달 사이에 큰 수익을 얻을 수 있었습니다.

아래 소개해드릴 사례 또한 비슷한 상황에서 시작합니다. 코로나 이전에 M&A가 발표되고 차익거래의 기회는 없었으나 코로나에 의한 시장 패닉으로 스프레드가 벌어진 경우입니다. 하지만 애석히도 TGE 사례와는 다르게 차익을 노린 투자자들에게 손해를 입힌 사례입니다. 다시 한번 M&A 차익거래의 어려움을 상기하게 만드는 역동적인 사례라 할 수 있습니다.

합병 차익거래: 사이먼 프로퍼티Simon Property, SPG의 터브먼 센터스Taubman centers, TCO 합병

이 사례는 모든 것이 불확실했던 시기에 실패한 합병 차익거래를 대표하는 재미있는 사례입니다. 상업 리츠REITs인 SPG는 코로나19 바이러스가 퍼지기 전에 또 다른 상업 리츠인 TCO를 합병하겠다고 발표합니다. 합병가액은 주당 52.5달러였고, 모두 현금을 지급하는 거래였습니다. 52.5달러의 가격은 TCO의 주가에 51%에 달하는 프리미엄이 붙은 것이었습니다. 당연히 TCO의 주가는 합병가액 근처로 급상승하게 되었죠. 그러나 코로나가 터지고 주요 상업시설이 문을 닫게 되자 SPG를 비롯한 주요 상업 리츠의 주가는 거의 70%나 하락하게 됩니다. TCO 역시 51%에 달하던 프리미엄이 약 20% 정도로 하락하였습니다.

몇몇 시장 참여자들은 본 M&A가 성사되는 가능성은 고사하고 이 쇼핑몰들의 생존 자체에 의문을 품게 됩니다. 그러나 또 다른 합병 차익거래 전문가들은 코로나 시국임에도 불구하고 본 합병은 여전히 성사될 것이며 합병가액 또한 기존에 발표된 TCO 1주당 52.5달러 수준이라 믿었습니다. 이렇게 긍정적이었던 데에는 다 이유가 있었는데, SPG가 2002년부터 TCO의 자산을 주시하며 합병 기회를 노리고 있었다는 점, TCO의 쇼핑몰은 프리미엄급으로 다른 준프리미엄 쇼핑몰 대비 온라인 쇼핑 업체들과의 경쟁에서 우위에 있다는 점 등이었습니다. 온라인 쇼핑 시장의 빠른 성장으로, 오로지 크고 우수한 품질의 쇼핑몰만이 생존하고 번영하는 경우가 대부분이었고 프리미엄과는 거리가 먼

쇼핑몰들(예를 들면 파산절차를 밟고 있는 시어스Sears Roebuck & Co.)은 영업난, 자금난에 허덕이고 있었습니다(참고로 TCO는 하남과 안성 스타필드를 신세계와 공동으로 운영합니다). 또 중요한 것은 SPG와 TCO 간에 체결된 계약에서 전염병의 창궐은 SPG가 패널티 없이 거래를 취소하는 데 사용할 수 있는 MAE(중대한 부정적 변화로 계약해제를 할 수 있는 사유)가 아니라는 점을 분명히 했습니다. 규제 기관 또는 주주 승인은 주요 문제가 아닌 것 같았고 거래 자금 조달은 SPG에 크게 문제가 되지 않았습니다.

하지만 보다 현실적인 시각으로 의도를 파악해보는 것이 도움이 됩니다. 만약 여러분이 SPG의 경영진이라면, 모든 쇼핑몰이 문을 닫는 상황에서도 팬데믹 이전의 가격으로 인수를 진행할 수 있을까요? 심지어 여러분이 운영하는 그 쇼핑몰조차 팬데믹으로 고통을 받는 상황인데도? 경영진이라면 당연히 상당한 수준으로 가격을 낮추기 위해 노력하는 게 마땅합니다. 실제로도 그런 움직임이 있었습니다. SPG의 CEO는 2020년 1분기 실적을 발표하는 컨퍼런스콜에서 아무런 법률적인 근거도 들지 않은 채 합병에 관해 언급하는 것을 노골적으로 거부했습니다. 또한, TCO가 알리지 않은 채 차입금을 늘린 것이 계약해제 사유에 해당한다는 듯한 암시도 있었습니다. 7월, 합병이 발표된 뒤 5개월이 흘렀습니다.

결국, SPG는 계약해제 사유가 발생했다고 하면서 계약을 파기했습니다. 발표를 인용하면, TCO는 인구가 밀집한 대도시에 있는 많은 쇼핑몰을 가지고 있고, 이 쇼핑몰은 내국인뿐만 아니라 관광객을 상대로도 많은 매출을 올리고 있으며, 주로 하이엔드급의 상품을 판매하고 있는데, 이들 쇼핑몰이 문을 닫은 것은 다른 쇼핑몰과 비교해 특별히 부정적인 결과가 발생한 것이며, 이는 계약해제 사유에 해당한다는 것이었습니다. 이 발표 이후 TCO의 주가는 즉시 36달러까지 떨어졌습니다. TCO는 SPG의 주장을 받아들이지 않았습니다.

이후 수개월 동안의 줄다리기가 있었습니다. 11월이 되자 두 기업은 합병가액을 애초의 52.5달러에서 43달러로 조정한 뒤 합병을 진행하기로 합의를 봤습니다. SPG는 소기의 목적을 달성한 셈입니다.

모든 거래에는 관련자의 인센티브, 거래 결과에 영향을 미치는 조항 등을 복잡하게 정해놓곤 합니다. 이를 모두 파악하기는 어렵습니다. 다만, 이 장의 시작 부분에서 저자는 합병 차익거래에서 손해를 피하려면, 투자자가 다음과 같은 질문을 해야 한다고 지적했습니다. 그러니 이를 상기해보는 게 좋겠네요.

1. 인수, 합병이 성공할 것인가?
2. 인수, 합병이 지연될 것인가? 금방 종료될 것인가?
3. 해당 특수상황의 리스크가 적은가?
4. 인수, 합병이 끝나기 전에 투자금을 회수할 수 있는가?

여기에 더해 왜 차익거래를 할 수 있는 스프레드가 존재하는 것인지에 관해 아래와 같은 질문을 더 해보면 좋을 것입니다.

5. 스프레드는 왜 존재하는가?

- 주주총회에서 부결될 위험이 있는지?
- 대상 기업의 주요 주주들은 누구이며 그들의 입장은 어떠한가?
- 감독기관의 승인을 받지 못할 위험이 있는가?
- 인수, 합병을 시도하는 주체의 의도는 무엇이며, 그 의도를 신뢰할 수 있는가? (저자는 이 장에서 여러 의도를 설명했습니다)
- 인수, 합병을 시도하는 주체는 합병 자금을 어떻게 조달할 것인가?
- 인수, 합병 계약을 해제하려 할 때 위약금이 있는가? 위약금이 계약을 구속하는 것인지, 아니면 해제를 감수할 만한 수준인가?
- 유동성은 풍부한가?

6. 평가액이 타당한가?

- 만약 그렇지 않다면, 경쟁자가 나타나 더 높은 가격을 부를 가능성이 있는가?

제10장 스톤머 파트너스의 경우에서 더 높은 가격을 부르는 사례를 보았습니다. 독자가 더 자세히 볼 수 있는 또 다른 예로는 미국의 취미 수집품에 대한 인증 및 등급 서비스를 제공하는 컬렉터스 유니버스Collectors Universe입니다. 이 기업은 2020년 한 투자 컨소시엄에서 주당 75.25달러의 기업의 내재가치 대비 매우 저렴한 제안을 받았습니다. 그러나 2020년 11월 주주들은 컨소시엄이 제안한 가격이 기업가치를 너무도 낮게 평가한다고 공개적으로 비난하며 인수 제안에 반대할 수 있는 주주의 권리를 행사하겠다고 목소리를 높였습니다. 이 행동주의 주주 캠페인으로 인해 컨소시엄은 2021년 2월에 인수 가격을 주당 92달러로 32% 인상했습니다.

우리나라에의 적용

우리나라 자본시장에서도 인수와 합병은 늘 활발하게 일어나는 편입니다. 몇 가지 생각해볼 점을 정리하였습니다.

우선 합병에서 약간의 할인이 나타나는 일은 흔합니다. 하지만 개인투자자는 존속회사의 주식을 공매도할 수 없기에 저자가 말하는 바와 같은 합병 차익거래를 하기 어렵습니다. 다만, 기왕 존속기업의 주식에 투자하려고 했는데 어떤 기업과의 합병이 예정되어 있다면, 해당 기업의 주가가 합병비율보다 할인되어 있는지를 살펴볼 수 있겠습니다. 이때는 합병 대상인 기업의 주식을 사더라도 사실상 존속기업에 투자하는 것이므로, 존속기업의 주식이 충분히 저평가되어 투자가치가 있는지를 자세히 계산해야 합니다.

다음으로 우리나라는 상장기업이 합병할 때 적용할 합병가액이 자본시장법 시행령에 정해져 있으며, 그 가액은 최근의 시장가격을 평균한 것이므로 시가에 가깝습니다. 그러므로 합병에서 반대파가 있다고 해도 합병가액이 올라갈 가능성이 낮습니다. 다만, 이테크건설 합병 사례에서와 같이 약간의 조정이 이루어진 사례는 있습니다.

저자가 말하는 편승의 기회는 우리나라에서 벌어지는 합병에도 있는데, 대개 존속회사와 소멸회사 중 어느 쪽에 지배주주의 이해관계가 더 많이 걸려 있는지를 살펴 지배주주의 이해관계에 편승하는 식으로 진행됩니다. 지배주주에 더 이익이 되는 방향으로 합병비율 등이 결정되곤 하기 때문입니다.

대부분 기업에 지배주주가 존재하는 우리나라의 특성상 합병이 발표되었다는 것은 지배주주가 해당 합병을 하기로 이미 결정하였다는 뜻으로 합병이 무산되는 일은 흔치 않습니다. 다만 대우조선해양의 사례에서 보듯 감독당국의 결정에 의해 합병이 무산될 수도 있습니다. 만약 합병이 무산될 것을 예상할 수 있다면 이로써 혜택을 보는 기업에 투자해볼 수 있습니다

우리나라에서 합병과 인수는 중요한 차이점이 있는데, 합병은 포괄적으로 주식을 존속기업의 주식 또는 현금과 교환해주는 반면, 인수는 경영권 지분만 경영권 프리미엄을 받고 거래된다는 차이점이 있습니다. 대부분의 선진국에는

의무공개매수제도가 있어 비지배주주의 지분도 인수하여야 하고, 미국은 비록 의무공개매수제도를 두고 있지 않지만 역시 비지배주주의 지분도 인수해주는 사례가 많다는 점과 비교해볼 수 있습니다.

너무 높은 경영권 프리미엄이 지급되는 거래는 오히려 조심할 필요가 있습니다. 새로운 지배주주가 기존 지배주주와 비교해 더 큰 사적이익을 편취할 수도 있다는 신호가 되기 때문입니다. 물론 새로운 주주가 더 큰 주주가치를 만들어 낼 자신이 있기에 높은 경영권 프리미엄을 지급하는 것일 수도 있습니다.

제12장
파산을 앞둔 상황에서의 구조조정

구조조정은 기업이 재정적 어려움을 극복하고, 도산의 위기에서 벗어나기 위한 기업활동이다. 구조조정을 위해서는 먼저 채권자, 사채권자, 우선주를 보유한 주주 사이의 이해관계를 조율해야 한다. 파산하는 것보다는 고통스러워도 구조조정을 하는 게 더 낫다고 설득해야 한다. 구조조정에 합의하면, 부채가 감소하거나, 부채의 순위가 후순위로 밀려난다. 대신 새로운 것(돈, 경영 그리고 희망)이 더해진다. 구조조정으로 자본구조가 바뀌면 투자수익이 생긴다.

구조조정 특수상황은 경제불황일 때, 혹은 그 직후에 많이 발생한다. 1930년대에 구조조정이 흔했다. 당시엔 모든 산업이 고통을 받았다. 오늘날에는 자금이 넘쳐난다. 그래도 개별 기업의 파산은 늘 있기 마련이다. 아래에서는 특히 대공황 시절에 흔했던 철도 기업이나 공공서비스를 제공하는 기업의 구조조정에 투자하는 기법을 설명할 예정이다. 이 시기에 쓰였던 기법은 오늘날에도 적용할 수 있다. 몇몇 논의는 너무 학문적일 수도 있다. 그래도 당시의 노하우는 현재 재무적인 문제점을 겪고 있는 기업의 구조조정을 이해하는 데 도움이 된다.

과거 철도나 공공서비스 기업의 구조조정에 쓰였던 투자기법이 쓰일 수 있는 현재의 분야는 대표적으로 강제분할이 있다. 분할, 강제분할은 우량한 기업에서도 일어난다. 물론 우량한 기업의 분할에도 위 기법을 적용할 수 있다. 분할 특수상황투자는 '부분이 전체보다 가치 있다'는 개념에 기반한 투자 방법이다. 제6장에서 그리넬의 강제분할을 언급하면서 이를 다룬 바 있다.

뉴스를 보면 대기업이 인수, 합병을 통해 사업을 확장하는 사례만 있는 것 같이 느껴질 수 있다. 그러나 정부기관은 독과점을 막기 위해 강제분할 명령을 종종 내린다. 앞으로 이 분야는 특수상황투자에서 아주 중요한 분야가 될 수 있다. 거대 기업의 분할을 암시하는 보도를 보고, 미리 투자가능성을 판단할 수 있다. 독과점을 방지하기 위한 강제분할 분야에도 이 장에서 다룰 투자 기법을 적용할 수 있음은 물론이다.

구조조정의 활용

1. 재무적인 어려움을 겪는 기업에 새로운 기회를 제공

2. 파산의 위험으로부터 구제

3. 자본구조를 포함한 기업활동의 촉진

이 방법은 매도청구권이 없는 증권을 대상으로도 사용할 수 있다.

4. 추가적인 주식 발행을 통한 주주구성의 변경

5. 더 우선하는 권리가 있는 증권을 발행해 기존 증권의 지위 변경

일례로 리 내셔널을 들 수 있다. 리 내셔널은 사업을 판 뒤, 현금과 현금성

자산만 보유하고 있었다. 리 내셔널은 구조조정을 위한 합병을 위해 더 많은 보통주를 발행했고, 아울러 우선주도 발행했다. 이 기업은 자산이 발행한 주식이 현금이나 마찬가지인 상황이기에 많은 기업의 관심의 끌 것이라고 한다.

이런 유형의 구조조정은 과거 철도 기업이었던 엠에스엘 인더스트리즈에서도 일어났다. 이 기업의 사업은 전망이 좋았고 이연되는 손실도 있었기에 구조조정에 투자한 투자자들은 엄청난 이익을 얻을 수 있었다.

제7장 거래기술에서 다룬 바와 같이, 자회사를 합병해 없애거나 매도청구권이 없는 우선주를 줄일 때도 이 방법이 사용된다. 유에스 스틸은 최근 자회사와의 합병을 통해 7%의 확정배당금이 지급되는 매도청구권 없는 우선주를 소멸시킨 바 있다.

가장 쉽게 구조조정 특수상황을 찾아내는 방법은 파산이나 재무적인 어려움을 겪는 기업을 살펴보는 것이다. 오늘날의 산업은 아주 역동적이므로 어려움에 부닥치는 기업도 많다. 특수상황투자자에게 기회가 많다는 소리다. 어려움에 부닥친 기업을 되살리는 과정에서 기존에 존재하던 증권을 새로운 증권으로 교환해 준다든지 하는 방법이 종종 사용되며, 특수상황투자자는 이를 통해 투자수익의 기회를 얻는다. 아래는 관련 기업들에 관한 간략한 예시다.

○ **보스턴앤프로비던스 철도**

현재는 청산함. 이 기업은 뉴헤이븐앤하트포드 철도로부터 보스턴앤프로비던스 철도의 주식 2만 770주와 교환해 220만 달러, 즉 주당 110달러를 지급해준다는 제안을 받았다. 이에 더해 보스턴앤프로비던스 철도 주주는 보스턴앤프로비던스 리얼 에스테이트 홀딩스Boston & Providence real estate holdings가 발행한 수익권증서를 받을 수 있다. 수익권증서는 만약 보스턴앤프로비던스의 부동산이 매각되는 경우 얻어진 순이익 중 50만 달러를 초과하는 부분이 수익자에게 분배된다는 내용이다.

주간통상위원회의 연구원은 비록 보스턴앤프로비던스 부동산의 정확한 가치를 파악하긴 어렵지만, 만약 해당 부동산이 대중교통, 고속도로, 도심재개발 등에 사용될 경우, '이례적인 수익extraordinary gains'이 발생할 수 있다고 내다보았다. 보스턴앤프로비던스가 가진 부동산은 현재 200마일에 달하는 철로로 사용되며, 뉴헤이븐 철도에 1992년까지 임대되었다. 보스턴앤프로비던스가 가진 부동산의 가치는 적어도 주당 330달러, 심지어 450달러를 넘을 수도 있을 것으로 평가된다.

○ **아틀라스 소잉**Atlas Sewing Company

구조조정 계획이 승인되었다. 주주는 구주 27주당 신주 1주를 받을 수 있다.

○ **암코 인더스트리즈**Amco Industries

채권자들이 연방법원에 파산을 신청했다.

○ **대슈 비즈니스 머신즈**Dashew Business Machines

이 기업은 파산법 챕터10에 따른 절차를 진행하고 있다. 구조조정에 필요한 자금을 마련하기 위해 관재인은 2개 자회사의 매각을 협상하는 중이다.

○ **엘진 내셔널 와치**Elgin National Watch Company

회생절차가 진행 중이다.

○ **괴벨 브루잉**Goebel Brewing Company

연방지방법원은 챕터10에 따른 구조조정 신청을 승인했다.

○ **사이어 플랜 컴퍼니즈**SIRE Plan Companies

챕터10에 따른 구조조정 중. 총 18개에 달하는 사이어Small Investors Real Estate, SIRE 플랜 컴퍼니즈가 파산에 들어갔다.

○ **테일러 인터내셔널**Taylor International Corporation

연방법원이 구조조정안을 승인했다. 이 기업은 파산이 진행되고 있었다. 구조조정안에 의하면, 채권자는 채권 원금 20달러마다 주식 1주를 받는다. 구 주주는 10주마다 1주를 받는다. 구 주주의 지분율은 8%가 된다.

○ **유나이티드 스타**United Star Company

파산신청이 기각되었고, 구조조정에 돌입했다.

○ **웹앤크냅**Webb & Knapp, Inc.

관재인은 연방법원에 챕터10에 따른 구조조정을 신청했다.

○ **예일 익스프레스 시스템**Yale Express System, Inc.

기업이 연방법원에 챕터10에 따른 구조조정을 신청했다.

참고사항: 파산법 챕터10은 구조조정을 위해 독립적인 관재인을 임명하도록 하고 있지만, 챕터11은 법원이 승인한 계획안에 따라 채무를 갚는 것을 조건으로, 원래의 경영진이 기존대로 운영하는 것을 허락한다.

채권 이자를 지급하지 못하는 건 구조조정을 예고하는 신호다. 우선주는 아무리 확정배당금이 지급되지 못한 채 누적배당금이 쌓여도 부채로 평가되지 않지만, 채권 이자의 연체는 반드시 해결해야 할 문제다. 재무적으로 취약하다는 신호가 되기 때문이다. 현금 대신 새로운 채권을 발행해 연체 이자를 갚기도 한다. 이 과정에서 투자수익이 얻어질 수도 있다. 기업은 종종 채권으로 재무적인 문제를 푼다. 아래는 채권 이자가 연체된 기업의 리스트다.

기업명	지위
보스턴앤메인 철도의 이율 4.5% 만기 1970년 A 회사채	1958년 5월부터 이자가 지급되지 않아 28%가 쌓임
커티스 퍼블리싱(Curtis Publishing Company)의 이율 6% 만기 1966년 회사채	1965년 4월 채무불이행
디모인 트랜싯(Des Moines Transit, Inc.)의 이율 5% 만기 1974년 회사채	1961년부터 채무불이행
플로리다 이스트 코스트 철도(Florida East Coast Railroad) 의 이율 5.5% 만기 2011년 2차 회사채	미지급 이자가 16.5%까지 누적
리하이 밸리 철도(Lehigh Valley Railroad) - 20% 만기 2003년 4월 D 회사채 - 22% 만기 2003년 4월 E 회사채 - 25% 만기 2003년 4월 F 회사채	누적된 미지급 이자 - 1957년부터 지급되지 않음 - 1957년부터 지급되지 않음 - 1957년부터 지급되지 않음
미주리 칸텍스 철도(Missouri Kan-Tex Railroad) 2003년 만기	연체 이자 16.5%. 1961년부터 이자가 지급되지 않음
뉴욕,뉴헤이븐앤하트포드 철도의 이율 4% 만기 2007년; 이율 4% 만기 2022년	1961년 채무불이행
울버린 파워(Wolverine Power) 이율 0.75% 만기 1979년 2월 1일 A 회사채	1964년부터 9.55의 이자가 누적

아래의 2개 기업은 재무적 어려움을 겪은 초기 단계부터 수습을 위해 노력했다. 구조조정으로 구 증권을 소유한 사람들은 투자수익을 얻었다.

○ 웨스트버리 패션스Westbury Fashions, Inc.

웨스트버리 패션스는 (해당 기업의 설명에 의하면) "현실적이고 정상적인 토대"에서 나아갈 수 있도록 회사채를 주식으로 변경하는 구조조정을 성공적으로 완료했다고 한다. 구체적인 구조조정안은 회사채 원금 5.30달러마 다 보통주 1주로 교환해주는 것이었다. 이 안이 처음 나왔을 때 회사채의 가격은 42달러 수준이었다. 원금을 변제받는 것에 비하면 만족스럽지 못했을 것이다. 그러나 보통주의 시가는 2.87달러였으므로, 원금이 1,000달러인 회사채는 53달러 상당의 보통주와 교환할 수 있었다. 이 구조조정안이 시행되자 회사채의 가격이 57달러 선까지 올랐다. 수개월 전만 하더라도 회사채의 가격은 12달러에 불과했었다.

○ **퍼시픽 아스베스토스**Pacific Asbestos Corporation

퍼시픽 아스베스토스의 구조조정안은 1순위 저당권을 가진 채권을 조정하는 것이었다. 구조조정안이 실행되자 저당권을 실행하는 절차는 중단되었다. 구조조정안이 실행되기 전, 주가는 87센트에 불과했다. 구조조정안의 실행 덕에 주가는 3.87달러까지 올랐다.

투자수익의 가능성

증권을 교환해주는 과정에서 투자수익이 발생한다. 자본구조를 뜯어고치면, 새로 교환되는 증권의 가치가 높아진다. 그러면 교환의 대상이 되는 구 증권도 새로운 가능성을 얻는다. 투자수익은 (1)너무도 저조한 실적 때문에 구 증권의 가격이 매우 낮고, (2)재무적 상황이 나아지는 덕분에 신규 발행 증권의 가치가 높아지며, (3)구 증권과 교환되는 신규 증권 사이의 가격 격차가 벌어져 투자자가 참여할 틈이 벌어지고 있기에 생기는 것이다.

구조조정안에 따라 교환되는 신규 증권과 비교해 구 증권의 가격이 할인되었을 때 매수하는 것이 일반적인 투자기법이다. 이는 구조조정안이 계획대로 진행되는 것을 전제로 한다. 기회는 보통 구조조정안이 효력을 발휘하기 전에 생긴다. 구조조정의 진행이 더딜 수도 있다. 투자수익의 크기는 구조조정 기간 중 계획 진행의 정도에 따라 계속 바뀐다.

다른 투자기법으로 구 증권을 매수하고, 신규 증권을 공매도하는 방법도 있다. 이는 신규 증권이 발행일 결제 조건(발행일 결제 조건은 거래기술을 다룬 제7장에서 언급하였다)으로 거래가 가능할 때 쓸 수 있는 방법이다.

구 증권과 신규 증권 사이의 차익거래가 가능한 이유는 무엇일까? 심리적인 이유가 있을 수 있다. 구 증권에 대해서는 부정적인 반응이 대부분이지만, 신규 증권은 긍정적인 전망이 섞이기 때문이다. 구조조정의 효과는 1940년대 철도 기업의 구조조정을 예로 들어 설명할 수 있다. 오늘날 재무적으로 어려움을 겪는 기업의 구조조정도 절차가 크게 다르지 않기 때문이다. 이 장의 뒷부분에서 절차를 요약하고, 투자수익을 얻을 수 있는 차익거래와 헤지 포지션의 사례를 설명하겠다.

수요가 더 높은 신규 증권

신규 증권엔 구조조정에 따라 이견이 해소되고 실적이 늘어날 것이라는 시장의 기대가 반영된다. 구조조정안은 희망적인 편이며, 근본적으로 신규 증권엔 계속기업으로서의 가치도 부여된다. 신규 증권이 어려움을 겪는 기업의 구 증권보다 가격이 높은 이유다. 배당전망도 더 긍정적인 편이다. 기업 스스로 어려움을 극복하기 위해 배당계획을 공시하는 일도 흔하다.

예를 들어 톰프슨스타렛Thompson-Starret은 모든 우선주의 누적배당금을 정리하고 종류주의 비율을 조정했다. 누적배당금이 정리되자, 이 기업은 더 많은 배당금을 지급할 수 있게 되었다. 누적배당금이 쌓인 구 증권은 (1)해당 증권을 그대로 보유한 자들은 구조조정이 된 기업과 함께하는 데 관심이 없는 편이었고, (2)세금이 환급되는 이점도 있었기에 매도 압력을 받아 소멸되었다.

구조조정 절차의 특징

(1)구조조정의 주된 이유는 재무적인 어려움이다. 자본구조를 재조정하려는 목적은 부차적이다.

(2)기업이 문제를 해결하고 사업을 계속하려는 다양한 노력을 보고 구조조정의 시작을 파악할 수 있다.

(3)구조조정의 필요성을 알아볼 수도 있다. 구조조정은 파산일 수도, 회생절차개시 신청이나 자발적인 워크아웃일 수도 있다.

(4)구조조정안은 공인된 개인이나 그룹의 평가가 필요하다.

(5)구조조정안이 제시되면 다양한 채권자를 대표하는 협의회가 구성된다.

(6)구조조정이 진행되는 동안, 감독기관의 승인이 필요할 수도 있다. 종종 하나 또는 그 이상의 기관(연방법원, 증권거래위원회, 주간통상위원회, 연방통상위원회, 주의 기관 또는 다양한 채권자, 증권보유자)으로부터 승인을 받아야 한다.

(7)구조조정안(회생계획안)이 효력을 발생하려면, 법원의 결정이 필요하다.

(8)법원의 결정 이후, 구조조정안(회생계획안)을 집행할 담당자가 임명된다.

(9)구조조정안의 효력이 발생하면, 신규 증권으로 교환하기 위해 구 증권을 예치해야 할 수도 있다.

이해관계자의 협의회

구조조정 중엔 이해관계자를 보호하는 협의회가 구성된다. 구조조정안이 법원으로부터 승인되면, 협의회의 비용이 기업으로부터 집행되기에 변호사들에게도 좋은 일이다. 다양한 유형의 채권자와 증권보유자가 있기에 협의회도 다양할 수 있다. 이러한 협의회의 존재는 공정한 취급이 이루어지고 있음을 시사하기도 한다. 왜냐하면 채권의 지위, 의결권의 크기 등 증권의 종류에 따라 보유자의 이해관계가 다른 게 당연하기 때문이다. 협의회는 증권의 보유자에게 구조조정 절차를 알리는 역할을 하기도 한다. 협의회는 진행 절차에 발맞춰 대변하는 투자자가 보유한 자산이 제대로 평가되도록 노력하여야 한다.

투자의 시기

구조조정 특수상황에 투자하는 시기는 구조조정안이 나오기 전이나 구조조정안이 나와 법원의 승인을 기다리는 때가 적합하다. 이른 시기에 투자하는 투자자는 기업이 죽는 게 사는 것보다 낫다고 여기며, 자산에 중점을 두고 투자해야 한다. 구조조정을 하는 기업은 다양한 순위의 부채가 많이 있는데, 이에 어떤 채권자 입장에서는 실제로도 청산이 나을 수 있다. 뉴욕,뉴헤이븐앤하트포드 철도의 4% 채권이 그 예다. 기업의 사정이 어려워지자 이 채권은 오랜 기간 20달러 이하의 시세로 움직였었다. 그러나 채권이 담보하는 자산의 가치를 알아챘다면 수익을 올릴 수 있었을 것이다. 하락의 추세가 반전해 50달러까지 가격이 올랐기 때문이다.

다른 채권에서도 이와 비슷하게 숨은 가치를 찾아낼 수 있었다. 부동산 담보부채권에서뿐만 아니라 일반 채권에도 좋은 조건이 존재할 수 있다. 그 예로 허드슨앤맨해튼 철도의 청산을 들 수 있다. 이 기업의 선순위채권과 수익채권은 한동안 담보 부동산의 가치보다 시세가 낮았다. 철도는 자산가치가 아예 없는 것처럼 취급되었다. 그러던 중 뉴욕항 당국이 부동산을 수용하는 방식의 청산이 진행되었다. 법원은 수익채권 1,000달러를 3.5주의 B종류주로 교환하는 청산을 승인했는데, B종류주의 가치는 1주당 693달러에 달한다. 청산에 들어가기 전 액면금 1,000달러의 수익채권 시세는 200달러에 불과했었다.

그러니 늘 자산가치를 중심에 두고 생각해야 한다. 구조조정안이 승인되리라 기대하고 투자하더라도 구조조정 이후 명백히 수익성이 나아지리라는 확신이 있어야 한다. 구조조정안이 나온 뒤 투자하면 구조조정 전후의 기업구조, 부채와 자본의 비율 등에 관한 상세한 정보를 얻을 수 있다. 구 증권의 취급방향이 결정되는 때도 이때다. 신규 증권에 관한 대략적인 초안이 나올 수도 있다. 이런 정보가 증권의 가격을 결정하는 기초가 된다.

구조조정안의 승인을 기다리는 동안, 투자자는 구 증권과 교환될 신규 증권의 가치를 평가하고 투자할지 여부를 결정할 수 있다. 보통은 선순위 채권을 가진 투자자가 유리할 때가 많다. 그러므로 투자수익의 기회 역시 선순위 채권에서 더 자주 찾을 수 있다. 선순위 채권은 만족스러운 양의 신규 증권으로 교환되므로 차익거래와 헤지의 기회가 많다. 한편 주식은 아주 적은 양의 신규 증권으로만 교환되며, 푼돈에 불과하게 될 가능성이 크다. 이는 아틀라스 소잉의 구조조정에서 구 주식 27주당 신규 주식 1주만을 교환해준 예에서도 찾아볼 수 있다. 나아가 미지급 이자와 우선주의 누적배당금은 신규 증권의 교환 대상인 원금에 포함되어 가치가 생기곤 한다.

조사와 분석

구조조정에 대한 정보는 뉴스, 관재인이 제공하는 보고서, 증권거래위원회의 보고서, 금융정보지 등에서 찾을 수 있다. 구조조정에 대한 분석은 구 증권을 담보하는 자산을 찾고 신규 증권의 가치를 알아내는 것부터 시작된다. 신규 증권의 가치는 투자설명서, 뉴스, 금융정보서비스 등을 통해 알아낼 수 있다. 한편 구 증권을 담보하는 자산은 재무상태표나 주석, 또는 직접 기업에 물어 찾아낼 수 있다.

각 유형의 증권마다 해당 증권을 많이 보유한 자의 태도도 살펴볼 필요가 있다. 구조조정안은 주로 채권자나 선순위 채권을 많이 보유한 자가 주도하기 때문이다.

구조조정 특수상황을 분석하기 위한 단계

(1)구조조정이 있을까? 미지급 이자와 누적되는 우선주 배당금, 계속되는 적자, 운전자본의 감소 등에서 단서를 찾아낼 수 있다.

(2)숨겨진 가치가 발견되거나 세금이 환급될 것인가?

(3)구 증권과 교환될 신규 증권의 가치는 어떠할까?

(4)과거의 자본구조에서 어떤 증권의 가치가 가장 컸나?

(5)현재의 계획대로라면 신규 증권과 구 증권의 차익거래 가능성이 있나?

(6)예상 투자기간?

(7)정부기관의 이해관계나 반대파가 존재하는가?

(8)채권자협의회, 경영진, 관재인은 보고서에서 무엇을 말하고 있나?

(9)가격이 충분히 낮은가?

(10)구조조정안이 승인되면, 세무적인 문제에 따라 투자를 끝내는 방법을 선택할 수 있다. 장기적인 이익을 바라고 보유를 연장할 수 있고, 구조조정이 끝나는 무렵에 투자를 끝낼 수도 있다.

요약

구조조정, 파산, 채무조정을 앞둔 기업에서 투자의 기회를 찾을 수 있다. 투자수익은 청산보다는 구조조정안이 승인될 때 더 크다. 구조조정이 예상되는 기업은 특징이 있다. 구조조정의 진행 정도에 따라 투자 방식이 달라진다. 승인을 기다리는 동안 투자의 기회가 생기며, 구조조정의 단계가 막바지에 이를수록 증권의 가치가 올라간다.

구조조정안을 조사하는 게 가장 중요하다. 숨겨진 자산은 주석이나 작은 글씨에서 찾아볼 수 있는데, 종종 엄청나게 예상치 못한 수익을 안겨준다.

구조조정에 투자하는 투자자는 (1)구조조정안이 승인될 때까지 보유하거나, (2)발행일 결제를 조건으로 공매도하여 차익거래 또는 헤지할 수 있다.

구조조정 기업의 증권을 단순 보유하는 게 가장 흔히 쓰이는 방법이다. 동시에 보유하기로 한 주식이나 채권을 제외하고 나머지를 발행일 결제 조건으로 공매도하여 헤지할 수도 있다. 헤지를 하면 그만큼 비용이 들지만, 그래도 충분히 수익이 난다.

철도 기업 구조조정

철도 기업 구조조정투자는 발행일 결제 증권과 계약의 역할이 중요한 차익거래, 헤지 기법이 주로 쓰였다. 이에 더불어 세제 혜택을 위해 투자 포지션을 반대로 가져가는 방법도 있었다. 이처럼 투자자는 다양한 방법을 탐구하면서 철도 기업 구조조정에 투자하는 방법을 익힐 수 있었다. 많은 철도 기업이 다양한 구조조정을 경험했고 파산에서 벗어났다. 1건의 구조조정에서 다양한 투자기법이 사용되었다.

차익거래와 헤지는 다음과 같이 사용할 수 있다. 구조조정이 예정된 철도 기업의 증권(해당 증권이 구 증권임을 확인하라)을 매수한다. 이후 헤지 포지션을 구축하고 끝날 때를 기다린다. 헤지 포지션은 구조조정안이 승인되면 발행될 신규 증권을 발행일 결제를 조건으로 공매도해 구축한다. 이 방법은 구 증권의 대가로 받을 신규 증권의 가치가 구 증권의 가격보다 높아야 사용할 수 있다. 가격 차이가 나는 건 일반적인 현상이다. 구조조정이 승인되면 계속기업으로서 그만한 가치가 생기기 때문이다.

철도 기업 구조조정투자는 구조조정안이 효력을 발생하기 1년 전부터 이루어졌다. 이에 투자자들은 구조조정이 종료되기까지 2년이 걸리면 어떻게 할지를 생각하기에 이르렀다. 2년이 걸린다면 10%의 투자수익을 원하는 투자자는 적어도 구 증권과 신규 증권의 가격 차이가 20%는 되어야 한다. 구 증권을 매수하는 데는 현금이 필요하다. 그러므로 아래의 사례에서 예상되는 투자수익은 20%에 해당하는 1,082.47달러이며, 만약 투자 기간이 1년 이상 이어지면 여기에 이자가 더해질 것이다. 철도 기업 구조조정투자에서 차익거래, 헤지 포지션을 만드는 방법은 아래와 같다.

(단위: 달러)

덴버앤리오그란데(Denver & Rio Grande)의 이율 불명, 만기 1936년의 채권 1만 달러를 5,300달러에 매수한다	5,300.00
여기에 대략적인 수수료와 인지대 비용을 더한다	65.00

총 비용	5,365.00
그리고 구조조정으로 발행될 예정인 아래 증권을 아래와 같은 조건으로 매도한다	
A. 액면 3,189.20달러이고, 이율 3-4%, 만기 1993년인 1순위 부동산담보부채권을 87.75달러에	2,798.52
B. 액면 2,170.80달러이고, 이율 4.5% 만기 2018년인 채권을 56.50달러에	1,226.50
C. 32.16주의 우선주를 41.25달러에	1,326.60
D. 48.24주의 보통주를 18.75달러에	904.50
(예상되는) 1순위 부동산담보부채권에 지급될 이자	191.35
총 수익	6,447.47
비용	5,365.00
예상되는 투자수익	1,082.47

위 사례에서 왜 발행예정인 1순위 부동산담보부채권에 이자가 쌓이는지 궁금할 수 있다. 이는 투자자가 헤지 포지션을 구축하였을 뿐 여전히 해당 채권의 소유자이기 때문이다. 그러니 발행일 결제 조건의 거래는 실물의 거래라기보다 옵션거래를 닮았다고 이해하면 좋다.

철도 기업 구조조정은 채권자에게 채무와 미지급 이자 대신 여러 종류의 증권을 묶음으로 교환해주는 게 일반적이다. 위 사례에서는 2종류의 채권, 우선주, 보통주로 구성된 패키지로 교환해주었다. 투자자는 여러 종류의 증권보다 1종류를 보유하는 걸 더 선호한다. 이에 투자자는 구조조정으로 받을 원치 않는 증권을 발행일 결제 조건으로 매도할 수 있다. 차익거래, 헤지를 위한 비용이 추가되어 이익에 미치는 영향도 살펴보라. 위 사례에서 예상되는 이익은 상대적으로 적었다.

앞서 분할 특수상황에서 그리넬이 결국 3개의 자회사로 분할되는 것을 배웠는데, 위 거래기법이 이와 비슷하게 느껴질 수도 있다.

철도 기업 구조조정 과정에서 투자와 거래가 성황을 이룬 덕분에 발행일 결제 조건의 거래도 크게 성장했다. 발행일 결제 조건의 거래는 구조조정이 완료되어 실제로 증권이 발행되지 않으면 종료가 되지 않는 서류상의 거래다. 그러나 발행일 결제 조건은 '계약contracts'이기도 하기에 양도가 가능하다.

예를 들어 채권을 보유한 투자자가 구조조정 후 신규 채권과 주식을 받을 예정이라고 가정하자. 또한, 이 투자자가 발행일 결제를 조건으로 신규 채권과 주식을 매도하여 헤지한다고 가정하자. 발행일 결제 조건 계약에 따라 투자자는 신규 증권이 발행되었을 때 이를 받아서 매수인에게 전달해야 하고, 매수인은 그때 대금을 지급하면 된다. 그런데 계약 후 신규 증권이 발행될 때까지의 기간에 이 계약 자체를 사고파는 행위도 가능하다. 좀 더 구체적으로 발행일 결제 조건 계약에서 매수인이 100주의 우선주를 20달러에 사기로 했다고 가정하자. 매수인은 계약에 따라 발행일에 우선주 100주를 20달러에 받을 권리가 있다. 그런데 만약 그 우선주의 가격이 30달러가 된다면, 계약의 매수인은 20달러에 우선주를 받을 계약상의 지위를 시장에서 팔 수도 있는 것이다. 지위를 이전할 때의 가격은 현재의 우선주 가격에서 발행일에 결제하기로 하면서 약정한 현금을 차감한 금액이다. 이 방법으로 투자자는 구조조정이 끝나기 전에도 투자금을 회수할 수 있다.

구조조정이 끝날 때까지 걸리는 기간도 계약상의 지위 이전 시의 가격에 영향을 줄 수 있다. 만약 구조조정이 끝날 때까지의 기간이 분명하다면, 계약은 은행만큼이나 안전해진다. 이때의 할인율은 2% 정도로 낮을 수 있다. 2%의 할인율이 낮아 보여도, 특수상황이 한 달 만에 끝난다면, 연간으로 환산해 24%의 수익률이다.

왜 나중에 우선주를 받아 30달러에 팔지 않고 지금 계약상의 지위를 매도하는지 궁금할 수 있다. 나중에 실물을 받아 팔면 구조조정이 종료될 때까지 투자한 돈을 회수할 수 없다. 그러니 지위를 매도할 수 있는 계약 자체를 매매하는 것이다.

구조조정 상황에서 앞으로 교환될 구 증권을 매매할 수도 있다. 이때는 실물증권이 전달된다. 계약상의 지위를 거래하는 것은 실물증권이 없지만 투자금을 회수한다는 측면에서 일반적인 증권거래와 다를 바 없다.

투자자로서는 투자포지션을 유지하는 데 드는 비용을 절감할 수 있다는 것도 장점이다. 이 거래엔 통상 증거금이 필요하지 않다. 만약 구조조정이 실패하면 계약은 취소되고 수수료만 비용으로 남는다.

일일정산

발행일 결제 증권을 매도해 헤지할 때 증거금이 들지 않는다고 하더라도, '일일정산mark to market'의 방식이 사용되면, 돈을 지급해야 할 수도 있다. 일일정산(즉 시가를 따라가는 정산)은 매도한 발행일 결제 증권과 시가의 차이를 정산하는 것을 의미한다. 투자자가 발행일 결제 증권을 70달러에 팔았는데, 해당 증권의 가격이 80달러까지 오르면 매수인은 10달러를 정산금으로 예치해야 한다.

일일정산은 발행일 결제를 조건으로 매도한 증권이 상당한 수준으로 올랐을 때 요구된다. 앞서 예로 든 덴버앤리오그란데 사례에서 투자자는 우선주를 41.50달러에 매도했는데, 가격이 50달러까지 올랐다고 가정하자. 실질적으로 발행일 결제 증권을 매도하는 계약은, 일종의 공매도와 같다고도 할 수 있다. 그러므로 주가가 오르면, 매도인은 돈을 잃게 된다. 그런데 발행일 결제 조건의 거래는 공매도와 같이 이를 유지하기 위한 증거금이 없었으므로, 매도인은 늘어난 손해를 지급보증하기 위해 돈을 예치하라는 요청을 받는 것이다. 만약 주가가 하락하면 예치금은 반환된다. 이와 반대의 상황도 가능하다. 가격이 하락하는 경우 발행일 결제 증권의 매수인이 예치금을 지급해야 할 수 있다.

공공유틸리티 지주회사들

1935년 공공유틸리티지주회사법이 제정되었다. 이 법으로 인해 공공서비스를 제공하는 기업은 상당 부분 철도 기업과 비슷한 방식으로 구조조정이 진행되었다. 특히 이들 기업이 재정적인 어려움을 겪고 있었다는 점이나 자본구조를 변경했다는 점이 철도 기업과 비슷하다. 다만 법에 따른 강제분할이었다는 점은 다르다. 공공유틸리티 지주회사 구조조정에 대한 투자 역시 '부분이 전체보다 가치 있다'는 개념이 적용된다. 투자자가 감수하는 위험이 클수록 투자수익도 컸다.

당시 공공유틸리티 지주회사는 수익성, 사업, 자산에 대한 정보를 거의 얻을 수 없었다. 가치가 높은 자산이 감춰져 있던 경우가 많았다. 시장은 공공유틸리티 기업의 수익과 자산가치를 낮게 평가하는 경향이 있었다. 잠재적 성장성이나 내재가치는 무시되었고, 나아가 공공유틸리티 지주회사의 자회사들은 모기업의 지배를 받으면서 모기업이 원하는 수준의 성과에 안주했다. 이런 이유로 공공유틸리티 지주회사의 증권 가격은 실제 가치와 큰 괴리를 보였던 것이다. 이후 증권거래위원회는 상세한 보고서를 공시하도록 하였다. 덕분에 투자자는 분할되어 독립한 기업의 진정한 가치를 예상할 수 있었다.

강제분할되는 몇몇 기업의 세무적인 지위도 매력 포인트였다. 예를 들어 공공유틸리티 지주회사인 아메리칸 파워앤라이트는 보유한 포틀랜드 가스앤코크의 지분을 분할계획에 따라 분배해야 했다. 이때 국세청은 포틀랜드 가스앤코크의 이연손실이 주당 69.87달러에 달한다고 결정했다. 차익거래, 헤지 투자자들이 예상치 못하게 횡재를 얻은 셈이었다. 국세청의 결정에 따르면 분할계획에 따라 포틀랜드 가스앤코크의 주식을 받은 투자자들은 주당 1.87달러의 세액공제를 받을 수 있었다. 세금을 많이 내야 하는 투자자들은 아메리칸 파워앤라이트의 주식을 매수해 얻어질 세액공제를 더욱 유용하게 이용할 수 있었다. 심지어 세액공제가 투자의 주된 동기인 경우도 있었다.

오늘날은 모기업과 자회사 모두 정보가 많이 공개된 편이다. 공공유틸리티 지주회사들이 구조조정되고 강제분할되던 시절 겪었던 어려움은 존재하지 않는다. 여기서 과거 공공유틸리티 지주회사 분할을 다루는 주된 이유 역시 오늘날에도 적용할 수 있는 거래기법이나 관점을 알려주기 위함일 뿐이다. 아래에서 설명할 공공유틸리티 지주회사인 커먼웰스앤서던Commonwealth & Southern의 각종 표를 통해 분할을 분석하는 특수상황투자자의 관점을 파악해보자.

커먼웰스앤서던 자본구조	
1951년 9월 15일 만기인 2.125% 은행 부채	3,000,000달러
* 6달러 확정배당금을 지급하는 우선주 (상환예정부채 110달러)(발행한 총수)	1,441,247
보통주(발행한 총수)	33,673,328
워런트(발행한 총수)	17,588,956
* 1949년 7월 1일 기준 미지급 배당금. 상환권 행사시 주당 상환금 110달러	

보통주와 우선주에 분배되는 가치

분할 및 청산계획에 따르면 6달러의 확정배당금을 지급하는 커먼웰스앤서던의 우선주 1주는 컨슈머스 파워의 보통주 2.80주, 센트럴 일리노이 라이트의 보통주 0.55주로 교환되었다. 보통주 1주는 서던Southern Company의 보통주 0.35주, 오하이오 에디슨의 보통주 0.06주로 교환되었다. 아래의 표는 각 주식에 분할 수 예상가치를 정리한 것이다. 워런트에 대해서는 아직 교환 조건이 정해지지 않았다.

6달러 우선주에 대한 분배	주식수	주당 예상가치	총 예상가치
컨슈머스 파워	2.80	(a) 33.00달러	92.40달러
센트럴 일리노이 라이트	0.55	(b) 32.00달러	17.60달러
현금배당 우선주 1주당 총 예상가치			1.00 달러
우선주 1주당 총 예상가치			111.00달러

(a) 뉴욕증권거래소의 가장 최근 소수지분 거래 가격에 근거함
(b) 1949년 5월 31일 기준, 주당 순이익 2.98달러에 10.75의 배수를 곱한 가치

보통주에 대한 분배	주식수	주당 예상가치	총 예상가치
서던	0.35	(c) 8.25달러	2.89달러
오하이오 에디슨	0.06	(d) 28.50달러	1.71달러
보통주 1주당 총 예상가치			4.60달러

(c) 1949년 5월 11일 기준, 주당 순이익 1.07달러에 약 8배를 곱한 가치
(d) 뉴욕증권거래소의 가장 최근 소수지분 거래 가격에 근거함

투자기법과 거래기법

분할의 특수상황에 대한 투자기법은 공공유틸리티 지주회사의 분할 시기에 발전했다. 공공유틸리티 지주회사의 분할은 강제적이었기에 확실한 것이었고, 이 무렵 증권거래위원회가 상세한 보고서를 공시하도록 한 덕분에 투자수

익 역시 상당히 합리적으로 계산해볼 수 있었다. 투자수익을 계산한 투자자는 모기업의 장부에 기재된 것보다 분할되는 자회사 가치의 합이 더 높다는 것을 알 수 있었다. 즉 지주회사 주식의 가치가 할인되어 거래되고 있었던 것이다. 물론 분할되는 기업의 가치가 낮을 것이라는 의견이 반영된 것일 수도 있다.

공공유틸리티 지주회사의 분할에 대한 기본적인 투자 절차 역시 다른 구조조정 사례와 마찬가지다. (1)증권교환을 예상하고 모기업의 구 증권을 직접 매수하고, (2)절차가 끝나기 전에 구조조정으로 받을 신규 증권을 매도해 헤지 포지션을 구축하면 된다.

위 커먼웰스앤서던의 표에서 보듯, 어떤 자회사의 주식은 이미 상장되어 거래 중이기도 했다. 상장되어 있지 않더라도 충분히 가치평가가 가능했다.

자회사의 주식이 거래되는 상황에서 헤지 포지션을 구축하기 위해서는 추가로 배당에 대한 고려가 필요하다. 헤지를 위해 자회사 주식을 공매도하면, 여기에 지급될 배당금도 나중에 함께 지급해야 한다. 그러므로 모기업의 증권과 교환해서 받을 증권 패키지의 가치에 배당금이 포함되었더라도, 아예 지급해야 할 비용으로 생각하는 게 좋다.

공공유틸리티 기업분할 시대에 사용한 방법은 오늘날에도 분할되는 기업에 투자할 때 유용하게 쓰인다. 공공유틸리티 분야에 존재하는 오하이오 에디슨, 서던, 미들 사우스Middle South Company, 유니언 일렉트릭, 뉴잉글랜드 일렉트릭 시스템, 듀케인 라이트Duquesne Light Company, 마운틴 스테이츠Mountain States Power 및 다른 많은 우량기업은 모기업에서 분할되어 생겨난 기업이다. 이런 배경을 공부했나면, 오늘날의 투자자는 기업의 분할을 지금까지 모기업이 보유하였거나 거래할 수 없었던 훌륭한 기업에 투자할 소중한 기회로 여겨야 한다. 분할되는 기업이 해당 산업에서 이미 성숙한 기업이라고 하더라도 마찬가지다. 모기업의 간섭이나 영향으로 충분한 성장성을 보여주지 못한 것일지도 모르기 때문이다. 이런 기업이 독립하면 성장성이 빛을 발하고 투자자들이 주목하게 될 것이다.

공공유틸리티 지주회사 분할의 특수상황에 대한 요약

(1)위 커먼웰스앤서던의 표를 검토할 것. 이를 통해 현재 무엇이 존재하고 미래에 무엇을 예상할 수 있는지 확인해보라.

(2)교환받을 증권의 가치를 시장가나 나름의 가치평가 기법을 사용해 평가하라. 가치평가 기법은 순이익, 배당 등을 참고할 수 있다. 주주총회소집통지서나 투자설명서도 참고할 만한 자료다.

(3)분할될 '모든 부분all the parts'의 총합을 구하라. 여기에 모기업의 증권을 매수하는 데 드는 비용을 빼면, 투자수익을 구할 수 있다. 이때의 비용엔 수수료, 인지대, 지급해야 할 배당금도 포함되어야 한다.

(4)예상되는 투자수익을 원금으로 나누면 수익률을 알 수 있다.

(5)가장 최근의 가격으로 다시 평가하라. 특수상황이 효력을 발생하기까지 시간적인 차이가 있는 경우가 많다. 이 사이에 가격이 더 올랐을지도 모른다.

(6)상황 전개에 따라 가치가 더해지거나 감소할 수 있으므로 유의하라. 세금 또는 법률 문제, 특수상황의 지연 등으로 인해 이런 일이 생길 수 있다. 특히 세금을 많이 내는 투자자에게는 세금이 드는 구조조정투자의 비용은 더욱 클 수 있다. 절대 세금 문제를 과소평가해서는 안 된다. 한편 세금이 환급되거나 기타 유리한 세금 이슈가 생길 수도 있다. 그러면 투자 기회가 더욱 매력

적이게 될 것이다.

요약

오늘날에도 쓸 수 있는 과거의 투자기법을 살펴보았다. 공공유틸리티 기업의 구조조정은 장기투자의 기회가 될 수 있고, 단기 거래를 통한 수익 기회가 될 수도 있다. 다른 특수상황 분야와 마찬가지로 예상치 못한 가치가 발견되거나 세금 이슈로 인한 횡재도 있을 수 있다. 구조조정을 분석할 때는, 예상치 못한 이익이 있을 수 있다는 점도 생각해야 한다.

과거에 있었던 정보의 부족 문제는 해결되었다. 오늘날엔 정보를 쉽게 찾을 수 있다. 분할의 특수상황은 더욱 자주 발생한다. 공공유틸리티 구조조정 시대를 공부해 얻은 거래기법과 노하우를 오늘날의 기업 구조조정에 적용해 보자.

오늘날의 사례

회생절차의 종료, 구조조정, 신주인수권 : 튜즈데이 모닝Tuesday Morning Corp, TUESQ

튜스데이 모닝TUEM, 당시 TUESQ (미국 상장사가 파산절차를 밟고 있는 경우 해당 회사의 티커Ticker 뒤에는 'Q'가 붙습니다. 상장기업이 파산절차를 받는다고 하여 반드시 상장폐지가 되는 것은 아닙니다)은 미국의 회생 절차(챕터11)를 잘 활용하여 결국 주주들에게 큰 이익을 안겨준 사례입니다. TUESQ는 가구, 가정용품, 식품, 생필품, 장난감에 이르기까지 다양한 제품을 판매하는 할인마트입니다. 이 기업은 제조업체로부터 직접, 혹은 파산하는 제조업체의 재고떨이를 통해 대폭 할인된 가격에 상품을 구매하고 이를 약 500개 오프라인 매장에서 판매합니다. 자연스럽게 TUESQ 매장은 일반 쇼핑몰과는 차별화되게 구색이 다양한 동시에 중구난방이란 느낌이 있으나 가격은 매우 저렴한 편입니다. 따라서 TUESQ를 찾는 고객들은 특정 상품을 사러 오는 경우도 있지만, 목적 없이 매장을 방문하여 생각하지 못했던 생필품들을 매우 싸게 구매하며 보물찾기와 같은 경험을 하게 됩니다.

다른 리테일 쇼핑몰과 같이 TUESQ는 코로나19 바이러스가 처음 확산되던 시기에 일시적으로 모든 매장을 폐쇄해야 했고, 결국 TUESQ는 2020년 5월 27일에 자발적으로 회생절차(챕터11)를 신청하게 됩니다. 이 회생절차 신청의 목적은 당시 매우 부담스러웠던 운용 리스 부채를 상당 부분 취소하는 것이었습니다. TUESQ는 1억 달러의 회생자금대출DIP(Debtor-in-Possession) Financing을 확보할 수 있었습니다.

또한 TUESQ는 회생절차 중 구조조정을 통해 매장들을 재편할 수 있을 것으로도 기대하였습니다. 실제로 TUESQ는 재무 및 구조조정 고문의 도움으로 철저하고 포괄적인 매장별 분석을 받은 뒤 687개 매장 중 약 230개 매장을 폐쇄하고 실적이 우수한 매장에 집중했습니다. 매장 폐쇄 절차는 2020년 여름부터 진행되었으며, 그 첫 단계로 파산법원에 최소 132개의 지점과 피닉스에 소재한 회사의 유통센터를 폐쇄하는 계획의 승인을 요청했습니다. 이 과정에서 TUESQ는 남아있는 대부분 지점들의 임대료 재협상도 시도하게 됩니다.

회생절차 중에 주주들의 이익을 대변하는 주주위원회도 두 번의 실패 끝에 구성되었고 (사실 파산이나 회생절차에서 주주위원회가 승인되는 경우는 드물다고 할 수 있습니다. 회생절차를 밟는 대부분의 기업은 채권단이 가진 부채를 상환하기도 모자란 재원을 갖고 있으며, 부채상환 부족분은 주식을 발행하여 충당하기 때문에 기존 주주들은 회생절차에서 주식이 극심하게 희석되어 주주위원회 구성 자체가 무의미하게 되기 때문입니다) TUESQ 회생절차를 담당한 판사 역시 이례적으로 "주주들이 의미 있는 분배를 받을 가능성이 크다는 확신이 있다"고 언급했습니다.

TUESQ는 11월 5일 본사와 창고를 6,000만 달러(이후 7,025만 달러로 상승)에 매각 후 자신이 임차하는 내용으로 구조조정 수정안을 제출했습니다. TUESQ는 1억 1,000만 달러의 신용을 확보했고, 오스뮴 파트너스Osmium Partners로부터 지원Backstop, 기존주주가 청약하지 않은 지분을 모두 인수하여 유상증자를 지원을 해주겠다는 확약을 받았습니다. TUESQ는 4,000만 달러의 유상증자를 할 것이며, 주주에게는 2,400만 달러, 오스뮴에게는 1,600만 달러를 배정하고, 실권주는 오스뮴이 모두 매입할 것이라고 했습니다. 유상증자 가액은 보통주 주당 1.10달러입니다. 지원의 대가로 오스뮴은 5%의 수수료를 받게 되는데, TUESQ는 TUESQ의 주식 및 유상증자 가격의 150%에 해당하는 가격으로 인수할 수 있는 1,000만 개의 신주인수권증서를 지급함으로써 수수료를 대신할 수 있습니다. 이렇게 투자자가 신주인수권에 안전장치를 제공하는 상황은 좋은 특수상황인 경우가 꽤 있습니다. 오스뮴 역시 회생절차에 들어간 TUESQ의 주식 가격이 신주인수권 가격을 감안할 때 매우 저렴하다고 느낀 것입니다.

TUESQ는 팬데믹 이후 2021년에 EBITDA 기준 4,000만 달러의 수익을 내, 3,200만 달러의 현금 유동성을 확보할 것으로 예상하고 있습니다(TUESQ는 설비투자 비용을 줄인다고 합니다). TUESQ는 팬데믹 이전인 2019년엔 2,000만 달러의 EBITDA를 기록한 바 있습니다. 그러므로 EBITDA의 상승은 주로 비용 절감을 통해 이루어질 것으로 보입니다. TUESQ는 2022년까지 임대료, 물류비 및 인건비를 크게 줄일 계획입니다. 연간 비용을 총 4,000만 달러까지 절감할 수 있다는 발표도 하였습니다.

회생절차를 졸업할 것은 명백했고, 신주인수권으로 인한 주식희석, 끝나지 않을 듯한 코로나로 인한 영업 악화 등의 장애물을 고려한다고 해도 TUESQ

의 주식은 매우 낮은 가격에 시장에서 거래되고 있었습니다. 직접적으로 비교하기엔 무리가 따르지만 참고로 티제이 맥스TJ Maxx, 로스 스토어스Ross Stores와 같은 비슷한 콘셉트의 리테일 회사들은 당시에도 EBITDA의 15, 16배에 거래가 되고 있는 반면 TUESQ는 약 3배에 거래되고 있었습니다. 여기에 더불어 TUESQ는 1억 4,000만 달러 상당의 영업손실에 따른 법인세 자산Net Operating Loss, NOL을 보유하고 있어 향후 창출한 이익에 절세효과도 기대할 수 있었습니다. NOL의 경우 최대주주의 변동이 있을 시 사용할 수 없게 되는데 이러한 룰에 저촉되지도 않는 상황이었습니다.

결국 TUESQ는 TUEM으로 회생하게 되었고, 파산절차에 들어가면서 시장에서 무분별하게 낮은 가격으로 팔리고 외면되었던 주가는 다시 시장참여자들의 주목을 이끌며 주당 5달러까지 치솟았으며, 현재 3달러 수준에 자리해 있습니다. 만약 오스뮴의 신주인수권 지원 가격(1.1달러)이 공개되었을 때 투자하였다면 불과 6개월 사이 2~3배의 수익을 가져갈 수 있었던 특수상황이었습니다.

우리나라에의 적용

우리나라에서 기업이 회생절차개시를 신청하거나 파산신청을 하면 곧바로 관리종목으로 지정되며 거래도 정지됩니다. 그러므로 회생 또는 파산절차 진행 중 이런 절차를 졸업할 것을 예견하고 투자하기는 쉽지 않을 것입니다. 다만 거래가 정지된다고 하더라도 장외거래는 가능하므로 이를 이용해 볼 수는 있습니다.

한편 관리종목으로 지정되기는 하나 그렇다고 거래정지가 되지 않는 때도 있습니다. 매출액이나 거래량이 미달하거나 코스닥시장의 경우 4년 연속 영업적자가 나는 경우가 그 예입니다.

우량기업일지라도 단순히 관리종목 지정 요건에 해당되어 관리종목에 지정되면, 이 사실만으로도 주가는 하락합니다. 관리종목으로 지정되었다는 사실이 두려워서 파는 예도 있고, 일부 기관투자자는 내부적인 준칙에 의하여 관리종목을 매수하지 못할 수도 있습니다. 그러나 기업이 우량하다면 대체로 관리종목에서 졸업하곤 합니다. 우량한 유·무형자산을 보유한 국순당이 그 예입니다.

관리종목은 아니나 너무나 거래량이 부족하여 30분마다 단일가로 거래되는 종목도 있으며, 우선주 등에서 쉽게 발견할 수 있습니다. 이런 종목도 일정한 요건이 충족되면 단일가에서 해제되며, 이 사실만으로도 거래량이 더 늘고 주가 역시 긍정적인 영향을 받곤 합니다. 단일가 지정은 미리 예고되며, 여러 이유로 단일가 지정에서 벗어날 수도 있으므로, 이를 기대하고 투자하는 것도 가능한 방법입니다.

제13장
자본구조의 변경

자본구조의 변경은 기업의 자본구조를 변경하는 기업활동이다. 기업의 자본구조는 마치 민감한 체중계처럼 증권에 많은 영향을 미친다. 자본구조의 변경은 발행된 증권의 수량을 재조정해야 하므로, 증권의 지위, 권리, 우선권 등이 침해될 수 있다. 따라서 권리가 보호될 수 있도록 절차를 따라야 한다.

앞서 이미 인수, 합병, 구조조정을 신속히 하기 위한 수단으로써의 자본구조의 변경을 다루었다. 이 장에서는 자본구조의 변경 그 자체를 다룰 것이다. 자본구조의 변경 자체만을 이용해 투자수익을 얻을 수 있기 때문이다. 예를 들어 제너럴 뱅킹은 8달러의 확정배당금을 지급해야 하고 미지급 누적배당금이 18달러에 달하는 우선주를 소멸시키는 자본구조 변경을 진행했다. 제너럴 뱅킹은 이를 위해 우선주를 매입하고 다른 채권으로 교환해주었다. 이 과정에 투자수익의 기회가 있었다. 이 특수상황에 투자한 투자자는 주당 121.50달러 수준을 넘는 이익에 9달러의 현금도 받을 수 있었다.

아래의 조건이 있는 경우 자본구조가 변경될 가능성이 높다.

1. 수익사채의 이자, 우선주의 배당금이 미지급되어 있다.
2. 많은 배당금이나 높은 이자를 지급해야 하는 증권이 발행되어 있다.
3. 한 종류의 증권이 너무 많이 발행되어 기업이 부담을 안고 있다.

아래는 자본구조 변경의 목적이다.

1. 재무적인 어려움에서 벗어난다.

2. 내부 전략에 따라 자본구조를 변경한다.

3. 세무적인 이익을 얻는다.

4. 현재 낮아진 이자율의 이점을 취한다.

5. 신용도를 높인다.

6. 파산의 위험을 피한다.

7. 인수와 합병의 속도를 높인다.

우선주의 배당금이 누적되거나 수익채권의 이자가 쌓이면, 자본구조 변경을 염두에 두어야 한다. 이런 기업들이 잘 운영되고 있었을 리 없다. 이런 기업의 실적이 회복되어 현금이 쌓이면, 자본구조를 변경할 때가 무르익게 된다. 미지급금을 청산하려 할 것이기 때문이다. 이 과정에서 투자수익의 기회가 찾아온다. 투자는 미지급금 청산이 예상될 때나, 구체적인 계획을 발표했을 때 시작하면 된다. 아래의 표는 현재 우선주가 발행되어 있고, 미지급 배당금이 누적된 기업들을 정리한 것이다.

기업명	발행 우선주의 배당률, 성질	주당 누적된 미지급 배당금	발행주식의 수	미지급 기준 시점
아틀라스 (Atlas Corporation)	8%, 누적적	0.75달러	678,000	1963.12.15
에이에스백슈 (A. S. Beck Shoe Corporation)	4.75%, 누적적	15.45달러	89,000	1965.12.1
커더히 팩킹 (Cudahy Packing Company)	4.5%, 누적적	17.00달러	100,000	1965.10.15
커티스 퍼블리싱	주당 3, 4달러, 선순위	11.25달러	354,000	1966.1.1

커티스 퍼블리싱	주당 0.50~ 1.50달러	2.70달러	239,000	1968.1.1
이스턴 스테이츠 (Eastern States Corporation)	주당 7달러, A종류주	110.35달러	13,000	1966.2.1
이스턴 스테이츠	주당 6달러, B종류주	94.50달러	16,000	1968.2.1
엔디콧 존슨(Endicott Johnson Corporation)	4%, 누적적	2.00달러	22,000	1968.1.1
에릭 포지앤스틸 (Eric Forge & Steel)	6%, 1순위	3.15달러	137,100	1965.11.1
이리 래커워너 철도	5%, 3전환상환. A종류주	15.00달러	125,000	최대치까지 쌓임
가르 우드 인더스트리 (Gar Wood Industries)	4.5%, 전환	2.51달러	61,000	1966.11.10
호에 아이알유앤컴퍼니 (Hoe IRU & Company)	31 A종류주	7.22달러	449,100	1966.1.15
라구나 니구엘 (Laguna Niguel Corporation)	0.30달러, A종류주	3.00달러	765,100	1966.1. 1
모노 철도 (Monod Railroad)	5%, 참가적 A종류주	2.31달러	40,000	1964.12.31
오일타운 (Oil Town Corporation)	0.40달러, 누적적	2.10달러	265,000	1965.12.31
피츠버그 스틸 (Pittsburgh Steel Company)	5.5%, 선순위	13.75달러	197,000	1965.12.1
피츠버그 스틸	5%, A종류주	25.00달러	45,000	1965.12.1
시몬스 보드맨 (Simmons- Boardman)	3달러	15.00달러	39,000	1965.12.1

우선주 중에는 발행 기업에 매도청구권(보유자를 상대로 기업이 현금을 지급하고 상환을 요청할 수 있는 권리)이 없는 우선주가 있다. 이 우선주가 부담스럽다면, 자본구조의 변경만이 유일한 해결책일지도 모른다. 간혹 자회사와 합병해 해결하는 방법도 있다. 유에스 스틸이 이런 방법을 써 매도청구권이

없는 데다가 배당금도 많이 지급해야 했던 옛날 주식을 없애고, 자본구조를 새로 짰다.

한 종류의 주식이 유독 기업에 부담을 많이 주기도 한다. 공격적인 인수를 하는 기업이 이런 부담을 잘 느낀다. 이런 기업은 인수, 합병 도중 진행을 멈추고 자본구조를 변경하기도 한다. 링템코보우트가 그런 사례다. 이 기업은 보통주 총수를 줄이려 보통주 주주에게 3주당 15달러의 현금과 B종류주를 교환해주겠다고 제안했다.

보통주와 우선주를 가진 기업은 세무적인 목적으로 자본구조를 변경하기도 한다. 즉, 우선주가 우선적인 배당금을 받을 권리가 있는 주식이라면, 아예 채무로 처리하는 것이 어떨까 하는 생각에서다. 배당은 세금을 낸 후 주주에게 분배되는 과실로 비용처리가 불가능하지만, 이자는 비용처리가 가능하다. 아덴 팜스Arden Farms가 이 아이디어를 실행했다. 우선주를 6% 후순위 수익채권으로 교환한 것이다. 스탠더드 패키징Standard Packaging Corporation도 후순위채권과 교환해 2종류의 우선주를 없앴다.

기업은 당연히 되도록 낮은 비용으로 자본을 조달하려 한다. 이자율이 낮은 시기에 이런 시도가 활발히 벌어진다. 이런 시도 역시 자본구조 변경의 일종에 해당한다.

기업은 채권의 양을 줄여서 신용등급을 개선하기도 한다. 채권을 우선주나 보통주로 교환하고, 이자를 배당으로 바꾸면 이런 일이 가능하다. 메릿채프먼앤스콧은 성공적으로 5% 채권을 주식으로 교환해 부채를 자본으로 바꾸었다. 아메리칸 일렉트로닉스American Electronics 역시 비슷한 일을 해냈다. 이 기업은 5.25%의 채권을 액면가 1,000달러당 6%의 전환우선주 100주로 교환해 파산의 위험에서 벗어났다. 아메리칸 일렉트로닉스는 자본구조 변경 덕분에

150만 달러에 달하던 적자를 탈피해 92만 3,221달러의 순이익을 냈다.

자본구조 변경의 가장 흔한 사례는 자사주 매입이다. 주된 유형만 알면, 왜 자사주 매입에서 투자수익을 얻을 수 있는지 알 수 있다. 나우텍과 클레바이트Clevite Corporation 자사주 매입을 공부해보면 좋다. 어떤 기업은 자사주 매입을 미리 공표하기도 한다. 내려가는 주가를 떠받치려는 의도에서다. 자사주 매입은 어떤 중요한 기업활동을 암시하는 단서가 되기도 한다. 자사주 매입, 모기업의 주식이나 다른 기업 주식의 매입이 종종 인수, 합병으로 이어지곤 하기 때문이다. 자사주 매입을 통해 단서를 얻어 인수, 합병이 발표되기 전에 투자에 들어갈 수도 있다. 만약 이미 해당 기업의 주식을 보유하고 있다면, 자사주 매입을 통해 무언가 일이 벌어질 것을 눈치채고, 잘못된 타이밍에 미리 파는 실수를 줄일 수도 있다.

소수주주를 축출하기 위해 자사주 매입을 하기도 한다. 글렌 올던Glen Alden Corporation, 캐널랜돌프Canal-Randolph, 트루 템퍼True Temper, 링템코보우트 등이 대표적인 사례다. 스톡옵션을 지급하는 기업이 많은데, 이 역시 자사주를 매입해 보유한 주식으로 지급하는 것이 새로 주식을 발행해 지급하는 것보다 낫다. 거대 기업이 보통 그렇게 진행한다.

자본구조의 변경은 어떻게 진행되는가

자본구조 변경의 절차는 아래와 같다.

1. 새로운 증권의 발행

새로운 증권은 회사채, 수익사채, 차용증서, 우선주, 보통주 등이다. 제이엘

케이스는 사채를 7%의 우선주로 바꾸어준 사례다. 새로운 증권이 발행되면, (1)지분율의 변동에 따라 비례적인 지위에 어떤 영향을 미치는지, (2)신주인수권과 같은 권리가 사라지지는 않는지, (3)배당이 삭감되거나, 이자를 받을 권리가 후순위로 밀리지는 않는지 등을 살펴야 한다. 다이볼드Diebold, Inc.에서는 주주가 신주인수권을 포기하는 계획을 승인하는 일도 있었다.

2. 증권 및 현금 패키지의 교환

(이 장의 앞부분에서 설명한) 제너럴 뱅킹이 사채와 5달러의 현금을 제안한 것처럼 채권과 현금이 하나의 단위로 묶여 교환의 대상이 될 수 있다.

3. 미지급된 배당이나 이자 대신 증권 지급

배당이나 이자 대신 차용증서나 보통주를 지급하는 경우가 많다. 로 호에 앤컴퍼니R. Hoe & Company는 A종류주의 미지급 배당금이 누적되어 있었는데, 이를 후순위인 B종류주로 바꿔주었다. 회사채 중엔 감채기금을 조성해 조금씩 회사채를 매입하는 조건이 있는 예도 있다. 자본구조가 변경되면 기업의 이자, 배당금 부담이 줄어든다.

감채기금을 재원으로 하여 회사채가 줄거나, 기업이 시장에서 우선주를 매입하면 투자수익의 기회가 생긴다. 회사채엔 원금이 기재되어 있다. 그러므로 만약 이보다 낮은 가격에 사는 건 좋은 기회다. 기업의 실적이 개선되면 만기에 앞서 돈이 지급되기도 한다. 또한, 기업이 감채기금을 운용해 회사채를 매입하면, 그만큼 시장에 유통되는 물량이 줄기 때문에 어느 정도 하방이 지지된다.

4. 추가적인 증권의 발행

유통되는 증권의 수를 늘려 유동성을 확보하기 위해 추가 발행할 수 있다. 물론 유동성이 충분해도 추가적인 증권을 발행할 수 있다. 시카고앤이스턴일리노이 철도는 보통주를 추가 발행해 액면가가 40달러인 A종류주를 교환해 주었다. 교환 당시 A종류주의 가격은 20.87달러였다. 교환되지 않은 A종류주는 이후 상환되어 소멸되었다. 팬 딕시 시멘트Penn Dixie Cement Company 역시 추가로 보통주를 발행해 전환우선주에 쌓인 미지급 배당금을 해결했다. 추가적인 증권이 발행되는 때는 기존 증권의 희석 가능성을 조심해야 한다.

5. 현금으로 미지급 배당금을 지급

실적을 보면 미지급 배당금을 지급할 것을 예측할 수 있다. 이때 미리 증권을 사두면 미지급 배당금을 받아 투자수익을 올릴 수 있다. 아틀라스가 실적이 개선되어 누적된 우선주 배당금을 지급한 사례다. 기업이 우선주를 시장에서 매수할 때도 투자수익의 기회가 있다. 우선주가 없어지면 보통주의 배당금 지급도 쉬워진다. 현금으로 미지급 배당금을 지급할 때는 그 현금이 자산을 매각해서 나온 것은 아닌지 살펴야 한다. 이런 경우라면 배당금이 지급되더라도 실적이 나아져서 지급되는 것만큼 좋은 현상이라 할 수 없다.

분석

자본구조가 변경되어 증권의 가치가 어떻게 달라지는지를 분석해야 한다. 예를 들어 자본구조의 변경으로 재정이 나아졌나? 단순히 높은 순위의 증권이 소멸되었을 뿐인가? 객관적으로 재정이 회복되고 신용이 향상되었나? 등을 확인해야 한다.

자본구조의 변경 전과 후를 비교해 이자의 규모, 요구되는 배당의 수준 등을 살펴보면 된다. 이런 정보는 투자설명서, 언론보도, 기업의 공식적인 발표 및 증권거래위원회의 보고서 등에서 찾을 수 있다. 자본구조 변경이 있을 때를 기준으로 전과 후 각 2년 동안의 손익계산서와 재무상태표를 비교하는 것을 추천한다. 그러면 자본구조의 변경이 얼마나 긍정적인 영향을 미치는지에 대해 대강 알 수 있을 것이다.

10개의 질문

자본구조의 변경으로 재정이 나아졌는지 이외에도 자본구조 변경 계획 그 자체를 평가해볼 수 있다. 아래와 같은 질문을 해보면 좋다.

1. 해당 계획이 특정 증권에 불이익을 주지는 않는가?

자본구조 변경안을 검토해 새로 발행될 증권뿐만 아니라 기존 증권의 희석이나 우선적 지위의 변화를 살펴보아라. 갑자기 권리가 사라질 수도 있다. 권리를 계속 행사할 수 있는지를 확인하라. 더 높은 순위의 우선주가 발행되어 기존 우선주의 순위가 뒤로 밀리는 일도 있다. 만약 그런 일이 발생하면, 주주는 보유 증권에 대한 '공정한 가치'를 주장할 수도 있다(제9장 주식매수청구권 참고).

2. 자본구조의 변경이 눈속임에 불과하지는 않은가?

기업이 단순히 어떤 장애나 불편함을 없애기 위해 자본구조를 변경하는 것이라면, 주주의 지위가 손상될 수 있다.

3. 자본구조의 변경이 재무적인 부담을 해소하는가?

이자와 배당의 비율을 조정하면 재무적인 부담을 덜 수 있다.

4. 누가 제안했는가?

(1)현재 경영진, (2)채권은행들, (3)반대파, (4)채권자협의회 등이 자본구조 변경을 추진하는 주체다.

5. 자본구조 변경안이 통과되지 않을 수 있는가?

대주주가 자본구조의 변경을 제안했다면, 통과 가능성이 크다. 그러나 대주주의 이익에 반한 제안이라면, 취소되거나 연기될 수 있다. 헤이우드 웨이크필드Heywood Wakefield에서는 주주의 40%가 반대해 자본구조 변경안이 부결되었었다. 공시자료를 검토해 의결권의 분산 정도를 확인하라.

6. 자본구조 변경안이 통과되기 위해 초다수결이 필요한가?

간혹 단순과반을 넘어 더 큰 비율의 찬성이 필요한 때가 있다. 단순과반은 비교적 순조롭게 얻을 수 있지만, 2/3 또는 그 이상의 찬성을 얻는 건 어려운 일이다.

7. 채권자협의회가 자본구조의 변경에 어떤 의견을 가지고 있는가?

해당 협의회는 구성된 목적에 따라야 한다. 이들이 보호하려는 증권의 이해관계를 대변해야 하는 것이다. 채권자협의회는 채권자를 보호할 수 있고,

이를 통해 정보도 얻을 수 있지만, 어떤 땐 성가신 존재가 되기도 한다.

8. 반대파는 누구인가?

반대파가 있다면, 반대의 근거가 무엇인지 알아보라. 해당 기업 또는 증권 거래위원회의 보고서에서 정보를 얻을 수 있다. 반대파는 대부분 어떤 근거를 가지고 반대를 하지만, 별것 아닌 법적 문제를 오해해 반대하기도 한다.

9. 자본구조 변경안이 통과되는 데 얼마나 많은 시간이 필요한가?

논의가 늘어지고 지연된다면, 그 안이 통과되지 못할 가능성이 클뿐더러 기회비용을 잃게 된다.

10. 투자하려는 증권이 자본구조 변경 후 이익을 얻을 것으로 예상하는가?

가격과 가치를 비교해보라. 섣부른 희망이나 기대는 금물이다.

투자에 진입하는 시점

유형에 따라 자본구조의 변경에 투자하는 시점이 달라질 수 있다. 투자하는 기간이 길어지는 건 세금이 부과되는 것과 마찬가지다. 일찍 투자에 들어가면 투자수익의 크기가 크지만, 자본구조 변경안이 다 나온 뒤에 투자에 뛰어들면 투자수익을 얻기 어렵다. 그러나 계획은 종종 지연되게 마련이다. 그러므로 일찍 투자에 진입하지 못한 특수상황투자자도 시간적 여유를 가지고 진행을 면밀하게 관찰하면 좋다.

미지급 이자나 누적된 배당금을 소멸시키는 자본구조 변경의 경우, 명확히 계획이 나오기 전에 투자를 시작할 수 있다. 계획이 나오기 전 단계에서 투자하려는 투자자는 뉴스나 기업의 보고서를 통해 실적 개선을 잘 살펴야 한다. 앞서 언급한 아틀라스에 이런 식의 투자가 가능했다. 이 기업의 우선주 1주에 쌓인 미지급 배당금은 1달러였고, 우선주의 가격은 15달러였다. 한편 보통주의 가격은 2달러 선이었다. 이 기업은 상당한 수준으로 실적이 개선되었고, 이후 누적된 우선주 배당금을 소멸시키는 작업에 나서겠다고 발표했다. 이에 우선주 1주마다 25센트의 미지급 배당금을 지급하기 시작했다. 덕분에 보통주가 4달러 선으로 오르는 동안 우선주는 17달러까지 크게 올랐다.

기업이 기술적인 이유로 자본구조를 변경하려 하는 경우는 미리 예측이 어렵다. 당연히 단기투자밖에 할 수 없다. 이때는 (1)헤지 포지션을 잘 구축하고, (2)되도록 효력 발생이 임박한 시기에 투자하는 게 좋다.

액면분할

액면분할이나 주식배당도 흔히 일어나는 자본구조 변경의 유형이다. 액면분할 전에 투자하면 수익성이 높은 편이다. 그러나 액면분할은 주식의 가치와 무관하고 수량만 느는 것이므로 이에 투자하는 걸 특수상황투자라 할 수 있는지 의문이다. 액면분할과 더불어 배당금이 올라갈 것이라는 근거가 있다면 특수상황투자라고 할 수 있다. 또한, 액면분할이 유동성을 늘리거나 더 많이 주식을 분산시켜 상장요건을 맞추기 위한 목적인 경우도 주식의 가치에 긍정적인 영향을 주므로 특수상황투자라고 하겠다.

액면분할에서도 발행일 결제를 조건으로 거래할 수 있다. 즉, 액면분할이 진행되면 구주를 거래하는 시장과 발행일 결제를 조건으로 신주를 거래하는 시장이 생긴다. 이때 두 시장 사이에 가격 차이가 있다면 차익거래가 가능하다. 스토러 브로드캐스팅Storer Broadcasting Company에서 구주가 81.50달러이고, 발행예정인 신주가 41.75달러로 1:2의 액면분할 비율보다 격차가 벌어졌었다.

주가가 70달러 이상인 주식 중에서 액면분할 후보군을 찾을 수 있다. 한번 액면분할을 한 기업이 또 액면분할을 할 가능성도 크다. 뉴스, 금융정보 제공 서비스, 금융정보지 등에서도 잠재적인 액면분할 가능성을 찾아볼 수 있다. 잠재적으로 액면분할 가능성이 있는 주식의 명단은 제7장 거래기술 편에 있다.

요약

자본구조의 변경은 불균형한 자본구조를 바로잡고, 배당의 부담을 줄이며, 여러 문제를 없애기 위한 기업의 중요한 활동이다. 자본구조의 변경이 일어나는 조건은 명확하고, 투자수익 기회도 열려 있다. 실적 개선은 자본구조 변경 가능성을 알리는 단서다. 다른 단서로는 매도청구권이 없는 우선주, 높은 이율의 회사채 등 기업이 원치 않을 법한 증권이 존재하는 경우를 찾을 수 있다. 자본구조의 변경은 증권의 교환, 현금의 지급, 증권 및 현금 패키지의 교환 등의 형태로 가능하다. 이때 구 증권과 신규 증권을 비교해 투자 기회를 찾을 수 있다. 자본구조 변경에 투자하는 시점은 기회비용 측면에서 중요하다. 자본구조의 변경은 기업의 여러 증권에 영향을 줄 가능성이 있으므로, 여러 증권을 묶어서 매수하는 것도 고려해볼 만한 방법이다.

오늘날의 사례

자본구조 재조정: 큐레이트 리테일Qurate Retail, QRTEA

반복하지만, 특수상황투자의 가장 이상적인 방향은 좋은 기업을 특수상황에서 비롯된 낮은 가격에 매입하는 것입니다. 지금 소개드릴 QRTEA가 바로 그런 상황이었습니다. QRTEA는 미국 1위 홈쇼핑 네트워크로, 주로 30~50대 여성인 고정 타깃 고객에게 다양한 제품을 제공합니다. QRTEA는 특수상황투자자들이라면 꼭 관심있게 공부해야 할 미국 케이블TV 업계의 선구자인 존 멀론John Malone이 운영하는 리버티 미디어Liberty Media 컴플렉스의 계열사입니다. 존 멀론은 케이블TV뿐만 아니라 분할, 합병, 트래킹주식 발행, 레버리지의 현명한 사용과 같은 복잡한 구조와 수많은 기업활동을 이용하여 주주가치를 증대시킨 특수상황투자의 대가이기도 한데, 존 멀론의 특수상황투자 기회의 가장 대표적인 리버티 미디어 사례는 그린블라트의 ≪주식시장의 보물찾기≫에서도 소개되었습니다. 또 한 가지 재미있는 사실은 존 멀론이 오늘날 금융 업계에서 널리 사용되고 때로는 남용되는 EBITDA(이자, 세금, 감가상각 및 무형자산상각 전 수익) 개념과 용어를 처음으로 사용하였다는 것입니다.

현금창출 능력이 매우 뛰어난 QRTEA는 매년 거의 20억 달러의 OIBTDA(세금, 감가상각, 무형자산상각 전 영업이익)를 창출하며 2017년, 2018년 및 2019년에 각각 7억 6,500만 달러, 9억 8,700만 달러, 3억 9,200만 달러를 들여 공격적으로 자사주를 매입하였습니다. 자사주 매입은 당연히 QRTEA 주식이 저평가되어 있을 때 이루어졌으나 2018년과 2019년 사이 기업의 펀더멘탈이 차츰 악화되며(2018년부터 2019년 사이 매출은 4%, OIBTDA는 8% 감소) QRTEA 주식 가격은 계속 새로운 저점을 찾아갔습니다. 설상가상으로 2020년에 출시한 대부분의 제품라인에서 상대적으로 부진한 성과가 나타나는 듯하였으나 코로나19 바이러스로 인해 기업은 새로운 국면을 맞게 됩니다. 셧다운 조치로 인하여 QRTEA의 주 고객층은 셧다운이 없었다면 지출했을 가처분 소득을 QRTEA의 쇼핑 프로그램에 더욱 관여도 높게 지출하기 시작합니다. QRTEA의 OIBTDA는 2020년 1분기에 전년대비 17% 감소하였으나 2분기에는 10%, 3분기에는 24%씩 성장하게 됩니다.

물론 코로나로 인한 기업 펀더멘탈의 회복은 단기적일 수 있고 QRTEA

의 경영진도 이를 잘 알고 있습니다. 펀더멘탈과는 별개로 경영진은 주주이익을 극대화하는 매우 수준 높은 자본 배분가Capital Allocator들이며, 기업의 성과와는 별개로 2020년 8월 보통주당 1.50달러의 특별 현금배당금과 새로 발행된 8% 우선주의 0.03주의 특별 배당금을 지급한다고 발표했습니다. 경영진은 연간 시가 총액의 약 5%의 자사주 취득을 하며 주주이익 극대화를 꾀했으나 주가는 계속 하락하는 것에 좌절한 것처럼 보였고, 대신 주주에게 현금을 제공하고자 주주가 재무적 레버리지 혜택을 받을 수 있도록 조치한 것입니다. QRTEA는 OIBTDA에서 거의 20억 달러를 지속적으로 창출하고 향후 더 낮은 가격으로 추가 환매를 수행할 수 있어 부채비율이 증가하는 것에 대한 부담이 상대적으로 적었습니다. 기업은 당시 실질적으로 주주잉여현금흐름Free Cash Flow to Equity, FCFE이 약 10억 달러에 달했으므로 당시 QRTEA의 시장가격은 ~40%의 FCFE 수익률을 예상해야 설명할 수 있을 정도로 저렴하게 형성되어 있었습니다.

이 자본구조조정 발표 이후 QRTEA 주식을 매수했던 투자자들은 특별 배당금과 우선주를 받으면서 실질적으로 주당 약 6달러를 지불하고 대가로 주당 10달러 상당의 FCFE를 창출하는 기업을 갖게 된 것입니다. 또한 주당 약 10달러의 공정 가치는 QRTEA가 지속적으로 현금을 창출함에 따라 특별 배당금을 발행할 수 있는 추가 기회를 제공하기에 향후 더욱 높은 가치로 거듭날 가능성도 있습니다. 여기에 셧다운으로 인한 기업 펀더멘탈이 더욱 상승하자(2020년 9월까지 15억 달러의 잉여 현금 흐름을 창출했는데 지난해 같은 기간에는 불과 3억 9,000만 달러였습니다) QRTEA는 2020년 11월 또다시 보통주당 1.50달러(약 6억 2,500만 달러)의 또 다른 특별 배당금을 발표하고 4억 9,700만 달러의 승인을 받은 자사주 매입 프로그램을 시작했습니다.

본 사례는 유능하고 기민한 자본 배분가가 운영하는 기업에 외부요인으로 펀더멘탈이 호전되는 상황에서, 자본구조의 변경으로 인한 특수상황 기회에 주식을 저가로 매입할 수 있었던 매우 훌륭한 투자 기회였습니다.

우리나라에의 적용

우리나라에도 우선주가 다수 발행되어 있기는 하지만 해외와는 성격이 다릅니다. 해외의 우선주는 주로 채권적인 성격을 갖습니다. 확정 배당금을 지급해야 하고 만약 배당금을 지급하지 못하면 미지급 배당금이 누적되어 다음 해에 지급해야 합니다. 그러므로 이런 성격의 우선주가 많이 발행된 경우 기업의 재무적인 부담이 커지므로 우선주를 매입해 자본구조를 개선할 필요성이 있습니다.

그러나 우리나라의 우선주는 보통 보통주 배당금에 액면가의 1% 정도 배당을 더 주는 식의 우선주이고 배당을 지급하지 못해도 미지급배당금이 누적되는 것이 아니기에 상대적으로 기업의 재무적인 부담이 덜한 편입니다. 다만 간혹 쌍용양회와 같이 우선주를 공개매수해 상장폐지하려는 시도가 있을 때가 있습니다.

또한, 우리나라의 우선주는 의결권이 없고 거래량이 부족한 반면, 보통주에 비해 지급하는 배당금도 그리 크지 않으므로 보통주보다 낮은 가격에 거래될 때가 많습니다. 하지만 만약 기업이 배당을 증액하고 이러한 트렌드가 이어진다면 보통주에 비해 배당을 더 주는 우선주가 인기를 끌 가능성도 있습니다.

간혹 우선주가 보통주에 비해 소외되어 있고, 거래량이 적다는 성질 자체가 높은 변동성으로 이어지기도 합니다. 그러므로 어떤 기업의 주식을 매수할 때는 우선주가 있는지 살펴보고 그 보통주와의 괴리, 배당금의 액수, 배당금이 증액되고 있는지 여부 등을 살펴본 뒤 우선주 매수를 대안으로 생각해 보는 것도 좋습니다.

우리나라에서의 자사주 매입 역시 외국과 성격이 다릅니다. 외국에서 자사주 매입은 당연히 소각을 전제로 한 것으로서 전체 발행주식총수가 줄어들기에 곧바로 주주에게 이익이 되곤 합니다. 그러나 우리나라는 자사주를 매입만 하고 소각을 좀처럼 하지 않으며, 경영권 위협이 있거나 다른 적당한 이유가 있었을 때 매각해 시장에 다시 유통됩니다.

그러므로 만약 자사주를 소각한다면, 발행주식총수가 줄어들어 그 자체로 이익일 뿐만 아니라, 특히 우리나라 현실에서는 주주가치를 고려한다는 경영진의 신호로 해석할 수도 있을 것입니다. 2021년의 경우 SK텔레콤이 자사주 소각을 발표했고, 현재는 포스코가 자사주 중 일부를 소각할 것이라고 발표해 둔 상태입니다.

3부

개별적인 유형의 특수상황투자

앞서 할인, 구조조정 등의 특수상황을 논의했다. 앞서 논의한 유형은 투자 수익을 명확히 계산할 수 있었다. 거래기법 이외에 증권 자체가 가진 투자수익 기회도 살펴보았다. 특수상황투자 기회가 생기는 기업활동과 이를 찾을 수 있는 단서도 강조하였다. 앞서 한 논의를 이해하면 투자에서의 큰 수익은 실천의 문제만 남을 뿐이다.

아래에서는 할인된 유형, 계산되는 유형이 아닌 특수상황을 살펴보겠다. 특수상황투자의 영역은 아주 넓다. 모든 특수상황투자에서 구조조정이나 어떤 개선 행위가 필요한 건 아니다. 이에 보통의 유형과는 달리 기업 그 자체, 증권 그 자체에 특별한 요소가 내재한 특수상황을 다룰 예정이다.

우선 기업 자체에 어떤 특수상황이 내재한 예를 살펴보자. 예컨대 미국 연방저당권협회Fannie Mae, 미국 연방저당권협회의 약칭으로 3부에서는 패니 메이로 표기한다는 특수한 설립 근거 법률이 있다. 일리노이 센트럴 철도는 철도사업 이외에 제조업도 하는 일리노이 센트럴 인더스트리즈Illinois Central Industries로 바뀌었는데, 사업을 변경하는 기업에서도 특별한 성질이 나타난다. 최초의 상업적인 우주항공 기업인 커뮤니케이션 새틀라이트Communications Satellite Corporation, COMSAT처럼 국가 경제에서 차지하는 지위에서 특수상황이 비롯되기도 한다. 베리어블 어뉴어티 생명보험Variable Annuity Life Insurance Company, VALIC처럼 제품이나 서비스 그 자체가 다른 질적 특성이 있기도 하고, 간혹 비즈니스 배런으로도 불리는 공격적인 경영자들의 역동적인 지도력 덕분에 기업이 엄청난 잠재력을 가지기도 한다.

다음으로 증권 자체에 특수상황이 내재한 경우로, 배당에 세금을 물리지 않는 세무적인 이점이 있는 증권tax-favored securities의 예를 들 수 있다. 어떤 거래상의 특징trading features에서 투자 기회가 발견될 수도 있다. 오늘날에 인수, 합병

상황에서는 존속기업이 상대방 기업의 채무를 인수assumption of debt by the surviving company하는데, 이 덕분에 부수적인 투자수익 기회가 생기기도 한다. 기업이 통합되어 소멸한 기업의 재정이 건전하게 되고, 기존 회사채의 시장가가 높아질 수 있는 것이다. 소멸한 기업이 발행한 전환사채 역시 합병으로 더 높은 가치를 부여받곤 한다. 나아가 지방채municipal bond는 일반적으로 비과세되는데, 덕분에 유형화하기 힘든 특수상황이 벌어지기도 한다.

이렇게 유형화가 어려운 특수상황에서, 투자자는 이례적으로 좋은 실적, 엄청난 성장가능성 또는 증권 자체가 가진 특수성 등을 근거로 투자수익을 기대한다. 그러나 이런 투자법은 돈을 벌고자 하는 목적은 같지만, 할인된 유형의 특수상황에 투자하는 것과는 다르다. 이런 투자법을 쓸 때는 투자수익의 크기와 기간이 명확하지 않다. 보유 기간이 길어질 수 있기에 기회비용을 잘 고려해야 한다. 심지어 뒤에서 설명할 패니 메이 특수상황과 같이 기업의 중요한 활동이 끝나기를 기다리다 결국 채권 보유 수준의 수익만 얻을 수도 있다. 또한 수익이 나더라도 상당 부분이 증권 보유에 따른 비용에 충당해야 할 수도 있다. 투자수익이 비용으로 다 없어지는 사례는 뒤에서 다룰 유틸리티즈앤인더스트리즈Utilities & Industries Corporation, U&I의 예에서 찾아볼 수 있다.

분석적인 접근 방법

이 유형도 철저히 분석하며 접근해야 한다. 기업의 재정, 기업활동으로 얻어지는 성과 등을 공부해야 하는 것이다. 이런 유형의 특수상황은 기다리는 동안 별다른 변화가 없는 것처럼 느껴질 수도 있다. 그러나 인내하면 결국 수익이 난다.

이런 유형의 특수상황에서는 기업활동이 바람직한 방향으로 가고 있는지를 조심스럽게 분석해야 한다. 기업이 제시하는 계획이 얼마나 가치 있는지를 물어야 한다. 계획이 잘 실행되는 것을 전제로, 앞서 배운 포괄적인 분석 방법(제3장 참고)을 사용할 수도 있다. 재정은 (1)기업 자체와 (2)기업활동을 실행할 능력의 측면에서도 검토되어야 한다. 예를 들어 뒤에서 언급할 베리어블 어뉴어티 생명보험에서, 우리는 해당 계획이 진행되는 동안 자금이 충분한지에 관한 재무적인 정보와 함께 실적 전망과 성장성을 파악해야 한다. 이런 유형은 제품, 서비스의 성장성이 있는지, 있다면 이것이 드러나는 데 걸리는 기간은 어느 정도인지를 알아야 하는 것이다.

실적 전망과 같이 주관적인 판단이 많이 필요한 상황에서는 실수를 방지하기 위해 매우 조심스레 접근해야 한다. 큰 원금손실을 입어서는 안 된다. 큰 원금손실이 있을 수 있는 상황이라면 이미 특수상황이라 할 수 없다. 기업은 재정이 건전해야 하고, 기업활동으로 성과가 날 게 확실해야 한다.

재정 분석

이하에서 논의할 특수상황은 제각기 유형화하기 어려운 특수상황이다. 크게 기업이 기존 사업을 계속하는지, 새로운 사업으로 전환하는지로 나눌 수는 있다. 어떤 유형에 해당하든 기업이 특수한 상황을 이겨낼 만큼 재정이 충분한지를 분석해야 한다. 과거의 실적도 살필 필요가 있다. 이를 파악하기 위해, 포괄적인 분석 방법을 참고하라.

기업의 중요한 활동 분석

개별적인 유형의 특수상황을 분석하기 위한 일반적인 기준은 없다. 기업이 내놓은 전반적인 정보, 금융정보서비스나 금융사가 내놓는 정보를 모두 활용하는 것이 좋다.

개별적인 유형의 특수상황은 특별한 특징이 얼마나 중요한지, 유례없는 상황에 대응하는 적절한 기업활동이 무엇인지를 이해해야 한다. 예를 들어 패니 메이는 이 기업이 운영하는 2차 시장의 커다란 변화를 이끌 설립 근거 법률을 공부하는 게 중요하다. 한편 베리어블 어뉴어티 생명보험에서는 각 변액연금이 투자한 주식에 따라 보험금이 달라지는 개념의 특수성을 알아야 한다. 이 장과 이어지는 장에서 드는 많은 사례에서 법률 또는 특수성은 투자수익의 크기와 연관되어 매우 중요하다.

투자 방법

투자 방법은 별다를 게 없다. 이런 유형의 특수상황이라고 해서 투자하는 주식이나 회사채가 다를 리 없기 때문이다. 기업의 성장과 변화에 기대는 특수상황이라면 투자 시점의 선택이 중요하므로 자주 검토를 해야 한다. 이런 유형은 대개 진행 기간이 길고 다양한 투자 시점이 존재할 수 있으므로 일반적인 특수상황과는 다르다. 어떤 특수성은 특수상황이 진행되면서 더 가치가 생길 수도 있고, 처음에 생각했던 것보다 더 좋은 기회인 것으로 드러날 수도 있다. 처음보다 나중에 투자한 투자자가 유리할 수도 있다. 예를 들어 패니 메이는 초기 단계에도 투자 기회가 있었지만, 기업활동이 진행되는 과정에서 더 매력적인 특수상황이 생겼다. 기존 투자자들은 더 높은 가격에도 추가 투자를 고려하고, 배당이 늘어 신규 투자자에게도 매력적인 기회였다.

한편, 자주 검토하면서 투자를 그만두는 타이밍도 파악해야 한다. 예를 들어 커뮤니케이션 새틀라이트의 경우 기업공개라는 이벤트에 시장이 너무 흥분했었다. 특수상황투자자는 이때 이익을 실현할 수 있었다.

개별적인 유형의 특수상황 예시

이론은 충분히 알았으니 실제 사례를 검토해보자. 아래에서 예로 드는 개별적인 유형의 특수상황은 기업과 증권 그 자체의 독특한 성질이 투자수익으로 이어진다는 점에서 특별하다.

1. 미국 연방저당권협회이하 패니 메이

패니 메이는 2차 시장 운영을 담당하는 기업이다. 설립 근거 법률에 따라 언젠가 민영화가 정해져 있다는 점이 특수하다. 인제 민영화될 것인지가 문제일 뿐이다.

○ 설립 근거 법률

국회는 패니 메이를 설립하면서, 상당한 정도로 자금이 쌓이면 정부가 보유한 우선주를 소각하기로 정했다. 그러면 패니 메이의 경영권은 보통주를 소유한 주주가 가지게 된다. 국회는 법률을 개정해 언제든지 패니 메이의 구조를 바꿀 수 있다. 패니 메이 보통주의 가치가 1억 달러가 넘자, 패니 메이는 1억 달러를 초과하는 주식을 매입해 소각했다.

○ 보통주

패니 메이는 2차 시장을 운영하는 기능을 가진 기업이다. 2차 시장은 농민주택관리국Farmers Home Administration, FmHA또는 재향군인청Veteran's Agency, VA이 보장한 부동산담보부채권을 매매하는 시장을 말한다. 패니 메이는 2차 시장을 운영하며 해당 채권에 대한 유동성을 제공한다. 그런데 부동산담보부채권을 패니 메이에 매각하려는 사람, 즉 2차 시장에서 채권을 매각하려는 사람은 해당 부동산담보부채권 원금의 1%에 해당하는 보통주를 1주당 130달러에 매입해야 할 의무가 있다. 이 중 100달러를 초과하는 돈은 자본잉여금으로 쌓이게 되어 있다.

○ 패니 메이의 운영자금

패니 메이는 스스로 차입해 운영자금을 마련한다. 국회는 패니 메이가 직접 공공기관 또는 재무부로부터 자기자본의 10배 수준에 달하는 차입을 할 수 있도록 하는 특별한 권한을 부여했다. 패니 메이는 부동산담보부채권을 보유하며, 여기서 나오는 이자로 주된 수입을 올린다. 부동산담보부채권을 액면가 수준에서 시장에 매각하는데, 이 역시 큰 수입원이다.

○ 패니 메이가 올리는 이익

패니 메이는 공공기관으로부터 적은 이율로 운영자금을 조달해 이자율이 더 높은 부동산담보부채권을 보유하며, 이 이자율의 차이만큼 이익을 얻는다. 이자율의 차이는 평균 1.1%였다. 패니 메이는 매년 연방 재무부에 법인세에 상당하는 돈을 지급한다. 패니 메이가 보유한 자산은 현금, 국공채, 농민주택관리국 등이 보증한 부동산담보부채권으로 구성된다. 패니 메이의 순자산가치는 주당 132달러다. 그런데 주가는 77달러에 불과해 41%나 할인되어 있다. 아래의 표는 최근의 주당 순이익, 배당, 순자산가치를 정리한 것이다.

(단위: 달러)

연도	주당 순이익	주당 배당	순자산가치
1961	8.62	3.24	115.00
1962	10.03	3.54	126.00
1963	10.87	3.10	127.00
1964	6.53	3.16	120.00
1965	7.15	3.17	132.00

○ 2차 시장 운영의 원리

패니 메이가 2차 시장을 운영하는 원리를 간략히 설명하겠다. 시중의 이율이 오르면 채권의 가격이 하락하기 때문에 사람들은 더 많은 양의 부동산 담보부채권을 패니 메이에 매각한다. 이에 패니 메이는 하락한 가격으로 채권을 매수해 채권 보유 규모와 수수료를 늘릴 수 있다. 반대로 시중의 이율이 하락하면, 패니 메이는 액면가 수준에서 채권을 매각해 수익을 낸다. 설립 근거 법률에 따르면, 패니 메이는 적절한 수수료를 부과해 이윤을 올릴 필요가 있다.

○ 자본구조

- 우선주: 재무부가 5,000만 달러 보유. 현재의 우선주 규모는 1억 5,800만 달러에서 줄어든 것이다.
- 보통주: 96만 7,075주(액면가 100달러). 법률에 의하면 보통주는 우선주가 존재하는 한 의결권이 없다.

○ **투자 포인트**

근거 법률이 정한 바에 따라 패니 메이가 올리는 이익이 매력적이고, 영업도 성장하고 있다. 법률은 개정될 수 있으므로 패니 메이가 국유화될 가능성이 절반, 민영화될 가능성이 절반이라고 가정해보자.

패니 메이가 국유화된다면 보통주 주주들은 적어도 순자산가치만큼의 돈을 분배받게 될 것이다. 앞서 언급했듯 순자산가치는 주당 132달러다. 여기에는 패니 메이가 할인하여 매입한 부동산담보부채권의 평가이익이 반영되지도 않았다.

현재의 설립 근거 법률에 따라 결국 패니 메이가 민영화된다면, 패니 메이는 더 넓은 시장에 진출할 수 있을 것이다. 이에 대해 시장이 어떻게 평가할지는 추측의 영역이다. 하지만 현재의 순자산가치와 패니 메이의 낮은 주가를 생각하면, 어쨌든 현재보다는 상당한 수준으로 주가가 오르리라 예상할 수 있다. 이익의 흐름과 배당이 충분히 현재보다 더 성장할 수 있을 것으로 보인다.

다른 영역에 진출하지 않더라도 정부보증 부동산담보부채권, 농민주택관리국이 보증하는 농촌 지역의 부동산담보부채권 등을 더 많이 취급하여 양적으로 성장할 수도 있다.

2. 베리어블 어뉴어티 생명보험이하 VALIC

새로운 개념의 생명보험을 창안하는 건 쉬운 일이 아니다. VALIC가 이런 일을 한 기업이다. 아주 이례적인 특수상황이라 할 수 있다. VALIC는 필자가 전작 《주식시장의 특수상황에 존재하는 부》에서 특수하다고 언급한 바 있다. 오늘날 더 많은 보험회사가 변액연금을 출시하기는 했지만, VALIC의 특별함은 여전하며 더욱 분명해졌다.

일반적인 생명보험은 정해진 기한이 도달하면 정해진 돈이 규칙적으로 지급될 뿐이다. 그러나 변액연금은 보험금 재원을 주식에 투자해 투자 성과에 따라 연금을 지급한다. 지급하는 연금액은 보유주식의 가치에 따라 결정된다. 보험계약자가 낸 보험금은 주식투자의 재원이 된다. 한편, 기존의 연금은 주로 채권이나 부동산담보부채권에만 투자했었다.

변액연금은 1952년 교사보험연금협회Teachers Insurance Annuity Association가 처음 고안해낸 것이다. 변액연금은 인플레로부터 연금의 가치를 보호하려는 목적이었다. 주식을 보유하면 현금의 가치가 줄어드는 위험이 방지될 것으로 생각했다. 이후 운용도 잘했고, 주식시장도 활황이었다. 보험 가입자들은 쏠쏠한 이익을 얻었다. 수년 사이에 받을 보험금의 가치는 200% 이상 상승했다. <배런스>의 한 기사(1965년 2월 22일자)에 의하면, 어떤 개인이 100달러의 연금을 받으려 1952년 대학퇴직기금College Retirement Equitable Fund, CREF의 변액연금에 가입했다면, 65세가 되어 받을 연금액이 414달러에 이르렀을 것이라 한다. 만약 주식시장이 더욱 활황이 되면, 더 많은 연금을 받게 된다.

VALIC는 이 분야의 선구자였다. VALIC는 1960년에 상장되었는데 당시의 주가는 12달러였다. 상장 당시의 투자설명서는 변액연금에 대한 설명으로 가득했다. 이후 이 기업이 성장하고 보고서, 뉴스 등이 나오자 사람들은 더욱 주목하게 되었다. 당시 거대 보험회사였던 미국 푸르덴셜 생명Prudential Insurance of America이 증권거래위원회와 관할권에 대해 다투는 과정에서, 변액연금에 대한 더 많은 정보가 쏟아져 나왔다. 점점 더 많은 주가 이 상품을 허가했다. VALIC의 운영 규모도 커졌다. 이에 긍정적인 전망도 늘어났고, 시장의 주목도 받았다.

그러나 주식을 재원으로 쓰는 연금보험이라는 개념은 생소한 것이었기에 성장 속도가 생각보다 느린 편이었다. 또한, 보험은 보험금이 쌓이는 동안에는 이익이 나지 않는다. 투자자는 연금보험 역시 그럴 것이라 생각했다. 한때 긍정적인 관심을 받아 29달러까지 올랐던 VALIC의 주가는 기업공개 시의 가격까지 내려갔다. 이후 변액연금의 개념이 점점 널리 받아들여지고 더 많은 주가 이를 허용되면서, 주가는 다시 49.50달러까지 상승했다.

이처럼 완전히 새로운 개념의 보험상품 덕분에 VALIC에 투자한 사람은 상당한 투자수익이 발생했다. VALIC가 특수상황투자의 새로운 영역을 연 것이다. 변액연금의 발달로 여러 기업이 경쟁에 뛰어들었다. 이제 VALIC만이 이를 다루는 기업이 아니다.

푸르덴셜 생명은 변액연금을 일부 흉내 낸 상품을 내어놓았다. 뮤추얼라이프 오브 뉴욕Mutual Life of New York도 단체변액연금을 발표했다. 애트나 생명보험Aetna Life Insurance은 종업원연금제도employee pension plan에 쓰일 변액연금을 만들었고, 플로리다의 신생 보험회사인 내셔널배리어블어뉴이티컴퍼니 오브 플로리다세퍼레이트어카운트National Variable Annuity Company of Florida Separate Account도 증권거래위원회에 투자기업 인가를 신청했다. 이 기업은 학교나 비영리기관을 대상으로 1,000만 달러 규모의 변액연금 계약을 체결했다고 한다.

3. 커뮤니케이션 새틀라이트이하 COMSAT

COMSAT는 세계 최초의 민영 우주항공 기업이다. 세계적인 위성 네트워크를 활용해 전화, 전보, 텔레비전 등 다양한 통신 사업을 하기 위해 설립되었다.

○ 기업공개

COMSAT는 1주당 20달러에 기업공개를 했다. 청약은 한 사람당 50주까지만 할 수 있었다. 발행주식 중 절반인 1,000만 주는 200개의 통신사업자를 위해 따로 떼어 놓았다. 이런 방식의 기업공개는 이례적이었다.

상장 직전 주가는 71.50달러까지 올랐다. 43페이지에 달하는 투자설명서는 당시 인공위성을 모르던 대중에게 발간된 가장 상세한 문서였다. COMSAT가 하려는 사업 중에는 혁신적인 것들이 많았다. 이 중 하나는 지상기지의 소유였는데, 누구든 지상기지를 소유한 자는 여기서 나오는 수익을 공정히 배분받을 수 있다는 대목이 인상적이었다. 1962년 제정된 관련 법률에 따르면, 연방통신위원회Federal Communications Commission, FCC는 지상기지를 민간이 소유할 수 있도록 허가할 수 있다는 것이다. 투자설명서가 밝힌 또 다른 재밌는 사실로는 미국전화전신회사와 국제전화전신회사가 남미 해변을 따라 해저에 통신케이블을 설치하려 한다는 것도 있었다.

우주 시대는 우리 삶의 일부가 되었다. COMSAT는 새로운 투자의 영역을 열었다. 뉴스에 의하면, COMSAT가 성공할 경우 정부는 또 다른 민영 우주항공 기업을 허가할지도 모른다고 한다(출처: 〈월스트리트저널〉 1965년 6월 31일자). 단순히 우주항공 기업에 대해서만 투자 영역이 열릴 리는 없다고 생각한다. 정부는 주식투자의 범위를 점점 넓히고 있다.

4. 유틸리티즈앤인더스트리즈이하 U&I

U&I는 전문적으로 특수상황에 투자하려는 투자자를 위한 흥미로운 기업이다. 다양한 영역에서 특수상황투자를 할 목적으로 다각화된 사업을 하고 있다.

U&I는 자체 자금을 보유하고 있다. 이 자금으로 여러 공기업과 사기업에 투자한다. 투자 여부는 예상되는 수익과 위험을 비교해 결정한다. 투자금의 규모는 상황에 따라 100만 달러 이하, 100만 달러, 100만 달러 이상 등으로 나뉜다. U&I는 관련 기업의 지배지분에도 투자하고 비지배지분에도 투자한다. 또한 관련 기업의 회사채, 우선주에 투자하기도 하고, 인수나 합병에 필요한 자금, 인수나 합병 이후 필요한 자금 등을 지원하기도 한다. 시장에서 거래되는 주식을 대량으로 매수하기도 한다. 종합해보면, 이 기업의 활동은 (1)상장을 앞둔 기업에 대한 투자, (2)공모를 통한 자금조달을 원하는 기업에 대한 투자, (3)인수자금 또는 운영자금이 부족한 기업에 대한 투자 등이 있다.

○ 사업 개요

U&I의 사업방향은 스스로 투자상황을 만들고, 이를 통해 수익성을 키워가는 것이다. 이것은 U&I의 성장목표이기도 하다. U&I는 사업을 잘 운영해 4%의 주식배당과 약간의 현금배당도 했다. U&I는 기업에 투자할 때 경영진의 능력을 가장 중요하게 생각한다. 장기적인 투자를 지향하기 때문이다. U&I는 투자한 기업의 중요한 의사결정에 참여한다.

○ 배경

U&I는 설립된 지 75년이나 된다. 원래의 이름은 뉴욕 워터 서비스New York Water Service Corporation였다. 당시 U&I는 버팔로, 로체스터 등 뉴욕 근처의 여러 소규모 도시에서 사업을 벌였다. 이후 수도와 관련시설이 연이어 수용되자, 3,280만 달러 상당의 유형자산을 잃었다. 대신 인수, 합작기업 설립, 투자 등에 사용할 4,700만 달러의 현금을 확보할 수 있었다. 세법Internal Revenue Code

이 '수용의 결과 주어지는 보상에 대한 세금은 해당 보상금이 같거나 유사한 자산에 대한 투자, 다시 말해 적격 재투자로 쓰일 땐 이연된다'고 규정하고 있기에, U&I는 청산보다 투자가 유리한 상황에 놓인 것이다. 만약 이 규정이 없었다면 감가된 유형자산에 대해 200%나 되는 세금을 부담해야 했다. 최근 뉴욕 주는 추가적인 수도시설 수용을 단행했다. U&I는 이 덕분에 자금이 더 늘었다. 투자수익을 실현해 생긴 자금도 늘었다. U&I는 수년 동안 무려 35개나 되는 기업에 특수상황투자를 진행했다.

○ 자산가치

비상장시장에서 거래되는 U&I의 주가는 21달러 선이다. 그러나 1966년 4월 31일을 기준으로 자산가치는 주당 39.06달러에 달한다. 수용보상에 따른 세금을 내고 청산하는 경우를 가정하더라도 U&I의 자산가치는 주당 31.18달러다. U&I는 자산에 대해 정보를 정확히 공개하지 않는 편이다. 수도시설의 상당 부분이 감가상각되어 정확한 가치를 알기 어렵기 때문이다. 아마 장부상의 자산가치에 비해 실질적인 가치는 훨씬 클 것으로 추측된다. 지금까지 보상금이 100이라면 장부상 가치는 28에 불과했다.

○ 자본구조

U&I는 만기가 1968년이고 이율이 3.25%인 선순위 부동산담보부사채 580만 달러, 만기가 1975년이고 이율이 4%이며 원금도 정기적으로 상환해야 하는 조건의 회사채 120만 달러, 186만 1,280주의 보통주로 자본구조가 짜여 있다. 다만 자회사들이 U&I의 주식 중 52만 7,854주를 보유하고 있으므로, 유통되는 보통주는 약 100만 주 남짓에 불과하다. 자회사들은 보유한

U&I의 주식을 담보로 활용하고 있다.

U&I의 사업이 특수하긴 하지만, 투자를 전문적으로 하는 다른 기업도 많이 존재하며, 저마다 분명한 수익구조를 가지고 있다. 파이낸셜 제너럴Financial General과 글렌 알렌Glen Allen Corporation 등이 그런 사례다.

간혹 배당에 대한 세금이 면제되는 특수한 경우가 있다. 이런 경우에 투자하면 세금을 내야 하는 경우와 비교해 장점이 확실하다. 주로 (1)어떤 기업이 다른 기업의 증권을 보유하고 있고, 장부가가 시장가보다 높은 상황에서 해당 증권을 현물배당할 때, (2)채굴, 채광 분야의 기업이 수익을 내 배당을 했는데 매장량이 줄어들었을 때, (3)수익이 나지 않은 상황에서 배당할 때 발생한다. 공공유틸리티 기업은 (3)의 유형에 속한다. 세무적으로 보고되는 감가상각, 감모상각이 공시된 것과는 달라 수익이 발생한 것으로 보지 않기 때문이다. 세무적으로는 원래 있던 자산이 수용되어 자본이 환급되는 것으로 취급되기에 배당에 대한 세금이 없는 것이다.

세무적인 지위는 매년 달라진다. 주정부채권이나 지방채가 그런 것과 같이 주식도 마찬가지다. 아래는 특별한 세무적인 지위가 있는 주식을 정리한 것이다. 배당은 1965년 지급된 금액을 기준으로 했다. 총 배당 중 세금이 부과된 부분과 세금이 면제된 부분을 비율로 나눴다.

기업명	총 배당금 (단위: 달러)	세금이 부과된 비율	세금 면제로 취급된 비율
아리조나 퍼블릭 서비스(Arizona Public Service)	0.92	13%	87%
애틀랜틱 시티 일렉트릭(Atlantic City Electric)	1.08	54%	46%
캐널 랜볼프	0.82	34.5%	65.50%
컨솔리데이티드 에디슨 (Consolidated Edison of New York)	1.80	47%	63%
도시(Dorsey Corporation)	0.10	**	10센트
플로리다 캐피털(Florida Capital Corporation)	0.38	**	38센트

제너럴 프리시전 이큅먼트 (General Precision Equipment)	1.20	**	1.20달러
리 콜앤내비게이션(Leigh Coal & Navigation)	0.60	8센트	52센트
미주리캔자스 파이프라인 (Missouri-Kansas Pipe Line Corporation)	5.50		5.50달러
나이아가라모히칸 파워(Niagara-Mohawk Power)	**	78%	22%
노스웨스트 천연가스(Northwest Natural Gas)	**	9.2%	91%
오렌지앤록랜드 유틸리티즈 (Orange & Rockland Utilities)	0.84	NA	NA
퍼시픽 파워앤라이트(Pacific Power and Light)	1.14	41%	59%
파빈두어만(Parvin-Dourmann)	0.40	**	40%
포틀랜드 제너럴 일렉트릭 (Portland General Electric)	0.95	43%	57%
포토맥 일렉트릭(Potomac Electric)	0.82	71%	29%
퓨젯 사운드 파워앤라이트 (Puget Sound Power and Light)	1.60	**	1.60달러
러틀랜드 뉴욕(Rutland New York Corporation)	3.90	**	3.90달러
사바나 일렉트릭앤파워 (Savannah Electric and Power)	0.92	82%	18%
서던 캘리포니아 워터(Southern California Water)	0.84	52%	48%
스탠더드 쉐어스(Standard Shares)	0.50	**	50센트
유나이티드(United Corporation)	0.35	**	35센트
워싱턴 워터 파워(Washington Water Power)	1.08	60%	48센트

5. 메사비 트러스트Mesabi Trust

메사비 트러스트(뉴욕증권거래소-14)는 부동산투자신탁이다. 이 신탁에 투자하면 특별한 절세 기회를 얻을 수 있기에 특수상황투자라 할 수 있다. 메사비 아이언Mesabi Iron Company이 청산될 당시 세무당국은 '청산은 세금부과의 대상이 아니다'라는 결정을 내렸다. 이에 두 개의 투자신탁이 만들어졌다. 투자신탁에서 나온 이익은 비용을 제외하고 여기에 15%의 감모상각 공제를 한 다음 수익자에게 분배되며, 수익자는 여기에 1종류의 세금만 내면 된다. 투자신탁은 1,512만 좌의 수익증권을 메사비 아이언 주주들에게 발행하는 방법으로 설립되었다.

이 투자신탁은 자산을 철광석 채굴 기업인 리저브 마이닝Reserve Mining Company에 임대하여 수입을 얻는다. 이 수입은 매분기마다 전액 수익자에게 분배된다. 수익자는 감모상각을 비용으로 인정받고, 분배금을 자본의 환급으로 인정받아 세무적인 이익을 누린다.

특출난 능력

한 개인의 특출난 능력 역시 특수상황투자의 영역이다. 특출한 능력을 갖춘 개인에 투자하면 투자수익을 기대할 수 있다. 이 역시 개별적인 유형의 특수상황투자에 속한다. 많은 이들은 제럴드 차이Gerald Tsai에 주목한다. 차이는 주식투자로 엄청난 성공을 거두었고, 대중들은 그가 운영하는 뮤추얼 펀드에 앞다퉈 가입했다. 차이의 펀드는 3번이나 규모를 늘린 끝에 2억 7,000만 달러가 되었다. 이 자금 규모를 통해 대중들이 얼마나 차이에 열광했는지 짐작할 수 있을 것이다.

차이의 재능은 일시적인 게 아니라 그의 왕성한 활동에 있는 것 같다[38]. 왕성한 활동을 하는 경영자를 엠파이어 빌더Empire builder라 할 수 있다. 엠파이어 빌더들은 대체로 장기간에 걸쳐 특출난 능력을 보이곤 한다. 이런 개인을 따라가다 보면 투자 기회를 얻을 수 있다.

이런 방법이 특수상황투자 원칙에 벗어나는 것은 아닌지에 관한 의문이 들 수도 있다. 그러나 특출난 개인은 기업활동에 많은 영향을 준다. 왕성한 기업활동은 특수상황투자와 연결되므로 개인의 특출난 능력을 고려하는 것도 가

38 결국 제럴드 차이(제리 차이)의 특출한 실력은 강세장이 만들어낸 환상으로 밝혀졌다. 자세한 내용은《투자 대가들의 위대한 오답 노트》(에프엔미디어)를 참고하라._역주

치가 있다. 그러므로 특수상황투자의 영역 중 하나로, 이례적인 성장을 보여 준 경영진이거나, 투자 시점 선택 능력이 뛰어난 경영진, 미래를 전망하는 능력이 훌륭한 경영진이 이끄는 기업 또는 그런 매니저가 운영하는 펀드에 투자하는 것도 가능할 것이다.

1950년대에 이르러 펀드의 규모는 엄청나게 커졌다. 이를 생각하면 특출난 펀드에 투자하는 방법을 배제하지 않을 수 없다. 특히 뮤추얼 쉐어즈Mutual Shares Corporation와 같은 몇몇 펀드는 특수상황투자를 위해 만들어지기도 했다. 이런 펀드는 기술적인 분석과 유행에 따라 투자하는 전통적인 유형의 펀드와 구분된다. 특수상황투자를 전문으로 하는 펀드는 매니저의 능력이 중요하다. 다만, 특출난 펀드에 투자해보자는 아이디어는 상대적으로 오래된 것이 아니며, 충분히 검증되지 않았다. 그러므로 특별한 주의를 기울이는 게 좋다.

펀드가 사용하는 투자 방법에 대한 이해도 중요하다. 전통적인 펀드는 이익이나 성장도 보지만 원금의 안전을 중요하게 생각하므로, 넓게 분산하여 위험을 최소화하려 한다. 이런 전통적인 펀드로는 케미컬 펀드Chemical Fund, 드레퓌스 펀드Dreyfus Fund, 내셔널 인베스터즈National Investors Corporation 및 매사추세츠 인베스터즈 그로스Massachusetts Investors Growth 등이 있다. 이 펀드들은 잘 운영되고 왔고 유망한 편이다.

그러나 오늘날의 대중은 유망한 이슈에 잘 대처하는 능력을 갖춘 펀드를 좋아하는 경향이 있다. 더 빨리 수익을 내고자 하기 때문이다. 이런 경향에서 피델리티 트렌드 펀드Fidelity Trend Funds, 텍사스 인더스트리 펀드Texas Industries Funds, (최근 만들어진) 맨해튼 펀드Manhattan Fund 및 여러 폐쇄형 또는 개방형 펀드, 기업형 펀드들이 꽃피운 것이다.

경험적으로 볼 때 컴퓨터를 이용해 기술적인 분석을 하는 것도 약간의 도움이 된다. 컴퓨터를 시험적으로 적용한 펀드들은 아마도 컴퓨터가 변동성을 줄여줄 것이라는 재미있는 사실을 밝혀냈다. 어쨌든 컴퓨터의 사용은 확산 중이고 금융업계도 관심이 많으므로 이를 사용하는 펀드도 늘어날 것으로 예상한다.

포드Ford Motor Company는 자동차를 싼 가격에 대량생산하는 제조업 혁명을 이루었다. 투자업계에서도 어떤 혁명적인 아이디어가 생겨나지 않으리라는 법은 없다. VALIC는 새로운 개념의 보험상품을 만들었다. 패니 메이는 정부보증채권을 취급하려는 새로운 아이디어에서 출발한 것이다. COMSAT는 우주항공시대에 발맞추어 새로운 투자대상으로 떠올랐다. 이와 비슷하게 특출한 운용능력을 갖춘 펀드 또한 특수상황투자자가 주의 깊게 살펴야 할 영역일 수 있다.

펀드는 주식투자는 하고 싶지만 매일의 시황에 신경 쓸 수 없는 개인을 위해 만들어진 것이지만 투자 방법을 연구하려는 투자자들에게 배움의 모델이 되기도 한다.

산업 개발 증권

산업 개발 채권Industrial development bonds이라고도 불리는 이 지방채는 상대적으로 새롭고 특별한 투자수단이다. 이 증권은 지방자치단체가 스스로 제조공장을 만들어 기업에 임대하기 위해 발행한 것이다. 많은 주의 법원이 이런 증권의 발행을 적법한 것으로 인정했다. 다만, 아직 많은 주에서 지방자치단체가 사적인 영리를 추구하는 기업을 위해 채무를 부담하는 게 헌법에 부합하지 않다는 의견이 있다. 이 증권이 적법하다고 하는 사람들은 이 증권 덕분에 해당 지역에서 새로운 일자리가 늘어나고 산업이 성장한다는 점을 이유로 든다. 대기업은 이 증권의 발행을 선호한다. 대체로 이자가 면세되어 더 적은 이율로도 발행할 수 있기 때문이다. 심지어 일부 대기업은 자신의 공장을 짓기 위해 스스로 이 증권을 매입해 이자가 면세되는 채권투자로서의 이익을 얻고, 공장의 임대료를 비용으로 처리하는 이익도 얻는다.

소득 상위 50%의 계층에 속하는 투자자들도 이 증권을 좋아한다. 이 증권의 이율이 4.2%라면 면세되지 않는 채권의 이율이 8.4%인 것과 동등한 가치를 가지기 때문이다.

이 증권을 발행하는 몇몇 지방자치단체로는 하비 알루미늄Harvey Aluminum, Inc.을 위한 공장을 짓는 켄터키의 루이스포트Lewisport, 에머슨 일렉트릭Emerson Electric을 위한 공장을 짓고 있는 켄터키의 러셀빌Russellville, 3,500만 달러의 채권을 발행해 랜드,맥널리앤컴퍼니Rand, McNally & Company를 위한 공장을 짓고 있는 켄터키의 베르사유Versailles 등이 있다. 켄터키의 애쉬랜드Ashland는 암코 스틸Armco Steel Corporation의 확장을 위해 3,000만 달러의 산업 개발 채권 발행을 검토 중이다.

최근 〈월스트리트저널〉의 보도에 따르면 산업 개발 채권 덕분에 아메리칸 캔, 아메리칸 일렉트릭 파워American Electric Power Corporation의 자회사, 헤머밀 페이퍼Hammermill Paper Corporation, 국제전화전신회사, 리비어 코퍼앤브라스Revere Copper & Brass Corporation 및 스켈리 오일 등의 기업이 혜택을 입고 있다고 한다.

앨라배마 주의 플로렌스에 세워진 스타이론Styron Corporation도 혜택을 입는 기업이다. 플로렌스는 도자기 제조사인 스타이론을 위한 공장을 건설하고 자금도 지원해주었다. 이때 발행된 사채는 지방채로도 회사채로도 쉽게 유형화되기 어려웠는데, 이는 이 사채에 기재된 특별한 교환권 때문이었다. 이 교환권은 사채를 스타이론의 보통주로 교환할 수 있는 권리였다. 발행 시의 조건에 의하면 사채 액면가 1,000달러(이는 발행주식총수가 바뀌면 조정될 수 있다)마다 333주의 보통주로 교환할 수 있다. 물론 보통주가 상승할수록 투자수익은 커지게 된다.

의료보험

1965년 7월 1일 의료보험제도가 도입되었다. 틀림없이 의료 산업 전반이 여러 측면에서 영향을 받을 것이다. 약 2,000만 명이 정부가 주도하는 의료보험제도에 포함될 것으로 예상된다. 나아가 다수의 주 정부는 65세 미만에게도 복지 중 하나로 의료보험을 제공하고 있다.

의료보험제도가 시행되면 매년 280만 명에서 900만 명으로 입원하는 환자의 수가 증가할 것이다. 병원의 매출은 매년 15억 정도 증가할 것이다. 병원 산업에 10% 정도의 수요 증가 효과가 생기는 셈이다. 의료보험제도의 영향력을 정확히 예견하기는 어렵다. 어쨌든 매출이 증가할 것은 명백하므로 이 영역 역시 개별적인 유형의 투자로서 특수상황에 포함된다고 할 수 있다.

의료보험제도의 도입을 호재로 반영해 제약업, 병원 관련 업종의 주가가 이미 올랐다. 이런 산업은 가장 먼저 직접적인 영향을 받는다. 그러나 다른 산업도 간접적으로 긍정적인 영향을 받을 수 있다. 예를 들어 입원이 늘어나면 침대나 가구, 침대보의 수요도 증가할 것이다. 요양원 사업도 번창할 것이다. 개인 소유인 몇몇 병원이 기업공개를 할 수도 있고, 새로운 투자 영역이 생겨날 수도 있다.

우리나라에의 적용

우리나라에도 패니 메이처럼 민영화가 예정된 상장기업이 있을까요? 한국전력이나 한국가스공사, 기업은행 등은 여전히 정부가 상당 지분을 가진 기업입니다. 그러나 당장 민영화가 예정되어 있지는 않습니다.

민영화가 예정된 기업으로는 정부가 과거 구조조정을 위해 재정을 투입하였던 우리금융지주, 산업은행이 대주주인 대우조선해양이나 HMM 등을 들 수 있습니다. 만약 정부 역시 최대한 기업가치를 높여서 매각하리라 판단하거나, 정부가 지분을 매각한 이후 기업가치가 더욱 증가할 것이라 예상한다면 이런 기업에 투자해볼 수 있을 것입니다.

한편 이미 공기업에서 민영화를 이룬 기업군도 있습니다. 포스코, KT, KT&G 등이 예입니다. 우리나라는 대부분 기업에 지배주주가 있지만, 이런 기업들은 지배주주가 없는 특징이 있습니다. 민영화를 이루었음에도 지배주주가 없기에 여전히 국민연금이 최대주주로서 상당한 영향력을 행사하고 있습니다. 또한 지배주주가 없기에 주주친화적으로 경영될지, 아니면 우리나라와 같이 법과 제도가 주주친화적이지 않은 환경에서는 오히려 주인없는 기업처럼 방만한 경영이 이루어질지 살펴봐야 할 일입니다.

저자가 이야기하는 VALIC이나 COMSAT, U&I 등은 특수한 상품을 개발했거나 성장산업에 속해 있거나 특수한 영역에서 사업을 벌이는 기업들입니다. 만약 우리나라에도 이윤이 많이 나면서도 남들이 흉내 낼 수 없는 상품을 개발한 기업이나 구조적인 성장산업에 속한 기업이라면 여기에 포함할 수 있을 것입니다. 여기에 속하는 구체적인 기업이나 산업에 대한 판단은 독자 각자에 맡기고 싶습니다.

다만 우리나라의 기업은 주로 수출을 중심으로 중간재를 생산하는 기업이 많기에 경기변동에 민감한 편입니다. 한때 구조적인 성장산업이라고 생각했던 산업도 나중에는 호황과 불황을 오가는 시크니컬산업으로 판명되는 경우도 많습니다. 그러므로 이런 유형의 기업을 선택할 때는 판단이 틀릴 가능성을 고려해 최대한 세심히 조사해야 할 것입니다.

저자가 이야기하는 제럴드 차이(제리 차이)는 당대에 크게 인기를 끌었던 스타 펀드매니저입니다. 아크 인베스트먼트 매니지먼트ARK Investment Management의 캐시 우드Cathie Wood를 오늘날의 예로 들 수 있을 것입니다.

저자는 "제럴드 차이의 재능은 일시적인 게 아니라 그의 왕성한 활동에 있는 것 같다"라고 평가했지만, 실제 차이는 1960년대 강세장이 끝난 후 최악의 성과를 기록했으며 역사 속으로 사라졌습니다. 저자와 같은 전문가조차 어떤 개인의 능력을 정성적으로 평가하는 게 쉽지 않음을 알 수 있게 하는 사례라 하겠습니다.

이와 관련하여 어떤 특정 펀드에 자금이 몰리면 뒤에 들어온 자금이 기존 주식을 계속 매입하기에 기존 종목의 주가를 더욱 끌어올리고 펀드의 성과가 더 좋아 보이게 만들곤 합니다. 우리나라에서도 과거 서브프라임 위기 전 펀드 열풍이 불면서 많은 투자자가 이와 유사한 경험을 했습니다.

이러한 현상은 액티브 펀드뿐만 아니라 패시브 펀드도 마찬가지입니다. 어떤 종목이 지수에 편입되면 이를 매수하기 위한 패시브 펀드에 자금이 몰리고, 자금이 몰리기에 주가는 더욱 상승하며, 주가가 상승하므로 지수 내의 비중이 높아져 더욱 주가가 올라가는 현상이 벌어집니다.

반대로 어떤 종목이 지수에서 탈락하거나 다른 이유로 주가가 내려가 지주에서 차지하는 비중이 작아지면 패시브 펀드는 해당 종목을 내다 팔아야 합니다. 이처럼 주식을 내다 팔기에 주가가 더 내려가면 지주에서 차지하는 비중이 작아지기에 더욱 내다 파는 현상이 발생합니다.

만약 특수상황투자자라면 패시브 펀드가 어쩔 수 없이 종목을 사고, 또 어쩔 수 없이 종목을 팔아야 하는 상황을 이용할 수 있을지도 모르겠습니다.

제14장
호전의 특수상황

특별한 변화에 대한 반응에 투자하는 영역으로 사업이 호전turned about되는 기업에 대한 투자를 들 수 있다. 이런 기업은 부정적인 업황, 잘못된 경영이 있었지만 결국 우호적인 환경이 조성되거나 역동성을 얻어 반전이 일어난 기업을 말한다.

호전의 가능성은 종종 기업의 내부, 산업의 구조조정 내부에서 찾을 수 있다. 제품 또는 사업의 방향성이 크게 바뀌거나 경영진이 크게 바뀌는 경우, 운영 측면에서의 변화가 큰 경우 호전의 가능성이 존재한다. 인수나 합병, 다른 기업과 통합을 염두에 둔 자산의 매각 등도 호전의 신호다.

기업의 변화는 주주에게 큰 가치를 지닌다. 투자자 대부분은 원금 회복을 염원하며 투자하곤 한다. 기업의 보고서나 경영진을 통해 확인하면, 기업의 변화와 재평가의 가능성을 알 수 있고, 원금 회복 전에 섣부르게 파는 실수를 피할 수 있다.

호전의 특징

호전의 특수상황에 들어섰다는 판단이 들면, 호전의 경우 나타나는 특징을 유념하라. 호전의 특수상황에서는 보통 다음과 같은 특징이 있다.

(1)호전의 초기 단계에선 대개 긍정적인 잠재력이 있음에도 시장엔 별다른 변화가 없다. 인내하고 기다려라.

(2)호전을 만드는 힘과 시장의 반응 사이에는 시차가 있다.

(3)상황변화가 멈춘 것 같고, 한계에 부딪힌 것처럼 보일 수 있다. 이런 경우, 해당 기업은 인수나 합병의 대상이 될 수 있다.

호전의 배경

원치 않는 설비를 매각하거나 경영진이 교체되는 경우가 호전이 생기는 기업에서 가장 흔히 발생하는 일이다. 이 덕분에 운전자본의 효율성이 증가하고 경영이 개선된다.

호전되는 기업의 주가는 부정적인 점이 많기에 대체로 낮다. 호전의 특수상황에선, 다른 화려한 종목들과는 달리 투기적인 세력의 움직임도 찾아볼 수 없다. 주가의 변동도 크지 않다. 그러나 호전되는 기업은 이미 주가가 극단적으로 낮기에 약간의 개선만으로도 강한 상승이 일어난다. 가장 극적인 상승은 적자를 나타내는 빨간색이 아닌 흑자를 나타내는 검은색이 장부에 찍힐 때 일어나곤 한다.

나이 든 경영진이 젊은 경영진으로 교체되면, 호전의 특수상황이 발생할 가능성이 매우 크다. 설립자인 조지 T. 베이커George T. Baker로부터 L. B. 메이텍 주니어L. B. Maytag Jr가 경영권을 넘겨받은 내셔널 항공National Airlines이 대표적인 사례다. 메이텍은 이 기업의 주가가 18달러일 때 7달러의 프리미엄을 지급하고 23만 5,000주를 취득했다. 메이텍은 새로운 경영진의 상징과도 같은 존재였다. 메이텍은 800만 달러의 적자를 내는 느슨한 조직을 바꾸었다. 그 결과 내셔널 항공은 비행기가 날 듯 매끄럽게 운영되며 800만 달러의 흑자를 내는 기업이 되었다.

호전의 특수상황이 일어나는 기업으로 아래와 같은 유형이 있다.

1. 낡은 제품

철도 기업의 설비가 대표적인 경우다. 많은 기업이 한때는 존재했던 수요가 크게 감소하는 경험을 했다. 이에 기업들은 판매하는 제품을 변경하는 방법으로 대응했다. 에이시에프 인더스트리즈ACF Industries, 아메리칸 브레이크 슈American Brake Shoe, 에반스 프로덕츠Evans Products, 미들랜드로스, 사이밍턴 웨인Symington Wayne Corporation 등은 호전이 일어나 현재 잘 운영 중인 기업의 사례다.

2. 제품은 발전하지만 경영진이 뒤처짐

컴퓨터 기술의 발달을 따라가지 못하는 사무용품 기업이 대표적이다. 이 산업군에서 몇몇 인수, 합병이 있었고 신제품도 출시되었지만, 이것만으로는 충분하지 못했다.

3. 다투는 경영진

신기술 적용을 두고 경영진이 다투는 경우를 예로 들 수 있다. 이 같은 상황은 모든 호전의 특수상황에서 발견된다. 아래에서 다룰 콜트 인더스트리즈Colt Industries는 경영진의 반복적인 다툼이 해결되어 호전을 맞이한 사례다.

4. 현대적인 설비도, 새로운 시각도 없는 경우

이는 후진적인 경영과 관련된다. 경영이 잘못되어 사업이 잘 안 되는 경우는 흔하다.

호전의 사례

지난 수년간 호전된 기업의 예를 몇 가지 들어보겠다. 매출과 이익이 변변찮은 기업이었지만, 일정 기간 후 실적이 좋아졌다는 공통적인 특징이 있다. 몇몇 사례는 적자가 난 경우고, 다른 몇몇 사례는 매출이 줄어들었던 경우다. 기업의 실적이 호전되자 주가가 올랐고, 장기투자가 성공할 수 있었다.

○ 콜트 인더스트리즈

콜트 인더스트리즈의 호전은 10년 동안 이어진 심각한 적자, 의결권 대결, 경영진의 개인적인 다툼 끝에 이어진 새로운 경영 덕분이었다. 이 기업은 관련 없는 사업을 가지치기하고, 신규 설비를 도입하는 것이 필요했음에도 과거의 여러 사업을 지속하고 있었다.

이후 임원, 중견 간부, 부서장과 지배인까지 포함해 경영진이 100% 교체되었다. 경영진 교체 후 7개의 주된 사업부에서 대대적인 구조조정이 이루어졌다. 오래되거나 불필요한 설비도 없앴다. 콜트 인더스트리즈는 현재 미국에 9개, 캐나다에 1개, 멕시코에 1개의 제조 공장만 운영하고 있다. 약 60%의 매출은 일반 소비자들을 상대로, 나머지 40%의 매출은 정부를 상대로 한 것이다. 사업 분야는 우주항공 제어, 소형 화기, 동력 시스템, 탈염 시스템, 중량 측정 시스템, 공작 기계, 압축기 및 펌프 등으로 구성된다.

호전은 장부상 확인된다. 콜트 인더스트리즈는 1962년 1억 5,000만 달러의 매출에 500만 달러의 적자를 기록했었다. 그러던 것이 1964년에는 매출이 1억 6,400만 달러로 늘었고 300만 달러의 흑자도 발생했다. 흑자 규모를 주식 수로 나누면 주당 0.85달러의 순이익에 해당한다. 1965년에는 주당 1.73달러로 순이익이 늘었다. 주가는 1964년 10.75달러에서 1966년 초 20.50달러로 올랐다. 앞으로도 매출과 이익이 증가할 것으로 예상된다.

○ 포스터휠러Foster Wheeler Corporation

포스터휠러는 1961년 주당 4.24달러의 순이익을 기록했지만 1962년엔 불과 2.08달러의 순이익, 심지어 1963년에는 주당 4.48달러의 적자를 기록했다. 그러던 것이 1964년에는 주당 2.21달러의 흑자로 돌아섰다가 이듬해에는 주당 3.39달러까지 늘었다. 주가는 1964년 23.87달러를 최저점으로 하여 58달러까지 상승했다.

○ 로버트 쇼 컨트롤즈Robert Shaw Controls

로버트 쇼 컨트롤즈는 온도와 압력을 자동 제어하는 장치를 만드는 기업이다. 1962년 중반, 이 기업은 일반 소비자를 위한 시장에 진출했고, 다른 기업을 인수해 기존 제품의 판매 범위도 넓혔다. 현재는 시간계측기, 이음새가 없는 금속 벨로즈, 자동 온도조절장치, 압력 게이지 등의 제품도 만든다. 순이익은 1959년 주당 5.76달러를 기록한 다음 1964년 주당 1.56달러까지 하락했었다. 그러나 1965년 2.20달러까지 실적이 회복되었다. 주가는 24달러까지 하락했다가 실적 회복을 반영해 39달러까지 올랐다.

○ 워드 푸드Ward Foods

워드 푸드는 워드 베이킹Ward Baking과 노마Noma Corporation가 합병해 생긴 기업이다. 합병 전엔 3년 연속 적자를 기록했다. 이로 인해 주가는 6달러까지 하락했다. 그러나 신제품을 개발하고 수익성이 없는 자산을 처분해 회복의 계기를 만들었다. 그 결과 1965년엔 주당 44센트의 순이익을 기록했으며, 1996년의 실적은 이보다 나을 것으로 예상한다. 이런 변화를 반영해 주가는 29달러까지 상승했다.

○ 화이트 컨솔리데이티드 인더스트리즈

원래 상호가 화이트 소잉머신White Sewing Machine Company인 화이트 컨솔리데이티드 인더스트리즈는 현재 매출의 상당 부분을 특수 밸브, 제어 장치, 기계 장치 등을 통해 올리고 있다. 최근에는 화이틴머신 웍스를 인수하여 수익이 더욱 늘어날 것으로 기대된다. 과거 실적은 대부분 적자를 보이는 등 불규칙했다. 그러나 최근의 개선 덕분에 1963년에는 주당 0.42달러, 1964년에는 주당 1.11달러, 1965년엔 2.43달러의 순이익을 기록했다. 주가는 한동안 5~10달러의 범위에서 움직였으나, 호전이 반영되어 1964년엔 18.84달러까지 올랐다. 1966년에는 호실적이 큰 영향을 주어 59.50달러까지 상승했다.

○ 채드본 고담Chadbourn Gotham

채드본 고담은 지난 몇 년 동안 적자 수준에서 운영되었다. 이에 주가는 5달러 수준에 머물렀다. 이 기업은 여성용 바지를 만드는 게 주된 사업이다. 부수적으로는 작업복과 남성용 여가복도 만든다. 다림질이 필요 없는 옷에 대한 수요가 늘면서 의류 부분의 수익 증가가 예상된다. 현재까지는 별다른 변화가 없지만, 실적의 호전 및 인수, 합병 특수상황으로의 발전 가능성이 있음을 언급해둔다.

분석 방법

호전의 특수상황에선 기업, 제품, 서비스, 산업 및 경영 능력 전반에 대한 분석이 필요하다. 이외에도 필사적으로 변화할 만한 동기가 있는지도 깊이 검토할 필요가 있다. 호전은 과거에 엉망으로 운영되어 왔음을 의미하는 것이다. 이에 (1)적자의 정도, (2)사업이 쇠락해 온 기간, (3)사업이 쇠락하고 적자를 보게 된 근본적인 이유 등도 분석해야 한다.

경영이 잘못되면 매출과 이익이 준다. 예를 들어 호전의 사례인 화이트 컨솔리데이티드 인더스트리즈는 1961년 주당 91센트, 1962년 주당 47센트의 적자를 기록했다. 그러나 1963년에는 42센트, 1964년에는 1.11달러의 순이익으로 전환되었다. 호전의 결과 주가는 1964년 10달러에서 상승을 시작해 1966년 59달러까지 올랐다(이 기업에 관한 상세한 사항은 앞서 설명하였다). 제품군이 개선되어 호전에 영향을 끼칠 때까지 적자가 계속되었던 것이다.

호전의 특수상황 분석은 재무상태표와 손익계산서를 살펴보는 것에서 시작한다. 기업에 충분한 자산이 있어야 호전을 위한 계획을 실행할 수 있다. 재무상태표에 기재된 재고, 공장 및 설비 등은 현금으로 바뀔 수 있다. 과거의 수익성에 관한 자료도 중요하다. 만약 기업이 아주 오랫동안 저조한 실적을 보였다면, 특히 당시의 경영진이 현재도 자리를 차지하고 있다면, 호전되기 어렵다. 왜 실적이 감소하였는지 그 원인도 검토해야 한다. 호전될 것으로 판단하기 위해서는 뭔가 새로운 것이 있어야 한다. 여기서 새로운 것은 경영진이 될 수도 있고, 제품이 될 수도 있다. 앞서 살펴본 채드본 고담은 아직 눈에 보이는 호전의 계기가 드러나지는 않았다. 추가적인 재무분석을 위해서는 제3장에 기재된 포괄적인 분석 방법을 적용해보면 도움이 될 것이다.

호전의 특수상황에서 결정적인 요소는 '사람'이다. 그러나 사람은 보통의 분석으로 알 수 없다. 재무상태표가 아니라, 경영진이 중요하다. 호전의 특수상황에서 핵심 동력은 경영 능력이기 때문이다. 가족 경영진의 격변이 성공적인 호전으로 이어진 대표적인 사례가 앞서 언급한 콜트 인더스트리즈다.

내부자의 주식매수

호전의 특수상황을 찾는 가장 쉬운 방법은? 가장 결정적인 단서는 내부자의 주식매수다. 내부자의 주식매수는 증권거래위원회에 공시되며, 뉴스나 금융전문지를 통해서도 찾아볼 수 있다.

내부자란 10% 이상의 주식을, 혼자서 혹은 특수관계인과 함께 소유한 자를 의미한다. 내부자의 소유비율 변동을 보면 기업을 경영하는 가족이나 지분이 많은 주주가 앞으로의 미래를 어떻게 예상하는지를 알 수 있다. 시장의 분위기가 좋거나 주가가 상당히 높은데도 내부자가 주식을 매도하면, 실적이 안 좋아질 것을 암시한다. 내부자는 대체로 실적이 안 좋아지기 수개월 전부터 매도한다. 주식시장이 활황이거나 투자자들이 실적의 하향세를 눈치채지 못하기 때문에 내부자가 매도해도 바로 주가가 하락하지 않을 때가 있다. 반대로 주가가 낮을 때 내부자가 매수하면 앞으로 실적이 좋아질 것이라는 강한 증거다. 이는 경영진의 교체(호전을 예고하는 매우 분명한 사인)를 의미할 수도 있다.

호전의 특수상황을 분석할 때는 투자를 결정할 수 있을 만한 결정적인 행위가 있는지 잘 살펴야 한다. 매월 내부자의 주식보유 현황을 살펴보는 건 필수다. 주가가 낮거나 실적이 좋지 않음에도 내부자의 주식보유가 상당한 기간 증가하면, 반드시 추가적 분석을 해야 한다. 내부자는 앞으로 좋아지리라는 확신 때문에 주식을 사는 것이다. 내부자의 매수라는 긍정적인 이벤트가 있더라도 주가가 오르기까지는 불확실한 기간이 존재함을 명심하라.

내부자는 미래를 알면서 주식을 매수한다. 신제품의 개발, 경영 측면에서의 개선, 우호적인 법률의 제정 등이 그런 상황이다. 내부자는 장기투자를 하기에 내부자가 매수하더라도 시장의 반응은 느릴 수 있다. 내부자 매수를 보고 투자하는 투자자는 느린 시장의 반응까지도 예상해야 한다.

호전의 특수상황에 관한 정보는 평범한 재무자료나 뉴스, 금융정보지, 전문지 등에서도 찾을 수 있다. 전문지는 다른 출판물에 없는 기업의 이슈를 많이 다루며, 경영진 개인의 개성이나 능력도 파고든다. 컴퓨터로 처리되는 금융이나 투자정보 서비스 또한 일반적인 분석으로는 알아내기 어려운 정보를 가공해 호전의 가능성을 보여준다. 기업의 보고서, 특히 정기적인 의결권대리행사권유서류나 주주총회소집통지서 또한 경영자 가족의 주식보유 변화를 확인할 수 있는 훌륭한 정보창고다. 기업이 보내는 우편물을 받아 정보를 획득할 요량으로 아주 소량의 주식을 사는 것도 방법이다.

투자 방법

호전의 특수상황은 장기적인 투자다. 이 특수상황은 아주 느리게 정해진 길을 따라 진행된다. 주식이 오르는 동안 점점 더 많은 양의 주식을 사기에,

상황이 무르익기까지 오래 걸리는 투자가 유리한 것이다. 즉, 투자자는 시간적 여유를 두고 이 특수상황에 투자해야 한다. 특수상황이 진행되는 동안, 투자자는 기본적인 분석을 계속하고, 추가 매수할지를 검토하는 것이 좋다.

오늘날의 사례

행동주의, 턴어라운드: 오진Augean PLC, AUG

이번 사례는 저평가되어 있던 회사가 특수상황으로 인해 큰 위기에 처했다가 호전되는 동안, 시장이 이를 어떻게 인지하여 가치를 새롭게 평가하는지 잘 보여주는 사례입니다.

AUG는 영국의 고위험 폐기물 관리 기업으로 현재 시가총액 약 4억 파운드에 거래되고 있습니다. 2016년에 회사의 시가총액은 4,700만 파운드에 불과했는데, 이 가격은 AUG가 영국의 폐기물 매립지 잔여량의 40%를 보유한 매우 전략적 위치에 있음에도 불구하고 AUG의 장부가보다 훨씬 낮은 수준이었습니다. 폐기물 관리 사업은 규제가 매우 심한 산업이라 잠재적 경쟁자가 새로운 매립지 허가를 받기는 불가능했습니다. AUG의 당시 투하자본대비 수익율Return on Capital Employed은 최대 12%까지 상승했고, 고객들의 전환비용은 매우 높았으며, AUG의 경영진은 영국 정부의 폐기물 관리 및 환경 정책의 핵심 고문으로 자리하고 있었습니다. 즉 AUG는 자신의 펀더멘탈 대비 매우 저평가된 기업이었습니다.

이 상황에서 악재가 발생합니다. 2017년 8월 25일 영국 세무당국Her Majesty's Revenue Customs, HMRC은 AUG에게 2013년 8월 31일로 종료된 3개월의 기간 동안 최대 210만 파운드의 추가 세금을 지불해야 한다는 통보를 했습니다. 부연 설명을 하자면, 매립세에 대한 두 가지 세율이 존재하는데 이는 표준세율Standard Rate과 할인세율Lower Rate입니다. 표준세율(1톤당 약 GBP 86)은 환경에 더 유해한 폐기물에 적용되어 부과되는 반면 일반폐기물은 더 낮은 할인세율(1톤당 약 GBP 3)이 부과됩니다. HMRC에서 문제 삼은 것은 AUG가 그 동안 매립한 폐기물의 구분이 할인세율 쪽으로 과하게 분류되어 세금을 과소하게 냈다는 것이었습니다(몇몇 가정을 바탕으로 역산하면, AUG는 과거 폐기물들의 대략 20%가 표준세율을 적용해야 한다고 주장한 반면, HMRC는 55% 이상이라고 주장했습니다). 브렉시트에 대한 불확실성 때문인지는 몰라도 당시 HMRC는 가능한 한 많은 세수를 징수해야 한다는 압박이 있었고, 국가 전략 자산을 보유한 이 작은 기업의 매립세에 대해 무려 4년을 소급해 세금을 부과한 것입니다. HMRC는 여기에 그치지 않고 최초 통보한 2013년 8월 이후로

2017년 당시까지 3개월 단위로 매립 폐기물 구분에서 나오는 과세 차액을 청구하게 됩니다.

HMRC의 세금 통보 이후 세 가지 일이 일어났습니다. 첫째, 추가적으로 HMRC가 문제 삼을 세금 차액에 대한 두려움으로 AUG의 주가는 반 토막이 납니다. 하락 후 당시 AUG의 시가총액은 AUG가 보유한 매립지의 내재가치보다도 낮은 수준이었습니다. 둘째, 당시 CEO였던 스튜어트 데이비스Stewart Davis가 쫓겨났고, 마지막으로 하우드 캐피털Harwood Capital의 크리스토퍼 밀스Christopher Mills라는 이름의 행동주의 투자자가 개입하며 AUG의 지분을 4%에서 28%로 늘렸습니다. 하우드의 이전 투자 전략은 펀더멘탈이 좋은 초소형 기업의 지분을 1~5%로 설정하고, 엄청난 기업활동과 외부요인으로 인해 발생하는 변동성을 공격적으로 활용하여 지분을 늘리고, 이사회를 장악한 뒤 턴어라운드를 실행하는 것이었습니다. AUG에도 동일한 전략을 구사하였는데 AUG와 하우드가 보여준 턴어라운드는 매우 경이로웠습니다. 우선 AUG는 오랫동안 투자하였으나 수익성이 낮은 사업부를 신속히 매각하고 비용을 정상화하여 영업이익을 높였습니다(EBIT 마진에서 ~4% 증가). 이 과정에서 부채를 상환하여 순현금 상태를 달성하고 잉여 현금 흐름을 60만 파운드에서 1,260만 파운드로 증가시켰고, 고용된 자본 수익률은 12%에서 22%로 상승합니다. 게다가 실제 HMRC가 요구한 추가 징수액은 첫 통보 당시 하락한 시장가격이 암시한 수준보다 낮았습니다.

한편 하우드는 계속 분석하며 추가 매수를 하라는 실러의 조언을 그대로 수행합니다. 처음 공격적으로 AUG의 주식을 매입하였을 때 가격이 주당 GBP 0.3이었는데 하우드의 매입은 GBP 0.6에도 계속되었습니다. 현재 주가 GBP 3.8 수준에도 여전히 회사의 23% 지분을 보유하고 있는데 이는 최초 투자 대비 10배가 넘는 수익입니다. 외부적 요인으로 인한 특수상황, 유능한 행동주의 투자자와 신속한 턴어라운드, 그리고 특수상황이기 전부터 저평가되어 있던 회사가 창출한 매우 높은 수익성의 예시입니다.

우리나라에의 적용

우리나라의 산업은 경기변동에 민감한 편입니다. 반도체, 화학, 자동차, 철강, 비철금속, 조선, 기계, 해운, 은행 등 대부분 산업이 그렇습니다. 그러므로 최악의 시기에 투자해 경기가 호전되었을 때 매도하는 식의 투자가 유효하였습니다. 특히 외환 위기나 서브프라임 모기지 위기, 코로나19 바이러스로 인한 폭락장에서 한 투자는 대부분 좋은 성과를 보여주었습니다.

다만 위기 상황에서 기업이 도산하면 모든 것을 잃게 됩니다. 기업에 현금을 포함해 충분히 우량한 자산이 있는지, 부채비율이 낮은지 등을 살펴볼 필요가 있습니다.

우리나라 시장에서 내부자의 주식매수는 여러 의미가 있습니다. 예를 들어 승계를 위해 창업자의 2세, 3세 혹은 4세가 주식을 매수하는 경우 상당히 오랫동안 매수가 이어질 수 있는데, 이때 주가는 잘 회복하지 못하는 경향이 있습니다.

지배주주가 지배력 강화를 위해 기업을 인적분할하고 자신이 보유한 사업회사 지분을 지주회사에 출자하는 것 역시 지주회사 지분을 매수하는 것에 비유할 수 있습니다. 이때도 지주회사의 주가가 크게 오르지 못하는 경향을 보입니다.

최대주주가 사망하면 그 지분이 자녀에게로 상속됩니다. 이 역시 의도하지 않은 이유지만 그 실질을 자녀가 주식을 매수하는 것으로 볼 수 있습니다. 그런데 상속세가 결정되는 시점이 상속이 일어난 때를 기준으로 전후 2개월이기에 그 기간에 주가가 오르는 건 사망한 최대주주의 자녀들에게 불리합니다.

다만 특수상황투자자로서는 이를 역이용할 수 있을 것입니다. 기업이 건전하고 저평가되어 있음에도 불구하고 위와 같은 이유로 주가가 상승하지 못하고 있다면, 이때 투자해 보유하며 기다리는 전략을 고려해볼 수 있습니다.

제15장
사업의 전환

기민한 기업은 늘 제품의 디자인과 공정을 바꾸고 있다. 기업이 다른 산업으로 전환하는 건 상당히 까다로운 일이지만, 전환에 성공하면 큰 수익이 난다. 이 장에선 전환에 성공한 기업, 전환의 절차, 전환의 후보군 등을 살펴보겠다.

오늘날 기술은 빠르게 발전한다. 기업은 불과 10년 전에는 존재하지도 않았던 제품을 내놓아야 한다. 국가 경제는 성장을 계속한다. 발전에 뒤처지지 않으려면 새로운 제품을 개발하고, 판매해야 한다. 원래의 사업에선 수요가 주는 반면, 새로운 사업에서는 수요가 증가하는 기업을 발견할 때가 많다. 원래 사업의 수요가 줄거나 거의 늘지 않는 기업은 사업전환 특수상황의 후보군이다. 꾸준히 수요가 증가하는 제품이나 서비스가 있는 기업은 해당 산업의 기술변화만 잘 따라가면 된다.

사업전환의 개념

사업전환은 원래의 사업을 줄이거나 없애고 성장하는 새로운 제품이나 서비스를 도입하는 것을 의미한다. 고무 산업에 속한 몇몇 기업에서 최근의 사례를 찾아볼 수 있다.

○ 세일론Seilon, Inc.

종전의 상호가 세이벌링 러버Seiberling Rubber Company였던 세일론은 적자가 나던 타이어 제조 설비를 팔고, 자동차 매트류, 신발, 플라스틱 등의 제조에 집중했다.

○ 리 내셔널

종전의 상호가 리 타이어앤러버였던 리 내셔널은 모든 설비를 처분했다. 이 기업은 현금 및 현금성 자산만 가지게 되었지만, 그 가치가 주당 31달러에 달했다. 이 돈을 사용할 새로운 사업을 찾는 게 경영진의 목적이다. 인수를 쉽게 하기 위해, 주주들은 최근 우선주 발행을 승인했다. 경영진에 따르면 우선주는 새로운 사업을 인수할 때 주식교환을 위해 사용될 것이라고 한다. 그러므로 이 기업은 사업전환의 도중에 있다고 할 수 있다.

리 내셔널의 주가는 24.50달러 정도이고, 이는 순자산가치보다 할인된 수준이다. 자금을 사용할 적당한 기업을 찾지 못하면, 청산할 수도 있다. 수익성 높은 사업을 인수할 만한 능력이 경영진에게 있는지에 따라 장래가 결정되는 셈이다. 경영진은 상당한 지분을 보유하고 있다. 기업의 자금을 가장 효율적으로 사용해야 한다는 면에서 경영진과 투자자의 이해관계는 일치하고 있다.

○ 에이시에프 인디스드리즈

철도 설비 분야 역시 사업전환이 일어나는 산업군이다. 이 분야의 기업은 전환에 필요한 연구를 할 만한 시간적 여유가 있었기에 전환의 속도는 점진적인 편이었다. 종전의 상호가 아메리칸 카앤파운더리American Car & Foundry였던 에이시에프 인더스트리즈가 대표적인 예다. 이 기업은 현재 탱크와 특수목적 차량을 대여하는 자회사로부터 주된 수익을 올리고 있다. 이 기업의 수익은 10년 전 주가가 10달러 정도일 당시의 주당 1.59달러에서 한때 0.59달러까지 하락했었다. 그러나 사업전환과 더불어 1965년 주당 3.72달러까지 수익이 늘자 주가는 50달러 중반까지 치솟았다(수익과 주가는 1963년과 1965년의 액면분할을 고려해 조정한 것임).

사업전환의 동기

사업전환은 (1)해당 제품이나 서비스에 대한 수요의 감소, (2)산업의 저성장, (3)최신의 산업군에 뛰어들어 이익의 규모를 늘리고자 하는 욕구 등이 배경이 된다.

이들 기업의 재무는 양호한 경우가 많다. 경영진은 사업전환에 필요한 아이디어와 능력이 있어야 한다. 변화를 꾀할 정도로 현명하기 위해서는 기민함, 식견, 훌륭한 경영 능력 등이 필요하다. 그래서 사업전환에 성공한 기업은 대부분 원래의 사업도 잘했었다. 이들 기업은 원래의 산업도 계속하면서 관계가 있는 제품과 활동으로 사업을 다각화하여 쇠락을 막을 수도 있다. 예를 들어 철도 장비 제조 기업은 연마제를 만들거나 임대사업을 추가하고 있다. 완전히 새로운 산업에 진출하는 것도 가능하다. 필라델피아앤리딩은 석탄업에서 섬유제조업으로 전환한 성공적인 사례다.

원래 존재하던 기업이 새로운 분야로 진출하는 건 새로 기업을 설립하는 것과 비교해 나름의 이점이 있다. 기존 기업은 경험, 판매 및 유통조직 등을 보유하고 있다. 직원들도 노하우를 가지고 있다. 또한, 어느 정도 자본이 있고 원래의 사업에서도 당장은 돈을 벌고 있기에 시간에 쫓기지 않을 수 있다.

투자수익의 기회

사업전환의 특수상황은 충분한 사전 조사와 분석이 필요한 분야다. 그러므로 점진적으로 장기투자를 해야 투자수익을 올릴 수 있다. 호전의 특수상황에선 기존 사업으로 벌어들이는 수익이 적어 배당이 잘 나오지 않는다. 그러나 사업전환의 특수상황에서는 기업이 원래의 사업을 하고 있기에 배당도 잘 주는 편이다. 배당은 중요하다. 배당이 있으면 특수상황이 전개되는 동안 충분히 기다릴 수 있기 때문이다. 배당은 기업의 재정이 나쁘지 않다는 증거이기도 하다.

사업전환의 특수상황에서 일정한 패턴을 찾기는 어렵다. 모든 기업은 저마다의 특수한 상황 속에서, 저마다의 특수한 동기에서, 사업을 전환하기 때문이다. 그런데도 예를 들어 전면적인 사업전환인지 부분적인 사업전환인지와 같은 유형화를 통해 진행을 예상해볼 수도 있다. 만약 기업이 완전히 기존의 라인을 철거하고 새로운 설비를 들였다면, 예상되는 수익의 정도가 완전히 다를 수 있다. 다른 기업을 인수해 사업전환에 성공한 기업으로, 인수대상인 기업이 올리던 수익을 통해 처음부터 수익을 예상할 수 있었던 엠에스엘 인더스트리즈의 경우, 이런 식의 접근이 가능했다. 물론 예상수익은 단순히 보조 사료로 사용하는 게 좋다. 인수한 기업이 얼마나 투자하느냐에 따라 수익의 크기가 달라질 수 있기 때문이다. 한편 어떤 기업이 부분적으로만 원래의 사업을 접고 새로운 사업을 시작한다면, 아직 영위 중인 원래 사업에서 최소한의 수익을 올린다고 보고, 수익의 크기를 예상할 수 있다. 이를 위해 필요한 정보는 각종 보고서를 통해 모을 수 있다. 새로운 분야에서 활동하여 생기는 영향은 얼마나 새로운 영역에 투자를 많이 했는지, 새로운 사업을 기획한 시간은 어느 정도인지, 새롭게 진입하는 산업의 크기, 해당 프로젝트에서 얻어질 예상 이윤 등에 따라 달라진다.

그러므로 사업전환의 특수상황에서는 진행 단계에 따라 다양한 투자 기회를 얻을 수 있다. 즉, 전환되는 도중에 투자를 집행할 기회가 충분히 있다.

사업전환의 방법

기업은 다양한 방법을 사용해 사업을 전환한다. 우선 앞서 설명했듯, 전부 또는 부분적으로 자산을 매각해 기존의 사업을 접을 수 있다. 데이코Dayco Corporation도 타이어 사업 부문의 설비와 재고를 매각하는 방법을 썼다. 이를 통해 수익성을 강화하고 재무안정성을 높였다. 설비를 매각하자 적자를 내던 기업이 주당 3달러가 넘는 이익을 내는 기업으로 바뀌었다. 또한, 다각화와 신제품 도입을 통해 V자형 벨트를 제조하는 최고의 기업이 되었다. 이에 더해 플라스틱, 기계적인 고무 제품, 화학제품, 가구에 쓰이는 쿠션, 산업 기계, 에어컨, 비행기 의자 등도 제조하는 기업이 되었다.

인수나 합병에서 길을 찾을 수도 있다. 인수, 합병은 좀 더 빠르게 사업전환을 하는 방법이기도 하다. 많은 경우 완전히 새롭게 시작하는 것보다 인수하는 게 싸며, 직원도 한꺼번에 얻을 수 있어 좋다. 인수, 합병을 통해 사업전환을 한 기업의 사례는 아래에서 다룰 예정이다.

내부적으로 새로운 사업을 개발해 전환하는 방법은, 어쩔 수 없을 때 쓰이긴 했지만 덜 선호되는 방법이다. 이 방법을 사용하면 기업은 해당 사업을 시작하기 위한 노하우를 스스로 취득해야 한다.

아래에서는 주된 사업을 크게 변경하고, 사업전환이 수익과 주가에 큰 영향을 준 기업들을 예로 들어보겠다.

○ **아메레이스**Amerace Corporation

아메레이스는 모직물을 제조하던 바크먼 억스브리지Bachman Uxbridge를 매도한 것이 사업전환의 계기를 마련했다. 이 기업은 내부적인 확장뿐 아니라 합병과 인수를 통해 자동차 부품 산업의 고무류, 플라스틱 및 화학제품으로 사업을 전환해 나갔다. 이 기업의 매출은 지난 10년 동안 3,500만 달러에서 6,900만 달러로 상승했고, 순이익은 불과 몇 센트 수준에서 주당 2.18 달러까지 올랐다. 주가는 8달러에서 29달러까지 올랐고, 10년 동안 배당금도 지급되었다.

○ **아틀라스**

아틀라스는 다각화되지 않은 일반투자 기업에서 우라늄 채광, 탄성이 있는 호스의 제조 및 가정용품 제조 기업으로 변신했다. 이 기업은 투자수익을 처분하고 다른 기업을 인수하는 전략을 실행했기에 전환할 수 있었다. 그동안의 실적은 변변치 못했지만, 최근엔 드디어 이익이 발생하여 우선주에 누적되어 있던 미지급 배당금이 일부 지급되기 시작했다. 수익성이 증가하자 최근 몇 년 사이 주가가 2달러에서 4.50달러까지 올랐다.

○ 뱅골 푼타 알레그레 슈가

뱅골 푼타 알레그레 슈가는 관련 없는 두 기업이 통합되어 만들어진 기업이다. 푼타 알레그레 슈가Punta Alegre Sugar는 (쿠바 정부가 강제수용하여) 아무런 설비 없이 350만 달러의 현금만 가진 껍데기 기업이었고, 뱅골앤아루스투크Bangor & Aroostook는 메인 주에서 철도 사업을 하는 기업으로 수익성은 괜찮은 편이었지만 성장성이 없었다. 통합된 두 기업은 교육기관이나 클럽 등의 엠블럼이 각인된 보석, 1인용 소형 보트와 내부가 잘 꾸며진 보트, 권총, 위생적인 공정을 위한 중장비, 여성 의류를 만드는 옷감, 대부업 등에 뛰어들었고, 철도 사업도 계속했다. 이 기업은 재무적으로 튼튼했다. 수익은 1963년 1.88달러에서 1965년 3.06달러로 올랐고, 주가는 낮았을 때 13.62달러, 높았을 때는 58.25달러였다. 현재 뱅골 푼타 알레그레 슈가는 이익이 기록으로 증명되고, 성장성이 확실하며, 경영 능력이 뛰어난 기업만을 찾아 인수한다는 철학을 가지고 있다.

○ 엘트라

종전의 상호가 일렉트릭 오토 라이트Electric Auto Light Company인 엘트라는 사업 전환을 위해 합병을 이용한 사례다. 합병은 엘트라와 머건탈러 라이노타이프Mergenthaler Linotype Company 사이에 이뤄졌으며, 이후 자동차 부품과 인쇄기를 생산했다. 합병과 동시에 매출과 이익이 상당히 늘었고, 주가는 20달러에서 49달러까지 올랐다.

○ 에반스 프로덕츠

에반스 프로덕츠의 원래 상호는 에반스 오토 로딩Evans Auto Loading Company이었다. 현재 이 기업은 합판과 관련 건축자재를 제조하고 있으며, 합병을 통해 철도 설비 분야에도 진출했다. 이 기업은 1960년대 초 적자를 기록했었다. 그러나 이후 실적 개선으로 인해 액면분할 전 기준으로 주당 3.08달러의 흑자로 돌아섰다. 주가는 수년 동안 10달러 아래였으나, 사업전환에 성공한 후 큰 흑자를 내자 53달러까지 올랐다.

○ 제네스코

원래의 상호가 제너럴 슈General Shoe Company였던 제네스코는 전체 매출의 40%를 신발류에서 올린다. 이 기업은 활발한 인수 활동을 펼쳐 의류 및 관련 사업으로 사업을 넓혔다. 경영이 나아지면서 이익과 주가가 모두 올랐다.

○ 글렌 올던

이 기업은 재무적으로 매우 우량하다. 탄광의 매각으로부터 발생한 상당한 수준의 이연손실금도 보유 중이다. 이 기업은 석탄 이외에도 섬유, 영화관, 가정용품, 기타 다양한 사업을 하는 중이다. 이 기업의 새로운 경영진은 현금을 유용하게 쓰는 방향으로 사업을 전개하고 있다.

○ 호텔코퍼레이션 오브 아메리카Hotel Corporation of America

호텔코퍼레이션 오브 아메리카는 애초 차일즈 레스토랑Childs Restaurants에서 시작했다. 이 기업은 1940년대에 구조조정을 거쳤다. 현재 70%의 매출이 호텔영업으로부터 나오며, 나머지는 식품 매출이다. 호텔과 모텔 사업으로의 전환에 중점을 두고 있기에, 조만간 사업조정이 필요할 것으로 예상한다. 현재 특수상황이 진행 중인 기업이라 할 수 있다.

○ **하우멧**Howmet Corporation

하우멧은 원래 상호가 하우 사운드Howe Sound Company였는데, 턴테이블을 제조하다가 현재는 다른 제품을 제조한다. 제조하는 제품이 바뀌면서, 새로운 경영진이 들어왔다. 주된 제품은 반가공된 알루미늄, 초합금, 의료용 및 치과용 물품, 내화물 등이다. 순이익은 1963년 주당 0.62달러에서 1965년엔 주당 1.25달러로 늘었다. 주가는 11달러에서 26달러까지 올랐고, 약간의 배당금도 지급되었다.

○ **헌트 푸드앤인더스트리즈**Hunt Foods & Industries

헌트 푸드앤인더스트리즈는 '성장하느냐 죽느냐'의 콘셉트를 보여주는 사례다. 이 기업은 활발한 인수 활동을 통해 기초식품에서 관련 제품으로 영역을 확장했다. 또한 맥콜McCall Corporation, 에반스 프로덕츠 및 휠링 스틸Wheeling Steel Corporation 등 여러 기업에 투자를 감행하면서, 유리부터 금속 상자까지 투자수입의 기반도 넓혔다. 기업의 적극적인 활동에도 불구하고 순이익이나 주가는 아직 별다른 변화가 없다. 현재 특수상황이 진행 중인 기업이라 할 수 있다.

○ **캔자스시티 서던 인더스트리얼**

캔자스시티 서던 인더스트리얼은 원래 철도 사업을 하던 기업이다. 1962년엔 지주회사로 변신했는데, 철도 기업들 중에는 이와 비슷한 패턴을 보이는 경우가 많다. 이 기업은 투자서비스를 제공하는 신생기업인 텔레비전 쉐어 매니지먼트Television Share Management Corporation의 지분 42%를 취득해 사업을 다각화했다. 철도 사업은 수년간 안정적이었다. 그러므로 지주회사로의 전환과 수입원의 다각화로 철도 사업을 넘어서는 수익을 올릴지 지켜볼 가치가 있다.

○ **리하이 밸리 인더스트리즈**Lehigh Valley Industries

리하이 밸리 인더스트리즈는 원래 주요 무연탄 채굴 기업이었다. 모든 석탄 관련 설비를 매각하고, 현재는 침대 스프링, 자동차 안전장치, 중장비, 전자제품에 사용되는 얇은 패널 등을 제조 중이다. 수년 동안 수익성이 계속 향상되었으며, 주가는 오랫동안 1달러에 머물렀지만 현재는 10달러 선이다.

○ **미들랜드로스**

미들랜드로스는 인수, 합병의 강력한 효과를 보여주는 사례다. 이 기업은 자동차와 교통 관련 부품이 매출의 30%를 차지한다. 이외에도 건축, 소비자 제품, 우주항공과 방산 분야의 사업도 벌인다. 왕성한 합병을 시작한 이후 순이익은 2배가 되었다. 같은 기간 주가는 실적과 나란히 100% 상승했다.

○ **시그널 오일앤가스**

시그널 오일앤가스는 합병과 투자를 통해 사업을 전환한 사례다. 개럿과 합병하여 우주항공 장비를 만들면서 동시에 아메리칸 프레지던트 라인즈American President Lines, 빌럽스 웨스턴 석유Billups Western Petroleum에 대한 투자도 진행했다. 순이익은 안정적이면서도 다소 상승하는 모습을 보였다. 주가는 변화에 반응해 20달러에서 30달러로 올랐다. 개럿과의 합병이 사업전환을 위한 진정한 움직임이 될지는 앞으로 지켜봐야 한다.

○ 사이밍턴 웨인

사이밍턴 웨인은 각기 2개의 사업을 영위하는 2개의 기업이 합병한 사례다. 웨인 펌프Wayne Pump의 매출 중 절반은 주유소 설비에서, 30%는 철도 설비에서 나왔다. 메카닉스Mechanics의 공구, 산업 장비 매출 비중은 각 절반 정도였다. 합병은 두 기업 모두에게 이익이었는데, 이는 1960년 주당 1.38달러이던 순이익이 1965년 주당 2.62달러로 오른 것만 봐도 알 수 있다. 실적이 개선되자 주가는 과거의 11.62달러에서 현재 29달러 선까지 올랐다.

○ 텍스트론

텍스트론은 사업전환의 전형적인 사례다. 이 기업은 원래 아메리칸 울른American Woolen Company이라는 상호로 유명했다. 이 기업은 로빈스 밀스Robbins Mills와의 합병, 다양한 인수, 불필요한 설비의 매각 등을 통해 농업용 화학제품, 소비자용 전자기기 제품, 우주항공 분야 방산 제품, 폴리우레탄 소재의 폼, 석유 생산 설비 등을 만드는 기업이 되었다. 순이익은 계속 늘어 1965년에는 2.62달러까지 올랐다. 1965년 2:1의 액면분할이 있었던 점을 고려해 조정하면 주가는 10달러에서 49달러까지 올랐다.

○ 웨스팅하우스 에어 브레이크Westinghouse Air Brake

웨스팅하우스 에어 브레이크는 신호 제어 산업, 기차용 에어 브레이크 장치를 만들던 오래된 기업이다. 철도 산업에 집중되었던 매출은 전체 매출 중 2%만 해당 분야에서 올리는 수준으로 낮아졌다. 10년 동안 인수, 합병을 계속하면서 순이익이 꾸준히 증가했고, 주가는 25달러에서 49달러까지 올랐다.

분석 방법

사업전환을 하는 기업은 재무, 기업의 경영, 경영진 등 세 가지 영역으로 나누어 분석해볼 수 있다.

1. 재무 분석

재무 분석은 매출, 매출총이익, 순이익 및 배당 등을 잘게 나누어 해당 상황을 살펴보는 것이다. 운전자본, 현금, 투자 및 어쩌면 처분될 수 있는 영업용 설비도 중요하다. 앞선 설명에서 사업전환에 필요한 자금을 부담할 수 있을 정도로 해당 기업이 재무적으로 건전한지와 함께 경영진의 능력과 행적 등을 살펴야 한다고 했다. 인수하는 경우든 내부적으로 시작하는 경우든 간에, 새로운 사업을 분석하기 위해서는 아래와 같은 질문을 해보는 것이 좋다.

- 산업의 크기는 어떠한가? 새로운 산업인가? 오래된 산업인가?
- 원재료는 무엇이고, 어떻게 구할 수 있는가?
- 제품 제조에 필요한 인건비의 비중은 어떠한가?
- 새로운 제품을 생산하기 위해 필요한 자본의 규모는 어떠한가?
- 생산까지 얼마의 시간이 걸리는가?
- 경쟁의 강도는 어떠한가?
- 어느 정도의 이윤이 발생할 것으로 예상되는가?

만약 인수를 통해 사업을 확장하는 경우라면, 기본적인 재무 정보가 이미 존재할 것이다. 이를 통해 중복되는 설비와 유통조직을 없애고 사업을 통합했을 때 얻을 수 있는 이익의 정도를 가늠해볼 수 있다.

2. 기업의 경영 분석

기업의 경영 분석은 사업전환의 과정을 잘 이끄는지에 대한 분석을 포함한다. 새로운 사업에 부드럽게 진입하는 게 좋을 방법일까? 아니면 공격적으로 설비와 역량을 투자하는 게 좋은 방법일까? 위험은 기존 사업을 처리하는 비용을 포함해 비용과 연관해 판단해야 한다. 잘 조율된 특수상황이라면 위험이 적을 것이다. 기업이 변화를 사업부 단위로 진행하는지, 자회사를 통해 진행하는지도 중요하게 살펴볼 대목이다.

3. 경영진 분석

경영진에 대해 분석할 때는 새로운 아이디어의 창의성과 아울러 기존에 어떤 성과를 냈는지, 변화에 대해 유연성을 보여왔는지 등에 관한 기록을 살피는 게 좋다. 중요한 점은 경영진이 실수를 인정하는지다. 실수를 인정해야만 잘못된 사업을 처분해야 할 필요성을 느끼기에 중요한 항목이다. 앞서 언급한 하우멧은 최근에 인수한 기업 중 함께하지 못할 만한 기업이 있다고 판단하자 바로 처분했다. 이는 인수를 진행하면서 계획적으로 처분하는 것과는 구분되는 경영상의 행위다. 예를 들어 제17장에서 설명할 인디언 헤드 밀스 Indian Head Mills, Inc.는 대부분의 성장을 인수, 합병을 통해 이루었는데, 인수한 자산 중 장기적인 계획에 들어맞지 않는 부분은 계획적으로 처분했다. 사업의 처분은 기업에 현금이 들어온다는 추가적인 장점이 있다. 새로운 경영진이 경영권을 차지하는 경우, 또는 인수나 합병을 통해 전환하는 경우엔 배경이 되는 기존 정보를 이용하기가 쉽다. 기왕이면 원래부터 하던 사업과 연관성이 있는 사업을 하는 게 좋다.

특수상황을 찾는 법

사업전환의 특수상황은 아래와 같은 후보군에서 찾을 수 있다.

(1)자산이 강제수용되는 경우와 같이 기업이 타의에 의하여 사업을 그만둔 경우

(2)해당 제품의 수요가 감소하는 산업의 경향성이 있는 경우. 광산이라면 광물이 고갈되는 경우를 의미한다.

(3)기업이 최신의 기술이 적용되는 영역으로 사업을 이전하는 경향성을 보여온 경우

(4)해당 산업에서 성장을 위한 인수, 합병이 이루어지는 경향성을 보이는 경우. 농약 제조 기업의 격렬한 인수 경쟁이 그 사례다. 그레이스앤컴퍼니Grace & Company는 한때 증기선을 운행했지만 화학으로 사업을 전환했으며, 62%의 매출을 농약과 기타 화학 물질의 판매를 통해 올린다.

정보의 출처

가장 좋은 정보원은 기업 그 자체다. 예를 들어 뱅골 푼타 알레그레 슈가는 사업보고서를 통해 해당 기업의 계획, 배경, 전망 등을 이야기해왔다. 사업전환의 속도는 느리므로 주가의 변화를 통해 정보를 찾는 건 적당하지 않다. 즉각적으로 투자에 들어가는 것도 좋은 방법이 아니다. 금융 뉴스, 정보지, 증권거래위원회의 보고서, 기본적인 금융정보서비스 등도 정보를 찾을 수 있는 원천이다.

요약

사업전환 특수상황에 대한 투자는 인내심만 있다면 엄청난 수익이 발생할 수도 있는 분야다. 사업전환은 기존 사업을 그대로 운영하면서도 할 수 있고, 처분한 뒤에 할 수도 있다. 새로운 사업은 친숙한 영역일 수도 있고 완전히 새로운 영역일 수도 있다. 새로운 사업으로의 전환을 (내부적으로 벌일지, 인수, 합병을 통해서 할지) 판단하는 건 중대한 경영상의 결정이다. 그러므로 비용을 잘 따져보고 신중히 판단해야 한다. 재무적으로 우량해야 하고, 경영진도 유연해야 한다. 사업전환의 모든 기간에 걸쳐 투자하는 장기투자자는 투자수익을 거둘 가능성이 크다.

오늘날의 사례

사업의 전환, 분할, 행동주의 : 트라이브 홀딩스Thryv Holdings, THRY

THRY는 인쇄 마케팅 미디어 및 서비스형 소프트웨어Software as a Service, SaaS사업을 한 지붕 아래 영위하는 기업입니다. 전체 매출의 약 90%는 새로운 SaaS 사업을 시작하기 전부터 영위하던 전화번호부옐로페이지 사업(인쇄 마케팅 사업)에서 창출되고 있습니다. THRY는 2016년 회생절차(챕터11)를 거쳐 미국의 저명한 부실채권 투자자들의 소유가 되어 회생한 기업으로 알려져 있습니다. 자연스럽게 시장에서는 이 마케팅 사업을 천천히 녹고 있는 얼음 덩어리에 비유하며 미래에 존속하지 않을 사업으로 간주합니다. 하지만 녹는 얼음 뒤에 숨어 있는 SaaS 사업에 초점을 맞춘 THRY의 최근 행보는 지켜볼 가치가 있습니다.

THRY는 원래 2012년 뉴덱스Newdex 라는 이름으로 설립되었습니다. 이후 2013년 덱스 원Dex One Corporation 및 수퍼미디어Supermedia와 합병하고 이름을 덱스 미디어Dex Media로 변경했습니다. 덱스 미디어는 2016년 25억 달러의 부채를 감당하지 못하고 회생신청을 했고 이후 뮤드릭 캐피털 어퀴지션Mudrick Capital Acquisition Corporation, 폴슨앤코Paulson & Co, Inc, 아레스 매니지먼트Ares Management Corporation와 같이 부실채권에 투자하는 헤지펀드가 새로운 주인이 되어 회생절차에서 졸업합니다. 이 시기에 THRY는 덱스허브DexHub라는 지역비즈니스의 자동화 플랫폼을 출시했고, 2017년 와이피 홀딩스YP Holdings를 인수했으며, 덱스허브라는 플랫폼의 잠재 고객 기반을 넓히기 시작했습니다. 현재의 사명인 THRY로 이름을 바꾼 건 2019년의 일입니다.

먼저 녹고 있는 얼음이라 불리는(경영진은 녹고 있는 빙산이라고 표현합니다만) 마케팅 서비스 사업은 미국에서 브랜드 인쇄 디렉토리를 제공하는 전통적인 전화번호부 사업이라 할 수 있습니다. THRY의 고객은 일반적으로 12~15개월 단위로 전화번호부의 광고(디스플레이 광고, 컬럼 내 광고 등)를 계약합니다. 요즘 세상에 전화번호부를 사용하는 사람들이 있다는 걸 상상하기 어려울 수도 있겠지만, 실제로는 아직도 전통적인 매체를 꾸준히 이용하는 수요층이 존재하는 것으로 파악됩니다. 마케팅 서비스 사업의 매출은 매년 약 20% 감소하고 있지만 변동비가 높은 성격의 사업이라 EBITDA 마진은 약 38%로 유지되는 상태입니다.

더 흥미로운 부분은 회생 이후 새롭게 확장한 SaaS 사업입니다. THRY가 소상공인들을 위해 제작한 SaaS 플랫폼은 사업을 영위하며 필요한 활동들, 예를 들어 작업 예약, 송장 발행, CRM마케팅 자동화 및 소셜미디어 마케팅에 이르기까지의 활동을 관리합니다. THRY 플랫폼의 고객들은 기존 전화번호부 고객이 대부분인데 THRY의 CEO 조셉 월시Joseph Walsh는 이러한 고객 유치를 '마치 동물원에서 사냥하는 것과 같이 쉽다'고 표현하며 다음과 같은 부연설명을 했습니다.

"우리는 2017년 미국전화전신회사와 사모펀드 그룹인 서버러스Cerberus Capital Management로부터 와이피 홀딩스를 샀습니다. 우리는 와이피 홀딩스 고객을 상대로 THRY의 SaaS 서비스를 팔았지만 18개월 동안 와이피 홀딩스 고객 중 고작 9~10%에만 성공적으로 THRY 서비스를 침투시킬 수 있었습니다."

THRY가 적절한 고객군을 찾는 데 시간이 걸렸던 셈입니다. 과거 THRY는 고객 확장을 위해 무분별하게 솔루션을 판매했지만, 이제는 2~19명 직원을 가진 사업체들이 적합한 고객군임을 깨달았습니다. THRY의 SaaS 사업은 3Q20 LTM 매출 1억 2,700만 달러, EBITDA 1,100만 달러를 기록했습니다. SaaS 사업으로 돈이 벌리는 건 드문 일입니다.

THRY는 IPO를 하지 않았으므로 로드쇼를 진행하거나 투자자를 위한 행사나 인터뷰를 개최하지 않았습니다. 아마도 시장은 눈에 띄게 녹고 있는 빙산 아래 작은 SaaS 사업을 평가절하하고 있을 가능성이 큽니다. 이에 2020년 3분기 컨퍼런스콜에서 투자자인 존 폴슨John Paulson은 THRY가 SaaS 사업을 분사해야 하는 설득력 있는 근거를 제시하기도 했습니다.

"제 질문은 SaaS 사업인 THRY를 분사하면 오늘날 THRY의 총 가치보다 몇 배 더 높은 가치를 가질 수 있다는 것입니다. 그래도 원래의 마케팅 사업은 아마도 동일한 가치, 2~2.5배의 현금 흐름으로 계속 거래될 것입니다. THRY의 SaaS 사업은 매우 흥미진진한 사업임에도 제대로 된 평가를 받지 못하고 있다고 생각합니다. 아마도 매출이 매년 20%씩 하락하는 사업과 섞여있어 그렇게 보일지도 모르겠습니다. 그러나 THRY의 SaaS 사업 가치는 현재 THRY 전체의

가치와 같은 수준일 수 있습니다. 제 얘기는, SaaS 사업을 분사하면 THRY의 전체 가치에 영향을 주지 않으면서 주주 가치를 2배, 3배, 4배 증가시킬 수 있다는 것입니다. 오늘 당장 분사하라는 것도 아니고, 4년 뒤에 하라는 것도 아닙니다. 아마도 내년이나 1년 정도 안에 해야 할 것입니다. 제 생각엔 분사를 하게 되면 THRY가 성장하는 데 훨씬 더 선택권이 많아질 것이라 생각합니다."

여기에 대한 경영진의 반응은 고무적이었습니다.

"정말 좋은 지적입니다. 당신의 경험과 관점을 존중합니다. 당신은 THRY의 훌륭한 후원자이기도 했습니다. 우리는 당신의 제안을 진지하게 받아들이고 검토할 것입니다. 우리는 늘 내일이라도 분사할 수 있다는 생각으로 경영하고 있습니다. 마케팅 사업과 SaaS 사업은 철저히 분리되어 있습니다. 이와 더불어 회계 상의 이슈에 대해서도 이미 생각하고 있습니다."

그러나 이 컨퍼런스콜 직후 폴슨은 자신의 포지션 중 상당부분을 매도합니다. 팔아버린 이유야 많겠지만 폴슨 생각에 THRY의 변화는 더딜 것으로 예상했던 것 같습니다. 결코 THRY의 전망에 좋은 신호는 아니었습니다.

THRY의 SaaS와 직접적인 비교를 하기엔 턱없이 크지만 허브스팟HubSpot은 당시 매출의 22배, EBITDA의 185배 정도로 시장에서 거래되고 있었습니다. THRY의 경우 마케팅 서비스를 EBITDA 2배의 상수를 적용하고 역산하면 THRY의 SaaS 사업은 대략 매출의 5배 정도에 거래되고 있습니다. SaaS 사업에서 더욱 많은 고객을 유치하고 또 분사가 실제로 이루어진다면 시장에서 평가되는 가치는 확연하게 높아질 수 있습니다. 여기에 CEO 조셉 월시는 비즈니스 구축 및 판매에 깊은 경험이 있는 훌륭한 경영자처럼 보입니다. 월시는 1980년대에 옐로페이지와 경쟁하는 옐로페이지 회사를 시작하여 더 큰 회사에 매각한 후 더 성장하여 해당 부서를 다시 상장회사에 매각한 경력을 갖고 있습니다. 또한, 웰시는 캠비움러닝그룹Cambium Learning Group의 회장으로 재직하며 기업이 아날로그에서 에드 테크로의 전환을 주도하였고, 전 세계적으로 제품을 확장한 경력도 있습니다. 주주친화적인 정책과 향후 SaaS 사업의 행방에 따라 새로운 사업 영역으로 확장한 THRY가 주주들을 위해 수익을 창출할지 지켜볼 필요가 있습니다.

우리나라에의 적용

우리나라에서도 전통적인 제조업의 인기는 높지 않은 편입니다. 상속, 증여를 걱정해야 하는 경영진 처지에서 주가의 상승을 바라지 않을 수는 있겠지만, 그렇다고 해서 기업의 성장도 바라지 않는 것은 아닙니다. 많은 자본을 가지고 상당한 매출을 올리지만 본업에서 별다른 수익이 나지 않는다면 여러 신규 사업을 고민해보는 것이 당연합니다.

이와 관련하여 늘 사업보고서에서 '타법인출자 현황(상세)'를 확인하고, 실제 어떤 기업(상장이든 비상장이든)에 투자하고 있는지 살펴보는 것을 추천합니다. 간혹 너무도 소외가 심각한 사업을 하고 있기에, 해당 기업이 다른 신사업에 관심을 가지고 약간의 투자를 집행하고 있다는 사실 자체에 시장이 반응할 수도 있습니다.

한편, 시크니컬한 우리나라 산업의 성격상 호황이 찾아올 때는 엄청난 규모로 찾아올 수도 있습니다. 호황이 찾아와 투자자들이 주목하게 되면 과거 이익이 나지 않고 고리타분해 보였던 사업도 성장성이 강한 새로운 사업처럼 보이기 마련입니다. 예를 들어 과거 골판지 사업은 수익성이 낮은 제지업의 일종인 것처럼 보였지만, 어느 순간 온라인 유통이 발전하면서 필연적으로 따라오는 성장산업으로 인식되고 있습니다.

특히 우리나라는 주주환원이 적기 때문에 고전하는 전통 산업이라고 하더라도 기업 내부적으로는 오랜 기간 존속할 만한 자산이 풍부하게 있는 경우가 많습니다. 그러므로 시장이 새롭게 열광하기에 앞서 싼 가격에 투자해 놓는 것도 나쁘지 않을 것입니다.

제16장
현금이 많은 기업

사업전환을 하는 기업과 관련성이 높은 기업으로 현금이 많은 기업이 있다. 어떤 기업이 대부분 현금이나 현금성 자산만 가진 경우, 경영진은 이 자금을 집행할 곳을 열심히 찾는다. 이런 기업은 (1)유동 자산의 크기가 시가총액보다 큰 경우가 많고 (2)경영진이 기존 사업도 잘해온 경우가 많다는 두 가지 특징이 있다.

(뭔가 특별한 기업군으로도 불리는) 유틸리티즈앤인더스트리즈이하 U&I는 강제적으로 현금이 많은 상태가 된 사례다. 수도를 관장하는 정부기관이 수도 설비를 수용해 현금이 생겼기 때문이다. 수용에 따른 보상금은 해당 자산이 특정한 목적에 사용되면서 감가상각되었기에 장부가의 2배에 달하였다. 덕분에 현금의 규모는 상당했다. 심지어 아직도 뉴욕 주 내에 남은 수도 설비가 있어 앞으로도 수용 보상금이 생길 가능성이 있다.

U&I가 인수, 합작투자, 대여 등의 용도로 사용할 수 있는 자금은 현재 4,100만 달러에 달하며, 이는 수용되었을 때 받았던 3,100만 달러의 보상금에서 불어난 것이다. 자금은 다양하게 분산되어 투자되어 왔다. 가장 최근의 특수한 투자는 헤드 스키Head Ski가 발행한 만기 1973년 이자율 5.875%, 30만 달

러 후순위 사채, 만기가 같은 이자율 5.75% 후순위 전환사채 및 보통주 1만 5,000주를 매수할 수 있는 10년짜리 워런트를 매입한 것이었다.

U&I는 최근 몇 년간 25개 이상의 투자를 집행했다. 투자 대상은 다양하다. 투자 규모는 상황에 따라 30만~500만 달러다. 투자금이 전부 집행되어 있지 않을 때는, 단기 보유의 목적으로 시장성이 높은 증권을 매입하거나 무위험 차익거래, 또는 중간에 현금화가 가능하고 저평가된 특수상황에도 투자한다. 자금 투자의 면만 보면, U&I는 일종의 펀드라고 할 수 있다. U&I의 경영진은 좋은 경영진이 경영하는 기업의 주식을, 목소리를 낼 수 있을 정도의 상당한 규모로 취득해야 한다는 생각을 가지고 있다.

U&I의 순자산가치는 1963년 6월 20일을 기준으로 세전 22.44달러, 세후로는 21.27달러다. 이는 발행주식총수인 132만 3,426주에서 이 기업의 자회사들이 보유한 53만 7,854주를 뺀 주식 수를 기준으로 하였다. 아직도 운영 중인 수도 설비는 감가상각으로 인해 장부가가 취득원가보다 낮은데, 실제 가치는 이보다 높다. 실제로도 과거 보상금이 장부가의 200%에 달한 적도 있었다. 이에 좀 더 현실적으로 이 기업의 순자산가치를 추정하면, 주당 30달러를 넘을 것이다. 1962년의 순이익은 97센트였는데, 이 중 55센트는 투자로, 나머지 42센트는 수도 설비의 운영으로 벌어들였다.

U&I에 대한 분석

U&I가 공개한 재무는 쉽게 1주 단위로 환산해 계산할 수 있다. 이를 통해 우리는 투자자처럼 운영하는 U&I 경영자의 마인드를 알 수 있다. 경영자의 마인드는 투자 전에 미리 확인해야 하는 사항이다. 경영자의 마인드 파악은 분

석의 핵심이다. U&I의 경영자는 시티즌 유틸리티즈Citizen Utilities, 미시건 가스앤 일렉트릭Michigan Gas & Electric도 경영하고 있다. 이들 기업에 대한 시장의 평가를 보라. 만족스러운 분석의 길잡이가 될지도 모른다. 특히 주당순자산가치, 성장성, 장기간에 걸친 이익의 증가 등을 비교해보라. 그러면 U&I에 대한 시장의 반응과 다른 기업에 대한 시장의 반응 정도가 다르며, 다른 기업은 순자산가치 이상에 가격이 형성되었지만, U&I는 순자산가치 이하의 할인된 가격에 매수할 수 있다는 걸 알 수 있다. 다시 말해 U&I가 매력적이라는 말이다. 만약 다른 기업에 비해 U&I의 주가가 낮다면, 매수를 검토할 유력한 근거가 될 수 있다. 반대로 만약 U&I가 프리미엄을 받고 있다면, 그냥 다음 기회를 노리자.

투자수익의 가능성

현금이 많은 기업에 투자할 땐 좋은 경영자를 만나야 큰 이익이 난다. 시장은 현금이 많은 기업이 (1)어떤 사업을 인수하기 위한 분명한 계획을 발표하거나, (2)어떤 기업의 주요주주가 되기 위해 상당한 양의 지분을 매수할 때 반응하곤 한다. 다른 기업을 인수하면 그 기업을 경영해 수익을 낼 가능성이 생기고, 수익을 내는 걸 시장에 보여줄 수 있다. 그러면 시장은 수익을 역으로 반영해 현금이 많은 기업의 주가가 올라간다. 경영진의 개성 또한 수익에 큰 영향을 준다. 개성을 알면 어떤 유형의 기업을 인수할지 예상해볼 수 있다. 공격적인 경영자는 그리 길지 않은 기간에 많은 수익 기회를 찾아낸다. 대신 공격적인 경영자는 위험을 감수하곤 한다. 보수적인 경영자는 기회를 찾는 데 시간을 많이 들이며, 성장은 덜 하더라도 위험도 덜한 사업을 인수하곤 한다.

투자수익을 예상하는 방법

투자수익은 (1)현금의 크기, (2)경영진의 능력과 인수대상을 통해 가늠해볼 수 있다. 적어도 세후 5~10% 정도는 되어야 현금이 많은 기업에 투자한 보람이 있다고 할 수 있다.

현금이 많은 기업이 오직 현금만을 사용한다면, 1,000만 달러를 투자해 연수익 50만~100만 달러를 예상해볼 수 있을 것이다. 하지만 차입을 이용한다면, 순수익의 크기는 더 클 수 있다. 100만 달러의 수익이 나는 사업에서 주식의 수가 33만 3,000주면 주당 수익은 3.00달러다. 이런 수익에서 8~10의 멀티플을 적용하면 주가는 24~30달러가 된다. 이걸 현재의 주가와 비교하면, 얻을 수 있는 잠재적 수익을 계산할 수 있다. 즉, 만약 현재의 주가가 10달러라면, 14~20달러 더 오를 수 있다는 이야기이므로, 잠재적 수익의 크기는 140~200%다.

경영진의 능력과 인수대상은 (비록 눈에 보이지도 않고 계산도 쉽지 않지만) 투자수익의 크기를 가늠하는 두 번째 요소다. 어쨌든 경영진은 나름의 개성을 발휘해 인수한 기업에 활기를 불러일으킬 수 있다. 그러니 특수상황이 종료되기까지 걸리는 기간, 예상되는 성장의 크기만이 아니라 경영진에 관해서도 공부해야 한다는 것이다. 현금이 많은 기업을 투자하는 특수상황에서 위험도는 필요한 현금과 인수하려는 기업의 유형 등을 비교해 평가할 수 있다.

현금이 많은 기업은 장기간에 걸쳐 가치를 쌓아나간다. 그러나 투자수익은 현금을 효율적으로 활용하려는 의지가 담긴 중요한 기업활동이 실행되기만 하면, 시장이 즉각 이를 반영해 가격을 변동시키기에 미리 얻을 수 있다. 현금이 많은 기업에 관한 특수상황의 특징은 아래와 같다.

1. 현금과 현금성 자산은 대체로 주가와 비슷하다.

2. 현금이 많은 기업은 비용처리할 수 있는 손실을 보유한 경우가 많다.

3. 현재의 매출과 수익은 가장 낮은 수준이다.

4. 경영진이 조심스럽다면, 특수상황의 전개가 느릴 수 있다.

5. 경영진은 이런 상황을 개선한 경력을 보유하고 있어야 한다.

6. 우량한 재무상태 덕분에 금융위기로부터 안전하다.

어디서 특수상황을 찾을 수 있는가?

현금이 많은 기업과 관련한 특수상황은 경제적인 상황 때문에 부득이하게 설비를 팔아버리는 경우 나타난다. 이때 설비가 현금으로 바뀐다. 설비를 파는 건 종전의 사업을 계속하는 것보다 현금을 다른 곳에 투자하는 게 낫다는 판단이 섰기 때문이다.

설비를 파는 다른 원인으로 정부기관의 결정을 들 수 있다. 앞서 이야기한 U&I는 정부기관이 수도사업을 위해 자산을 수용했기 때문에 발생한 사례다. 이 기업은 이로 인해 생긴 많은 현금자산을 사용하기 위해 활발히 활동하고 있다. 독점기업의 경우 법무부가 기업을 해체하는 시정명령의 당사자가 된다. 법무부에 의해 현금이 많은 기업이 탄생하는 것이다. 간혹 파커즈버그애트나Parkersburg-Aetna가 텍스트론에 했던 것처럼 좋은 조건에 사업을 매각하라는 제안이 올 수 있고, 그 결과 현금이 많은 기업이 탄생할 수도 있다. 아메리칸 비스코스American Viscose는 에프엠시FMC Corporation로부터 설비 매각의 대가로 상당한 현금을 받았지만, 아직 그 사용처를 찾지 못하고 있다.

현금이 많은 기업의 특수상황은 계속기업을 전제로 한 특수상황이지만, 1주당 순자산가치를 평가한다는 점에서는 청산기업을 평가할 때와 유사하다고 할 수 있다. 순자산가치 기준의 평가는 돈이 효율적으로 쓰일 때까지 기다리는 동안 안전판이 되어 주기도 한다. 이런 유형에 속한 기업의 주가는 보유 현금의 정도에 비해 아주 많이 할인되지는 않는 편이다.

현금이 많은 기업의 특수상황을 전망할 때 계속기업의 관점을 사용하긴 하지만, 당장은 진행 중인 어떤 영업이 있는 건 아니다. 이에 앞으로 비용처리할 수 있는 세무적인 지위, 배당하지 못하고 현금을 가진 이유, 현금의 사용처 등에 관해 알아야 한다(상당한 수준의 현금을 지닌 기업은 투자기업으로 분류되는 것을 피하고자 약간의 현금 정도는 영업용도로 사용한다). 그 이후 현금이 실제 사용되기 전까지 아래와 같은 분석이 필요하다.

- 경영은 여러 명이 팀을 이루어서 하는가? 아니면 한 명이 하는가?
- 각 경영진은 어떤 사업을 해왔는가?
- 각 경영진이 해온 사업과 연관되는 사업은 무엇인가?
- 경영진이 장기적인 수입의 증가, 자본의 증가에 관심이 있는가?
- 경영진이 특별한 영역에서 특수한 능력을 갖춘 게 있는가?
- 경영진이 대화를 하는가?

현금이 많은 기업이 다른 기업에 투자하거나 인수를 하는 경우, 포괄적인 분석 방법 중 그룹2에서 제시한 질문을 사용해야 한다(제3장 참고). 절차, (이 장의 앞부분에서 다루었던) 예상되는 수익에 위 질문에 대한 답을 더하면, 특수상황투자의 다양한 측면과 앞으로의 전망에 대해 완성된 그림을 그릴 수 있게 될 것이다.

정보의 원천

현금이 많은 기업은 청산이나 구조조정 기업과 비슷한 특징이 있으므로 증권거래위원회의 보고서가 많은 참고가 된다. 정보지, 가판대의 잡지 등도 현금이 많은 기업을 경영하는 주요 경영진을 다루곤 한다.

현금이 많은 기업의 주식에 투자하는 타이밍

현금이 많은 기업은 천천히 탄생한다. 기업이 많은 현금을 보유하게 된 후에도 투자 기회는 충분히 있다. 가장 수익성이 좋은 타이밍은 현금 중 대부분을 사용하기 직전이 될 것이다. 보유 현금과 비교해 주가가 낮을 때를 기준으로 삼는 것도 좋다. 물론 가장 중요한 건 기업이 현금을 효율적으로 투자하는지다. 엠에스엘 인더스트리즈는 이런 조건을 충족하는 기업이다. 이 기업은 기존에 소유하던 철도 설비를 처분하고, 주당 8.50달러의 현금을 보유하게 되었다. 이 기업은 비슷한 시점에 2개의 사업을 670만 달러의 현금 및 주식을 주고 인수했다. 인수한 사업으로부터 얻어지는 순수익은 세전 153만 6,000달러로 추정되었다. 이 기업은 여전히 현금이 400만 달러 남아 있기에, 전체 재무상태표상 자산을 기준으로 기업을 평가해야 한다. 인수 후 주당 4달러의 순이익을 거둘 수 있게 되었고, 세금 측면에서 유리한 이연손실도 있었기 때문에, 최소한의 멀티플로 5를 적용해보겠다. 이 경우 주가는 20달러가 되는데 인수 당시의 주가 8.50달러보다는 훨씬 높다. 실제로도 이 기업은 예상되는 좋은 성과를 반영해 주가가 20달러까지 상승했다.

현금이 많은 기업은 인수나 투자를 할 때 망설이거나 멈칫하는 일이 있으므로, 특수상황투자자는 진행이 거의 다 끝난 상황에서도 투자 기회를 얻을 수 있다. 이런 측면에서 특수상황이 종료되면 투자 기회를 얻기 어려운 다른 특수상황과 구분된다.

현금이 많은 기업은 사고팔기를 반복하거나 계속 매수해 모아나가기에 적당하다. 목표하는 분량의 일부만을 매수하고, 주가가 오르건 내리건 조금씩 더 사 모으는 방법도 있다. 목표한 양에 도달했을 때 매수를 멈춰야 하는 건 두말할 여지가 없다.

흔한 일은 아니지만, 현금을 유용하게 투자하리라는 밝은 기대가 사라지거나, 투자 초기와 비교해 전제되는 상황이 바뀐 경우, 이에 더해 주가가 약세인 경우가 있을 수 있다. 이런 경우 기업에 아직 충분한 현금이 남아 있는지를 살피고, 현금이 충분치 않다면 추가매수를 해서는 안 된다.

현금이 많은 기업에 투자하는 건 구조적으로 장기적인 특수상황투자다. 그러므로 중간마다 보유지분을 일부 처분하여 자금을 회수하는 게 좋다.

이익을 얻는 시점

현금이 많은 기업에 투자하는 특수상황에서 이익을 보는 시점 선택을 고민할 필요는 없다. 다른 특수상황과 마찬가지로 해당 상황이 종료되기 전에 투자금을 회수할 기회가 있기 때문이다. 종료 전에 투자를 회수하는 건 수년간 증명된 현명한 전략이다. 특히 투자비중이 높다면 더욱 그러하다. 예를 들어 (현금을 투자한 것에 시장이 긍정적으로 반응할 경우) 20달러까지 오를 것으로 기대하고 10달러에 주식을 샀다면, 기업이 투자를 다 했건 안 했건 간에 20달러에 도달했을 때 팔고 나오는 게 좋다. 다른 방법으로 주가가 예상한 수준에 도달했을 때, 기업이 여전히 많은 현금을 가진 기업으로서의 특성이 남아 있는지를 살펴보는 것도 좋다. 만약 현금이 많은 기업으로서의 특징이 사라졌다면, 투자 기회도 없어진 셈이다. 이 방법으로 오로지 많은 현금을 가진 기업으로서의 특징이 남은 경우에만 투자를 계속할 수 있다.

중소기업투자전문회사Small Business Investment Companies, SBICs

SBICs 역시 투자를 위해 현금을 많이 보유하고 있으므로, 이 장에서 설명하는 게 적당할 것 같다.

SBICs는 정해진 자금을 소규모의 성장기업에 분산투자하는 기업이다. 투자 방식은 보통주로 전환할 수 있는 조건으로 자금을 대여하는 게 보통인데, 대여금을 보통주로 전환해 투자수익을 실현한다. SBICs가 투자금을 모두 집행하면, 투자한 소규모 기업을 다수 거느린 지주회사가 된다. 투자의 성과가 손익상계되어 하나의 세율만 적용되는 게 장점이다. 이 장점이 SBICs의 궁극적인 목표인 투자수익과 함께 주가에 반영된다.

SBICs가 투자한 각각의 기업이 성공하기까지는 오랜 시간이 걸린다. 기업이 성장하는 초기 단계에 투자를 집행하기 때문이다. SBICs에서 성공을 가르는 가장 중요한 요소는 기업을 보는 안목이다. 그러나 최근 금융계에 불어온 혁신 때문에 경험이 풍부한 펀드매니저가 부족해지는 현상이 나타났다. 최근 SBICs가 청산이나 감자를 통해 보유현금을 환급해주는 현상이 늘고 있는데, 이 현상의 주된 이유 역시 적당한 투자처를 찾지 못해 SBICs로서의 요건을 충족하지 못했기 때문이다. 예를 들어 SBICs인 웨스트랜드 캐피털Westland Capital은 부분적인 청산의 목적으로 주당 6.50달러씩 현금을 배당하고, 지분금의 규모를 1억 1만 8,000달러에서 351만 8,000달러로 줄였다.

SBICs는 주주로부터 청산요구를 받기 쉽다. 주가가 보유 현금, 현금성 자산에 미치지 못하는 경우가 많기 때문이다. 이 때문에 앞서 제4장에서 논의한 청산의 특수상황에 처할 가능성이 크며, 청산에 들어가면 현금이 많은 기업으로서의 특수상황 유형에 포함시킬 수 없게 될 것이다. 그러나 청산에 들어가더라도 청산 나름대로 투자자의 관심을 끌 요소가 없는지 주의 깊게 살펴볼 필요가 있다.

경기순환의 패턴

오래된 기업이 변신하여 탄생한 현금이 많은 기업과 현금이 투자로 이어지는 특수상황은 분명 순환적인 패턴이 있다. 주가도 순환패턴의 영향을 받는다. 낮은 수준의 주가는 바닥에 가까운 실적과 연관된다. 이때가 바로 주식을 살 기회다. 이후 자금을 찾는 금융계의 수요와 맞아떨어지면, 투자로 이어지는 특수상황으로 전개될 수 있다.

시간이 흘러 경기가 좋아지면, 기업은 사업을 재정비한다. 그 과정에서 기업은 인수, 합병의 대상이 되기도 한다. 기업이 특정 산업에서 '탈출get out'하는 식으로 사업을 재정비하는 경우, 공장과 설비를 매각할 수도 있다. 이러한 매각의 결과 현금이 많은 기업이 만들어지기도 한다.

경기가 호황에 접어들면, 기업이 이익이 나지 않는 사업부를 처분하고 새로운 분야로 눈을 돌리는 행위가 더욱 촉진된다. 오래된 기업이 새롭게 변신하는 것이다.

이후 경기와 주가가 최고조에 오르면, 새로운 투자를 시작하기보다 과거 집행한 투자 활동, 투자를 쌓아 올린 성과를 처분할 시기가 된다. 노력의 결실을 확인할 수 있는 기간이 되는 것이다. 이런 일은 필라델피아앤리딩 철도 Philadelphia & Reading Railway, 텍스트론, 나파이NAFI, 엠에스엘 인더스트리즈, 아틀라스 제너럴Atlas General, 나투스Natus, 벨 인터콘티넨털Bell Intercontinental, 스탠리 워너 Stanley Warner Company 등 변신을 완료한 기업에서 비슷하게 나타났다.

오늘날의 사례

현금이 많은 기업: 플로텍 인더스트리스Flotek Industries, FTK

지금까지 합병 차익거래를 제외하고는 모두 성공적이거나 성공할 것 같은 특수상황투자 사례를 제시하였으나 이번엔 엄청난 실패 사례를 짧게 제시하고자 합니다.

FTK는 석유시추 작업에 사용되는 윤활제를 생산하는 미국의 화학회사입니다. 영업부진과 자금난에 허덕이던 FTK는 2019년 1월 자회사를 매각하게 되는데 이때 받은 인수대금은 FTK의 당시 시가총액보다도 높은 금액이었습니다. '현금이 많은 기업'으로 특수상황이 발동된 것입니다. 만약 FTK가 당시 보유한 모든 부채를 상환한다 가정하여도 남은 현금은 당시 시가총액의 반 이상이 되었기에, FTK는 벤저민 그레이엄이 말한 net-net(순운전자본보다 시가총액이 낮은) 기업의 요건에도 속하게 되었습니다. 당시 FTK와 같은 규모의 기업이 net-net 상태가 되는 것은 극히 드문 일이었습니다. 이와 더불어 본 특수상황은 분기 중에 일어난 일이라 블룸버그Bloomberg를 포함한 재무데이터 제공회사들의 데이터에 업데이트가 되지 않아, 당시 여전히 높은 부채비율에 죽어가는 기업으로 보였을 것입니다. 따라서 만약 FTK가 받은 인수대금이 데이터에 반영된다면 기업의 자본구조는 크게 변화할 것이고, 이 데이터를 기반으로 투자결정을 하는 ETF를 포함한 기관 투자자들에게 매력적으로 보일 것이란 예측이 가능했습니다.

FTK는 자본위원회를 결성하여 어떻게 재원을 활용할지 고민하여 발표하겠다고 공표합니다. FTK는 높은 내부자 보유율을 기록하고 있었고, 이 내부자들은 자본위원회의 일원이었으므로 시장에서는 FTK가 이 현금으로 자사주를 매입하거나 아예 기업을 팔면서 주주가치를 실현시킬 것이라 생각했습니다. 하지만 시나리오는 반대로 흘렀습니다. FTK는 에너지 시장의 불확실성을 근거로 기업의 존립을 위해 현금을 유보하겠다고 발표하여 주식 가격은 약 30%가량 하락했습니다. 이때 당시에만 해도 FTK는 net-net 상황이니 투자자에겐 매우 높은 안전마진이 있다 해석할 수 있었으나, FTK의 남은 사업부는 유보된 현금을 지속적으로 고갈시키고, 코로나19 바이러스까지 겹치며 점점 순운전자본가치가 낮아지게 됩니다. 물론 이를 반영한 주가 역시 2019년 자회사를 매각하였을 당시보다 낮은 가격이 되어버렸습니다.

향후 FTK가 어떤 행보를 보일지 모르는 일이나, 현금이 많은 기업 상황에서는 그 현금이 누구 손에 있는지, 그리고 기업의 향후 현금흐름이 현재의 많은 현금을 얼마나 빠른 속도로 고갈시킬지에 대한 예측이 꼭 필요합니다. 같은 100달러라도 어떤 기업, 어떤 산업, 어떤 경영진 손에 들려있는 100달러냐에 따라 미래 가치가 달라지기 때문입니다. FTK의 경우 기업의 존립보다는 대형 오일 서비스 회사들에 기업을 매각하는 것이 주주가치 극대화에 확연히 더 좋은 결정이었을 것입니다.

우리나라에의 적용

우리나라에서 현금이 많은 기업은 쉽게 찾을 수 있습니다. 시가총액보다 현금이 많은 기업도 흔합니다. 검색 사이트에서 '순현금기업'과 같은 키워드로 찾으면 이미 기사나 블로그 등에서 정리한 자료가 쏟아져 나올 것입니다. 퀀트 서비스를 통해서도 찾을 수도 있고, 전자공시사이트에서 직접 기업을 하나하나 확인해 가며 찾을 수도 있습니다.

다만 저자가 설명하듯이 경영진이 어떤 사람인지를 파악하는 게 중요합니다. 아무리 현금이 많아도 주주에게 환원되거나 적절한 곳에 재투자되지 않으면 시간이 지날수록 가치가 떨어지게 되기 때문입니다.

다른 관점에서 현금이 많은 기업임에도 부채비율이 낮고, 흑자가 나거나 상대적으로 적은 규모의 적자만 내고 있다면, 큰 기대없이 투자해볼 수도 있습니다. 주가는 이미 쌀 것이고, 기업이 도산할 가능성도 없을 것이기 때문입니다. 도리어 이런 기업에 장기간 투자를 계속하다 보면 어떤 이유에서든지 크게 상승하는 경우가 많습니다. 네오위즈홀딩스는 순현금기업이었고, 오랫동안 주가가 오르지 않는 것으로 알려졌었지만 어느 순간 큰 폭으로 상승했습니다. 세아제강지주와 같이 현금도 많고 자산 대비 주가가 극단적으로 낮았던 기업도 마찬가지입니다.

저자는 현금이 많은 기업에 투자하는 건 구조적으로 장기적인 특수상황투자이므로 매수할 때도 일부만 매수하고 가격이 오르면 중간마다 일부 자금을 회수하는 게 좋다고 조언합니다. 주주환원이 잘 안 되어 장기간 저평가상태에 놓일 수 있는 우리나라 주식시장에 투자하는 투자자들에게 더욱 도움이 되는 조언이라 하겠습니다.

제17장
엠파이어 빌더

엠파이어 빌더라는 낭만적인 이름을 가진 특수상황투자가 있다. 다른 말로는 비즈니스 배런이라고도 한다. 이들은 작은 기업을 세우고, 경영하고, 모은다. 그리고 거대한 기업으로 변화시킨다. 교향곡을 작곡하는 사람처럼 창조적인 능력이 있다. 개인의 능력을 조율하고, 하나의 조직으로 융합하는 능력을 갖추고 있다. 이들의 역동성이 힘이 되어 실적이 뛰고 주가가 오른다. 기업 활동이 주가 되는 다른 특수상황과 달리, 이 특수상황은 사람이 중심이다.

오늘날엔 교육을 잘 받은 소수의 선택받은 자들이나 사업을 한다는 인상이 있지만, 과거엔 평범한 젊은이들도 스스로 사업체를 꾸리는 걸 생각했었다. 이들 중 충분한 자본이 있고, 적절한 교육을 받았고, 간단한 사업체를 차리는 훈련을 받아본 사람은 거의 드물었다. 그런데도 소수의 젊은이들은 창업에 도전했고, 서비스업과 제조업 분야에서 제국을 건설했다.

엠파이어 빌더는 이런 사람이 중심이다. 엠파이어 빌더는 어떤 기업의 밑바닥에서 올라온 영리한 핵심인재가 아니다. 핵심인재는 그 분야에서만 전문적이다. 대신 엠파이어 빌더는 여러 기업을 모아 제국을 건설하는 데 능통하다. 엠파이어 빌더는 그리 관련 없는 영역도 널리 나뭇 줄 안다.

엠파이어 빌더의 예

누가 엠파이어 빌더인가? 과거 앤드류 카네기Andrew Carnegie는 뛰어난 사업가였다. 그는 다수의 철강 기업을 하나로 통합시켰다. 존 록펠러John D. Rockefeller 또한 세계적인 스탠더드 오일Standard Oil을 경영하며, 제국을 건설했다고 할 수 있다. 요즘 시대의 엠파이어 빌더 후보로 디파이언스 인더스트리즈Defiance Industries, Inc., 헌트 푸드앤인더스트리즈, 맥크로리 등의 기업을 경영하는 자들을 주목한다. 자격을 갖춘 몇 안 되는 인물들이다. 이들은 각자의 방법으로 상황을 극복하면서 제국의 길로 향하는 것으로 보인다. 이들의 상황을 간략히 요약해본다.

○ 헌트 푸드앤인더스트리즈

헌트 푸드앤인더스트리즈는 노턴 사이먼Norton Simon이라는 사람이 경영하고 있다. 그는 기업의 활동영역을 크게 넓혔는데, 맥콜의 지분 28%, 캐나다 드라이Canada Dry Company의 지분 24%, 녹스 글라스Knox Glass의 지분 23%를 각각 확보했다. 여기에 에반스 프로덕츠의 지분 10%도 보유 중이다. 다른 지분으로는 더블유피 풀러 페인트W. P. Fuller Paint Company의 지분 100%, 휠링 스틸의 지분 9%가 있고, 아메리칸 브로드캐스팅파라마운트 씨어터즈American Broadcasting-Paramount Theatres, Inc., 스위프트앤컴퍼니Swift & Company, 캘리포니아 퍼시픽California Pacific Company 등의 지분도 약간씩 보유 중이다. 사이먼 및 그의 핵심 측근들도 개인적으로 20여 개 기업의 주요지분을 보유하고 있다고 한다. 엠파이어 빌더는 개인적으로도 지분을 보유하면서 기업과 개인의 이해관계를 일치시키기도 한다[39].

○ 글렌 올던

글렌 올던을 지배하고 있는 맥크로리의 경영자는 메슐람 리클리스Meshulam Riklis다. 뉴스에 의하면, 글렌 올던은 제국 건설을 위한 핵심 기업이 될 것이라고 한다. 글렌 올던은 원래 알버트 리스트Albert A. List라는 경영자에 의해서 복합기업으로 변신한 기업이다. 리클리스가 맥크로리 대신 글렌 올던을 핵심 기업으로 삼은 건 소매업을 하는 맥크로리가 만성적인 단기부채를 부담하고 있기 때문이다. 글렌 올던은 여러 기업에 지분이 있고, 현금성 자산도 많다. 보유 기업 중에는 에스 클라인 백화점, 래피드 아메리칸Rapid American Corporation 등이 있고, 이외에도 다수의 자회사가 있다. 장기적으로는 글렌 올던과 위 두 기업이 합병하는 것도 가능성 있어 보인다.

○ 디파이언스 인더스트리즈

디파이언스 인더스트리즈는 빅터 머스캣Victor Muscat, 애드워드 크록Edward Krock, 로버트 허핀스 주니어Robert L. Huffines Jr가 경영하고 있다. 이 세 명 중 머스캣이 엠파이어 빌더로 추정된다. 지난 6년간 머스캣과 동료들은 은행과 보험부터 페인트, 자동차 부품까지 금융업과 제조업을 망라하는 기업집단을 건설했다. 작업이 순조롭지는 못했고, 도중 원래대로 돌아간 예도 있지만, 확장의 속도가 줄어들 것 같은 조짐은 보이지 않는다. 이 제국에는 비에스에프BSF Company, 피프스 에비뉴 코치Fifth Avenue Coach, 볼티모어 페인트앤케미컬Baltimore Paint & Chemical, 시카고 소재 은행 2곳, 아메리칸 스틸앤펌프 등이 속해 있다.

---

39 노턴 사이먼은 결국 기업을 크게 성장시켰고, 로스앤젤레스 인근 패서디나에 노튼 사이먼 미술관을 인수해 수많은 명작을 전시한 것으로 유명하다._역주

투자의 기본개념

특수상황으로서의 엠파이어 빌더 투자는 해당 인물의 능력에 대한 투자가 기본적인 개념이다. 확장을 계속하는 기업이 어디인지는 쉽게 찾을 수 있다. 엠파이어 빌더는 지나가며 건드리는 기업이 워낙 많기 때문이다. 투자 방법으로는 (1)직접 엠파이어 빌더가 운영하는 기업의 주식을 사는 것과 (2)엠파이어 빌더가 사냥할 것으로 예상되는 기업의 주식을 사, 인수, 합병, 청산 또는 다른 기업의 중요한 활동을 기다리는 것이 있을 수 있다.

잠재적인 투자수익의 크기

엠파이어 빌더 특수상황에서 얼마나 큰 투자수익을 올릴 수 있을지 살펴보자. 로얄 리틀Royal Little은 엠파이어 빌더로서 상당한 성과를 올렸는데, 오늘날의 텍스트론이 그 증거로 남았다. 리틀을 추종하는 투자자들은, 리틀이 아메리칸 울른에 주목하게 되었을 때, 오늘날의 텍스트론 주주가 되어 괜찮은 수익을 올릴 수 있었다. 1955년부터 1960년까지 텍스트론은 40개의 기업을 인수했다. 액면분할을 고려해 조정한 주가는 1933년 1달러에서 1965년 46.75달러까지 상승했다. 이처럼 상승하는 동안, 단순 주식보유로 돈을 벌 수 있었을 뿐만 아니라, 인수, 합병 특수상황이나 공개매수 상황에서 투자와 거래의 기회가 주어지기도 했다.

인디언 헤드 밀스는 로열 리틀이 만든 제국의 부산물 격인 기업이다. 이 기업은 경영자인 제이 이 로빈슨J. E. Robison과 함께 텍스트론에서 떨어져 나왔다. 분할 당시 로빈슨과 리틀은 가까운 친구 사이였다. 인디언 헤드 밀스 또한 주로 다른 기업을 인수하여 확장과 다각화를 진행했고, 10위권에 드는 섬유 기업으로 성장했다.

로빈슨 또한 엠파이어 빌더로서의 자격을 갖추고 있으며, 인디언 헤드 밀스의 성장을 위해 기본이 되는 원칙을 고안했다. 로빈슨과 인디언 헤드 밀스를 추종하는 투자자들 또한 상당한 수익을 거두었다. 주가는 10년간 1달러에서 20달러까지 상승했다. 인디언 헤드 밀스가 성장하는 동안 인수, 합병의 특수상황에 속하는 거래 기회 역시 자주 발생했다. 특수상황에서의 거래기술(제7장 거래기술 참고)을 사용, 인수대상 기업의 주식을 매수해 단기적인 차익을 얻을 수 있었다. 조세프 맨크로프트Joseph Mancroft Company, 디트로이트 개스킷Detroit Gasket Company, 클로스너Claussner Company, 린덴 스레드Linden Thread Company, 아놀드 프린트 웍스Arnold Print Works 등이 이에 해당하는 인수대상 기업들이었다.

투자 방법

엠파이어 빌더의 핵심 기업을 사서 오래 보유하는 것이 가장 보편적인 방법이다. 엠파이어 빌더 특수상황은 장기적이며, 주식을 모을 만한 매력이 있다. 다른 방법으로, 엠파이어 빌더를 잘 이해하면 핵심 기업이 성장하는 과정에서 이용할 만한 게 보일 수도 있다.

우선 인수, 합병으로 성장하는 엠파이어 빌더의 경우, 헤지 포지션을 만들 수 있다(제7장의 헤지를 위한 거래기술 참고). 인수, 합병 과정에서 종종 가격 차이가 벌어지기 때문에, 헤지를 통해 단기적인 수익을 올릴 수 있다. 또한 인수, 합병이 진행되는 동안 인수하는 기업과 인수당하는 기업 사이에 할인이 존재할 수도 있다. 이때 인수당하는 기업의 주식을 사면 인수, 합병이 끝난 후 인수하는 기업의 주식을 시장가격보다 더 싸게 취득하는 셈이 된다.

이런 특수상황의 부수적인 결과로 인수당하는 기업 일부가 청산되는 일도 있다. 이때 인수당하는 기업의 청산에 투자해 단기적인 수익을 올릴 수 있다. 인수에 주로 사용되는 방법으로 공개매수가 있다. 이 역시 단기적인 수익 기회를 제공한다.

전환우선주를 지급하고 기업을 인수하는 예도 있다. 전환우선주를 사고 전환될 일반주의 전부 또는 일부를 공매도하면 헤지 포지션을 구축할 수 있다.

분석 방법

엠파이어 빌더 특수상황에 투자하기 위해서는 먼저 사람을 연구해야 한다. 경영자야말로 엠파이어를 건설하는 핵심이기 때문이다. 엠파이어 빌더의 행동이 기업의 제품보다 주가에 미치는 영향력이 크다. 그러므로 그의 모든 것을 조사하라.

엠파이어 빌더의 경지에 오른 사람은 많은 기록을 남기게 마련이다. 그것도 말이 아닌 글로 많이 남아 있다. 글을 통해 그의 능력, 그의 성과, 어려움을 만났을 때의 태도, 개인적인 품성 등을 알아낼 수 있다. 엠파이어 빌더가 사업에 모든 삶을 투신하는 건 흔한 일이다. 그러니 그가 벌여온 사업을 통해 기본적인 생각, 목표, 성과를 내기 위해 일하는 방법을 연구하라. 동료에게 어떤 인상을 주는지도 투자의 단서가 되는 자료다. 동료들이 그를 친근하고, 유연하고, 성장에 자극을 주는 사람으로 평가하는가? 또는 관계 맺음에 서툴다고 하는가? 권력을 추구하는 경향이라고 하는가? 창조성을 보이는가?

엠파이어 빌더가 만들어낸 기업구조 유형을 분석하는 것도 방법이다. 기업구조가 그의 생각을 반영하기 때문이다. 복잡하게 꼬아진 지배구조보다는 투명하고 분명한 구조가 더 쉽다. 복잡한지 간단한지도 엠파이어 빌더를 파악하는 중요한 요소다. 제국 중 일부가 상장기업이면 더 좋다. 더 많은 정보를 취득할 수 있기 때문이다.

기만과 속임수

제국으로 향하는 길은 기만, 사기, 거짓, 속임수에 취약하다. 이런 일은 엠파이어 빌더가 될 뻔한 많은 사람들의 사례에서 관찰된다. 이런 자들은 (나중에는 불쌍함으로 변할) 탐욕과 무관심을 이용해 이른바 투자자라 불리는 사람들의 돈을 수십 년 동안 빼먹었다.

예를 들어 찰스 폰지Charles Ponzi는 스페인에서 매입한 회신우표권을 미국에서 5센트로 환전할 수 있다고 하면서 수백만 달러를 편취했다. 엄청난 투자수익을 주는 척하며, 수백만 달러를 긁어모았다. 보스턴의 한 신문사가 지난 6년 동안 발행된 스페인 회신우표권을 다 더해봐야 100만 달러에 불과한데도 투자금의 규모는 수백만 달러에 달한다고 폭로했고, 결국 사기가 들통났다. 폰지는 감옥에 갔지만, 투자자의 돈도 사라졌다.

더 최근의 사례는 빌리 솔 에스테스Billie Sol Estes가 벌인 무수암모니아 저장탱크 매입 및 재임대 관련 사기 사건이다. 에스테스는 가치가 없는 담보부채권을 발행해 유죄판결을 받기 전까지 수백만 달러를 벌었다.

다른 유명한 사건으로 1926년 매케슨앤로빈스McKesson & Robbins Company의 대표이사가 벌인 사기 사건이 있다. 이 사건에서는 가공거래를 감추기 위해 가공의 매출 계정이 연속으로 사용되었고, 발각과 함께 투자자의 돈이 다 녹아 없어졌음이 드러났다.

이런 사례 중 가장 규모가 큰 사례는 크로거I. Kroger가 벌인 건인데, 그는 해외 증권의 결제를 취급하면서 1917년부터 1932년까지 국제적인 규모로 5억 달러를 횡령했다.

결국, 사업의 세계에서도 높은 수준의 도덕성이 사람의 성품 중 가장 중요하다. 엠파이어 빌더는 적법한 방법으로 목적을 달성할 수 있어야 한다. 그러니 이들을 분석할 때는 내세우는 기업의 가치뿐만 아니라 진실성을 조심스레 확인해야 한다. 재무적인 구조 분석이 중요한 이유가 여기에 있다.

재무적인 분석

재무적인 분석은 매출, 매출총이익, 순이익, 배당 등에 대한 일반적인 분석 방법을 따르면 된다. 더 생각해볼 만한 점은 주식배당에 관한 기업의 정책 정도다. 급속도로 성장하는 기업은 종종 현금배당을 하지 않으며, 대신 주식배당을 활용하곤 한다. 이는 자본구조와도 연관되는데, 투자자의 지분이 희석되는 방법이어서는 안 된다.

인수, 합병할 때는 전환증권이 발행되는 경우가 많다는 점도 유념하라. 전환증권은 미래뿐만 아니라 현재에도 많은 영향을 준다. 그러므로 재무구조 중 미래와 현재에 가장 부담되는 항목이 무엇인지 조사하는 게 중요하다. 전환증권은 인수, 합병을 신속하게 진행하기 위해 사용될 수 있다. 그러므로 나중에 기업은 전환증권을 되사거나 주식과 교환해주어야 한다. 건전하지 않은 재무상태표는 주가에 부정적인 영향을 준다.

현금으로 인수하는 예도 있다. 이때는 기업이 금융권에 얼마나 많은 채무를 부담하고 있는지가 중요하다. 인디언 헤드 밀스가 잘 사용한 방법이기도 하고, 비교적 흔히 쓰이는 현금 획득 방법으로, 인수되는 기업을 활용하는 게 있다. 거래가 종료된 뒤, 인수한 기업 중 불필요한 일부를 처분하는 것이다. 이를 통해 영업을 위한 현금을 확보할 수 있고, 다른 기업을 인수할 수 있는 재원으로 활용할 수 있다.

재무적인 분석을 할 때는 기본적인 건전성뿐만 아니라, 기업이 어떻게 활동했는지를 확인하는 것도 중요하다.

정보의 출처

엠파이어 빌더가 될 만한 자들의 활동은 그 범위가 넓고, 계속 이어지는 특징이 있다. 그러므로 이들의 행동은 뉴스로서의 가치가 있고, 금융전문지 이외에도 일반인을 대상으로 한 뉴스에서 종종 찾아볼 수 있다. 의결권 대결, 소송, 인수나 합병 같은 기업활동, 공개매수, 청산 등이 그런 뉴스다. 신문, 잡지 같은 대중적인 매체와 정보지는 종종 배경이 되는 사실이나 인물의 프로필에 대해서도 어떻게 해서 현재에 이르렀고, 현재의 이해관계는 어떠한지 등을 구체적으로 설명한다.

예를 들어 하워드 부처 3세Howard Butcher III는 특수상황에 식견이 있는 주식브로커다. 〈포브스Forbes〉가 그를 미국에서 가장 창조적인 금융가로 소개한 1965년 12월 15일자 기사에 따르면 엠파이어 빌더로 불릴 만한 충분한 자격이 있다. 이 기사는 부처의 생활, 개성, 빛나는 과거, 그의 관심사 등을 소개한다. 부처는 조용한 투자자가 아니다. 그는 주식을 소유한 기업에서 대체로 이사회 구성원으로 활동한다. 이를 통해 해당 기업의 문제를 해결하고, 투자수익도 끌어올린다. 부처가 지분을 많이 투자한 기업으로는 제너럴 워터 웍스General Water Works, 아메리칸 비트리파이드 프로덕츠American Vitrified Products, 월워스Walworth Company, 인터내셔널 유틸리티International Utilities Corporation, 뱅커스 증권Bankers Securities, 시티 스토어즈City Stores Company, 시케이 브루어스앤컴퍼니C. K. Brewers & Company, Limited, 콘티넨털 텔레폰Continental Telephone Company, 하우멧, 맥코드McCord Corporation, 펜실베이니아 철도, 파워코퍼레이션 오브 캐나다 등이 있다.

사업보고서와 같은 평범한 자료를 통해서도 정보를 얻을 수 있다. 인수, 합병, 자본구조의 변경 등의 과정에서 나오는 투자설명서, 진행 상황에 관한 자료 등에서도 관련된 중요한 인물에 관한 개인적인 정보를 얻을 수 있다.

오늘날의 사례
오늘날의 엠파이어 빌더들

엠파이어 빌더에 대한 예시는 많습니다. 잘 알려진 워런 버핏과 찰리 멍거Charlie Munger의 버크셔 해서웨이가 대표적인 예고, 앞선 특수상황 사례들에서 언급된 존 멀론의 리버티 미디어부터 제프 베이조스Jeff Bezos의 아마존Amazon, 유럽으로 넘어가면 아그넬리Agnelli 가문의 엑소르Exor까지 우리 주변에서 엠파이어 빌더들을 쉽게 찾아볼 수 있습니다.

배리 딜러Barry Diller가 이끄는 미국의 인터액티브코퍼레이션Interactive Corporation, IAC이라는 미디어 기업 역시 엠파이어 빌더 중 하나입니다. IAC는 자신들은 재벌conglomerate기업이 아니라고 거듭 주장하지만 저자가 정의하는 '뛰어난 자본배분 능력을 가진 투자자가 작은 기업들을 흡수합병하며 이를 기반한 기업활동으로 주주가치를 증대시키는 엠파이어 빌더'에 정확히 부합합니다. 스프리 캐피털Spree Capital이라는 헤지펀드가 IAC의 기업활동 및 경쟁력을 명확하게 묘사하였습니다.

"검증되고 반복 가능한 프로세스를 통해, IAC는 소비자의 소비 패턴이 오프라인에서 온라인으로 전환하는 장기적 추세에 노출된 초기 비즈니스를 식별하고, 시장의 공급 측면과 수요 측면에서 고객의 불만 사항을 제거하기 위해 장기적으로 투자하며, 이 과정에서 자회사가 시장의 리더가 되어 자립할 수 있을 정도로 성장하면 IAC는 비즈니스를 주주에게 돌리고 새로운 이커머스 비즈니스에 다시 집중합니다."

즉 작은 온라인 비즈니스들을 IAC의 엠파이어 안에서 가꾸고 키워서 결국엔 기업이 독립하도록 분사시킨 뒤 그 이익을 주주들에게 환원하는 방식입니다.

IAC의 성과는 경이로울 정도입니다. 1995년 약 2억 5천만 달러의 시가총액으로 실버 킹 커뮤니케이션스Silver King Communications로 시작한 IAC는 수많은 기업(정확히 얘기하면 현재까지 11개의 기업)에 대한 투자 및 분사를 통해 약 1,000억 달러의 자본 가치를 창출했습니다. IAC의 투자는 장기적이며 고객이 오프라인에서 겪는 고통(예를 들어 배관공 서비스를 불러야 하는데 선택지가 너무 많은 경우)들을 온라인 서비스를 통해 서비스 제공자와 고객의 최적 접점을 찾아 덜어주는 데 상당한 경쟁력이 있습니다(배관공 예시의 경우 앤지 홈서비스ANGI Homeservices). IAC의 투자를 이끄는 배리 딜러는 매우 유능한 자본 분배가이며 탁월한 투자자입니다. IAC는 온라인 데이트(매치 그룹Match Group)부터 각종 예매(티켓마스터Ticketmaster), 여행(익스피디아Expedia), 홈 서비스(앤지 홈서비스), 도박(엠지엠 리조트MGM Resorts), 비디오 스트리밍 서비스(비메오Vimeo)에 이르기까지 광범위한 투자를 성공적으로 이끌었고 그 성공을 주주들과 나눠왔습니다.

물론 IAC도 내재가치보다 높게 시장가치가 형성될 때가 있습니다. 특수상황 투자자들은 이런 엠파이어 빌더의 수장들을 장기적으로 관찰하면서 시장에서 간혹 생기는 가격 괴리를 이용하여 수익을 창출할 수 있습니다. IAC가 매치 그룹을 분사한 2020년 7월 전에 IAC에 투자하였다면 매치 그룹을 훨씬 저렴한 가격에 분배 받을 수 있었을 것입니다.

존 멀론, 배리 딜러처럼 기업활동을 일으켜 주주환원에 힘쓰는 경영진을 계속 공부하면 다른 경영진이나 임원의 의사결정 시에 "배리 딜러라면 이때 어떻게 했을까? 존 멀론이라면 이 M&A를 이만큼의 인수대금을 주고 진행했을까?" 하는 정성적이지만 효과적인 벤치마크가 생기게 됩니다.

우리나라에의 적용

한국 독자들이라면 엠파이어 빌더의 개념을 쉽게 이해할 수 있을 것입니다. 우리가 아는 재벌기업의 창업자 혹은 2세가 이러한 방식으로 기업을 성장시켰기 때문입니다. 현재도 우리나라의 재벌기업은 영역을 확장하고 있고, 이에 더해 카카오, 네이버 등도 비슷한 방식으로 사업영역을 확장하고 있습니다.

과거 우리나라의 재벌은 저자도 언급하는 복잡한 순환출자구조로 얽혀 있었지만, 현재는 대부분 지주회사 체계를 갖췄습니다. 그러나 지주회사 체계를 갖췄다고 하여 곧바로 투명성이 보장되는 것은 아닙니다. 많은 지주회사가 주주환원을 소극적으로 해 원성을 사고 있습니다. 자회사가 성장하더라도 그 과실을 주주에게 나눠주지 않고 있습니다. 최근에는 자회사의 특정 사업부분이 시장에서 인기를 끌 것으로 예상되는 경우 물적분할해 상장하는 유행도 벌어지고 있습니다.

이런 환경 속에서 주목해야 할 기업으로 지주회사 SK를 예로 들 수 있습니다. SK그룹은 M&A로 성장한 재벌인데다가 최태원 회장 역시 현재 많은 투자와 M&A를 진행하고 있기 때문입니다. 나아가 지주회사인 SK의 주주가치를 크게 높일 것이라고 공언하고 있기도 합니다. SK텔레콤을 분할할 당시에도 모기업인 SK에 유리한 방식으로 분할할 것이라는 예상을 깨고 사업의 성격에 따라 분할하였고 자사주도 소각하는 면모를 보여주었습니다.

다만 우리나라 재벌그룹은 주주가치를 고려한 경영을 하지 않아 온 것이 사실이므로, 어떤 상황에서든지 장기간 주의를 기울이며 투자를 할 필요가 있습니다.

제18장
구조적인 성장

특수상황의 한 영역으로 제품이나 서비스가 통상적인 성장곡선을 넘어 더 큰 성장을 할 때를 빼먹을 수는 없을 것이다. 이런 특수상황은 기업이 (1)예상치 못한 성장을 하거나, (2)무언가 특별함을 지닌 산업에 속하게 될 때 드러난다.

이런 특수상황에선 투자수익이 일반적인 주식시장의 움직임과 다른 게 특징이다. 투자수익은 나름의 특별한 특징special feature이 잘 드러날 때 얻어진다. 이런 특수상황은 아래와 같이 유형화할 수 있다.

1. '뭔가 특별함something special'을 가진 일반적인 증권
2. 첨단과학, 기술의 발전으로 대표되는 '현대사회modern world'에서 더욱 특별한 영역

특별한 성장을 한 기업들

예상했던 것보다 더 넓은 시장성을 가진 제품을 개발한 기업이 첫 번째 유형에 속하는 기업이다. 이런 기업에 투자하면 이례적인 투자수익을 거둘 수 있으므로, 이를 특수상황투자의 유형에 포함시킬 수 있다.

예상치 못한 성장은 다양한 분야의 기업에서 나타나나, 이들이 항상 눈에

띄는 것은 아니다. 어쨌든 이런 기업에서는 이례적인 수익이 발생한다. 이 유형에는 아래와 같은 기업들이 있다.

○ 오버헤드 도어Overhead Door

오버헤드 도어는 미닫이문의 작동원리가 여러 분야에 사용됨으로써 통상적인 성장을 넘어 특별한 수준의 성장을 기록한 기업이다. 이 기업은 두 개의 영역에서 시장의 높은 평가를 받아 이례적인 투자수익을 거둘 수 있었다. 우선 전통적인 창고용 미닫이문 사업의 실적이 상대적으로 양호했다는 점이다. 또한, 자동문 작동장치에 대한 수요가 높아지고 있다는 점이다. 비록 기존의 미닫이문 매출과 비교하면 작은 부분이지만, 강한 성장세가 예상되었다.

미닫이문은 걸리는 것 없이 잘 움직여주면 된다. 이 간단한 용도가 공항에서부터 다양한 것을 굽는 산업용 오븐에 이르기까지 산업용, 상업용으로 큰 가치를 지닌다. 소방서도 미닫이문이 빠르고 편리하다고 생각하고 있다. 안전, 편리함, 효율성이 중요한 트럭이나 트레일러 등에서도 활용도가 높아지는 중이다. 비록 아직 눈에 띌 정도는 아니지만, 이런 추가적인 쓰임새 덕분에 특수상황투자로서의 높은 수익이 날 가능성이 더 커질 수 있다.

○ 데니슨 매뉴팩처링Dennison Manufacturing Company

데니슨 매뉴팩처링은 주로 종이류, 라벨, 선물상자 등으로 잘 알려진 기업이다. 이 기업은 사무용 복사기 분야로 과감하게 진출했다. 이것이 장기간에 걸친 수익에 큰 영향을 미쳤다. 데니슨 카피어Dennison Copier는 정전기를 띄는 기계인데, 전기신호를 복제하는 민감한 종이를 사용해 복사한다. 이 특수용지 또한 데니슨 매뉴팩처링이 개발했다. 데니슨 카피어는 사용자들에게 임대된다. 전통적인 데니슨의 사업에 복사기라는 새로운 분야가 더해져 특수상황이 탄생한 것이다.

○ 커먼웰스 오일 리파이닝 Commonwealth Oil Refining Company

커먼웰스 오일 리파이닝은 기업이 내재적으로 가진 특별함을 발전시킨 사례다. 1945년 가동을 시작한, 향기 나는 기름을 생산하는 공장이 이 기업의 성장을 도왔기 때문이다. 초기임에도 27%나 순이익이 늘어난 점을 반영해 주가는 10달러에서 24달러로 크게 올랐다.

○ 유니비스

유니비스는 아직 알려져 있지 않지만, 강한 성장세가 증명되면 특수상황의 성질을 가진 기업으로 인식될 것이다. 지금은 렌즈 제조 기업으로서 기업 규모 때문에 산업을 지배하고 있는 다른 경쟁기업에 비해 적은 멀티플을 받고 있다. 그러나 유니비스는 업계에 혁명적인 영향을 미칠 자동연마 시스템 '지오센트릭Geocentric'을 개발했고, 이게 아직 가치평가에 반영되지 않았다.

○ 아파치 Apache Corporation

아파치는 오일과 가스 탐사 및 생산을 하는 기업이다. 이 기업은 전화와 부동산 분야의 투자에도 관심이 많다. 만약 오일과 가스에 투자하고 싶은 개인이 있으면, 5,000달러, 1만 5,000달러 등의 단위로 이 기업을 통해 투자할 수 있다. 이 기업은 부동산 분야에서 손실을 인정받아 보고되는 순이익이 주당 0.77달러에 불과하다. 수익의 성장과 더불어 매각 또한 떠오를 수 있는 이슈다. 이 기업은 주식의 가치가 18달러라고 주장하는 반면, 주가는 12달러 선이다. 경영진은 현재로서는 매각되더라도 이익이 발생하지 않아 스트레스를 받고 있다.

과학기술

구조적인 성장에서 특수상황이 나오는 두 번째 유형은, 현대 사회의 발전을 반영하는 증권을 들 수 있다. 이 유형은 최신의 과학기술 발달로 생긴 유형이다. 세상은 새로운 상품, 새로운 방법을 주목한다. 특히 우주항공과 컴퓨터의 발달이 새로운 특수상황투자의 문을 열고 있다.

컴퓨터는 많은 산업과 상업 활동 영역에서 혁명적인 도구다. 그러나 다른 전자기기들도 우리의 삶을 엄청나게 바꾸어 놓을 것이다. 먼 미래의 일이 아니다. 집 전체를 청소하는 것에서부터 실내 온도 조절과 환기까지 알아서 작동할 것으로 예상한다. 의류 역시 크게 바뀔 것이다. 교통 분야에서는 레이더가 달린 도로와 자동차가 등장해 사고의 위험을 줄일 것이다. 의료 부분에선 많은 인공장기들이 이식을 위해 개발될 것이고, 더 건강한 삶을 즐길 수 있을 것이다. 그러므로 이런 영역의 기업들이 특별한 수준으로 성장하리라 생각하는 게 이상한 일이 아니다.

과학과 첨단 기술 영역에 기업이 존재한다는 것 자체가 특수상황투자의 조건을 충족한다고 할 수 있다. 연구개발을 깊게 하는 기업이 여기에 해당한다. 이런 기업은 두 가지 방향으로 주가가 영향을 받는다.

(1)개발이 예상보다 늦어질 수 있다.

(2)획기적인 발견이 주가에 폭발적인 영향을 줄 수 있다.

여러 나라의 거대 기업은 과학기술 영역에서 강력한 지위를 가지고 있다. 모든 자원이 매력적으로 쓰이지는 않더라도 투자자라면 이런 현대 사회 유형의 증권에 투자하는 걸 진지하게 고려해야 한다. 거대 기업은 다른 영역에서 돈을 벌고 있어서 연구개발에 투자하는 비용을 감당할 수 있다. 그러나 더 큰 수익을 얻으려면, 비록 위험을 감수하더라도 주된 사업 영역이 과학기술인 기업을 찾아야 한다. 또한, 규모가 작은 기업은 인수나 합병의 대상이 되기 쉽고, 이때 주가도 많이 오른다.

아래의 표는 예시의 목적으로 과학기술 영역에 있는 기업의 명단을 추린 것이다. 이런 유형의 기업들은 '무언가 유별something extra'나므로 기업 그 자체로 특수상황에 해당한다.

현대 사회 유형의 투자처들	
우주 시대	보잉(Boeing), 레이테온, 더글러스 에어크래프트, 제너럴 다이내믹스(General Dynamics), 맥도넬 에어크래프트(McDonnell Aircraft), 커틀러 해머(Cutler Hammer), 제너럴 일렉트릭, 노스 아메리칸 에비에이션(North American Aviation), 록히드 에어크래프트(Lockheed Aircraft), 티알더블유, 링템코보우트, 미국전화전신회사
전자	콜린스 라디오(Collins Radio), 벙커 라모(Bunker Ramo), 제너럴 프리시전 이큅먼트, 알시에이(RCA Corporation), 마그나복스(Magnavox), 텍스트론
정보 처리	일렉트릭 어소시에이션(Electronic Association), 인디애나 제너럴(Indiana General), 리턴 인더스트리즈, IBM, 아이텍(Itek), 사이언티픽 데이터 시스템스(Scientific Data Systems)
레이저	아메리칸 옵티컬(American Optical), 바슈롬(Bausch & Lomb), 제너럴 텔레폰앤일렉트로닉스(General Telephone & Electronics), 퍼킨엘머(Perkin-Elmer)
과학 기구	백맨 인스트루먼츠(Beckman Instruments), 어플라이드 피직스(Applied Physics), 폭스보로(Foxboro), 테일러 인스트루먼츠(Taylor Instruments)
핵공학	밥콕앤윌콕(Babcock & Wilcock), 컴버스천 엔지니어링(Combustion Engineering)
높은 에너지의 연료	티오콜 케미컬(Thiokol Chemical), 제너럴 타이어앤러버(General Tire & Rubber), 허큘리스 파워(Hercules Power)
연료의 변환	앨리스찰머스(Allis-Chalmers), 리소니아(Leesonia), 일렉트릭 스토리지 배터리(Electric Storage Battery)
공기와 수질 오염	하우멧앤아이오닉스(Howmet and Ionics)
제약	아메리칸 시안아미드, 파크데이비스앤컴퍼니(Parke Davis & Company), 화이자앤컴퍼니(Pfizer (Chas.) & Company), 커터 연구소(Cutter Laboratories), 쉐링(Schering)

분석 방법

구조적으로 성장하는 유형의 기업도 보통의 기업이다. 그러므로 보통 때와 마찬가지로 매출, 이익, 배당, 세금 등 재무적인 분석을 하면 된다. 재무상태표와 과거의 기록을 보면 이를 알 수 있다. 작은 기업의 경우, 도전을 이어갈 만한 충분한 자금이 있는지도 조사해야 할 포인트다. 은행 대출은 얼마나 받았는지도 알아봐야 한다.

투자자는 특별한 특징을 보고 관심을 두게 된 것이므로, 그 특별한 특징에 대한 분석도 중요하다. 이를 위해 특별한 특징이 수익에 미치는 정도를 측정할 필요가 있다. 사업에 대한 정보는 기업이나 해당 산업의 협회로부터 얻을 수 있다. 현재, 그리고 미래에 예상되는 해당 제품에 대한 수요와 이 중 얼마나 높은 점유율을 목표로 하는지도 알아야 한다. 물론 목표는 제품이 개발되고 시장이 성장하면서 달라진다.

시장의 크기와는 별개로, 해당 제품이 상업적인 용도로 유용한 것인지 아니면 군사용에 머무르는 것인지도 알아보면 좋다. 오늘날 공장을 짓고 설비를 들이는 비용은 엄청나다. 특히 작은 기업이라면 더욱 그렇다. 다른 중요한 요소로는 인건비가 있다. 이는 제품과 해당 제품을 생산하는 데 드는 숙련된 노동자에게 지급하는 비용의 비율을 보고 알아낼 수 있다.

투자수익의 가능성

이 유형의 특수상황에서도 투자수익이 단순한 시장의 움직임이 아니라 해당 특수상황에서 나와야 한다는 일반적인 특수상황의 요건을 만족해야 한다. 즉 구조적인 성장 자체가 주가에 영향을 줘야 한다는 소리다.

이런 유형에 속하는 기업의 성장속도는 엄청나기에 투자자는 이 유형에 대한 투자가 상대적으로 평범한 투자와는 달리 커다란 수익을 안겨준다는 것을 잘 안다. 사업이 엄청나게 성장해 주가가 크게 오른 사례로 페어차일드 카메라, 폴라로이드Polaroid, 제록스, 신텍스Syntex 등이 있다. 이들 기업에 대한 투자는 특수상황투자라 할 수 있다. 또한, 해당 산업에서 돌파구를 뚫는 특별한 발전이 있어 기존 기업에게도 심대한 영향을 준 경우도 있다. 컬러TV, 경구용 피임제, 복사기 등이 그랬다.

새로운 재료를 만들거나 새로운 제품 등을 개발한 기업 중 상대적으로 작은 기업에 투자해야 큰 수익이 난다. 이런 기업은 분석할 만한 자료가 많지 않은 단점이 있지만, 몇 년 동안의 실적으로도 엄청난 성장성 정도는 확인할 수 있다. 기업의 성장 속도가 매년 25% 이상, 영업이익이 상위 20%에 드는 기업이면 적당한 후보라 할 수 있다. 엄청난 성장속도는 해당 기업의 주가가 크게 오를 수 있음을 암시하는 단서가 된다. 자본구조도 중요한 포인트다. 아래는 기업의 자본구조와 관련해 투자자가 알아야 할 중요한 것들을 정리한 것이다.

- 주당 1달러의 매출증가와 주가와의 관계는?
- 발행주식총수는? 주식의 수량이 많으면 수익이 희석되고, 주가의 재평가가 잘 안 이루어진다[40].
- 의결권이 어디에 있는가? 일반적인 경우와 같이 시장에서 보통주를 사면 되는가? 아니면 의결권이 우선하는 종류주가 있고, 이것을 내부자가 보유하고 있는가?

40 우리나라에서도 전환사채, 신주인수권부사채, 유상증자 등을 한 전력이 많은 기업은 주의하는 게 좋다. 구조적인 성장을 하는 기업은 주가가 높기에 이런 방식으로 주주가치의 희석이 일어나기 쉽다._역주

- 증자 시 주주에게 우선권이 있는가? 그렇지 않으면 의결권이 희석된다.
- 전환증권이나 옵션이 행사될 경우, 얼마나 많은 보통주가 발행되어 주식이 희석될 수 있는가?
- 경영자가 얼마만큼의 주식을 가지고 있는가? 경영자가 많이 가지고 있으면 좋은 것이다.

투자 방법

투자자는 구조적으로 성장하는 특별한 특징 때문에 해당 기업에 대한 투자를 고려하지만, 이 유형에 속한 많은 기업은 이미 기존의 사업을 하고 있고, 주가는 기존의 사업이 반영된 경우가 많음을 명심해야 한다. 그러므로 기존의 사업이 주가에 미치는 영향과 구조적인 성장이 주가에 미치는 영향을 비교해야 한다. 이런 측면에서 주가에 영향을 미치는 요소가 두 가지라고 말할 수 있다. 이에 투자자는 장기보유할지 단기적으로만 보유할지를 고민할 수도 있다.

다른 측면으로 구조적인 성장이 실행 가능한 것인지가 있다. 이에 대한 분석을 통해 투자의 범위를 좀 더 넓힐 수 있다. 모든 특수상황이 다 성공하는 건 아니라는 걸 명심하라.

이런 유형에서는 장기간 보유하며 계속 주식을 모아볼 수도 있다. 성장하지 않는 특수상황에서는 발을 빼고, 좀 더 성장 가능성이 큰 기업에 투자해 더 큰 이익을 얻을 수 있다.

정보의 출처

다른 특수상황과 마찬가지로 특별한 수준의 성장이 있는 유형의 특수상황에서도, 경영자의 역할이 매우 중요하다. 그러니 경영자에 대해 잘 알아볼 필요가 있다. 개인적으로 직접 만날 수 있으면 가장 좋겠지만, 주주총회에 참석하는 게 가장 기본이 되는 방법이다. 전화나 우편으로 접촉하는 것도 아무것도 안 하는 것에 비하면 낫다. 만약 사람을 만나지 못하면, 산업, 제품, 기업에 대한 것들이라도 알아보라.

성장하는 기업에서 경영자에 대한 정보는 해당 기업 자체에서 얻거나 다양한 출판물을 통해 얻을 수 있다. 종종 경영진의 배경에 관한 전반적인 정보가 나올 때도 있다. 투자설명서와 증권거래위원회의 보고서도 기업에서 일하는 사람들에 대한 중요한 정보를 담고 있다.

상거래, 최신 기술, 전문 분야 등을 다루는 잡지도 제품과 그 쓰임새를 알 수 있는 좋은 출처다. 어떤 잡지는 가판대에도 있지만, 특별히 구독해야 얻을 수 있는 경우도 많다. 도서관엔 현재와 과거의 잡지가 다 있고, 여기서 많은 정보를 얻을 수 있다. 도서관은 유익한 장소다.

제품에 관한 정보는 홍보부, 홍보대행사가 좋은 출처다. 금융잡지, 투자회사, 중개업자 등도 조사나 탐방기 등을 통해 대중이 좋아할 만한 최신의 개발 상황을 알려준다.

마무리하며

모리스 실러는 특수상황투자를 '로맨스Romance'라는 표현까지 쓰며 당시로서는 제도권에서 벗어난 투자 방식을 구조화하는데 열의를 다 했습니다. 실러는 분명 가치투자에 깊은 뿌리를 두고 있지만 몇몇 부분에서 확인되듯 매매기법이나 당시 높은 가치평가를 받고 있는 성장 산업(우주산업, 라디오, 인터넷 등)을 통해 어떻게 수익을 창출할지에 대한 고민도 늦추지 않았습니다.

현재 해외에서 중소규모의 헤지펀드, 패밀리오피스, 유능한 개인투자자 등이 활발하게 특수상황투자 기법을 활용하여 투자활동을 하고 있습니다. 서두에 말씀드린 바와 같이 주식시장의 특수상황에 대한 안목을 익히고 현재 투자하는 철학과 기법에 접목하신다면 한층 더 긍정적으로 유의미한 위험대비 수익을 창출하는 기회를 찾을 수 있으리라 믿습니다. 어쩌면 우리나라 주식시장의 상황과는 동떨어진 전략이라 생각하실 수도 있으나 우리나라 시장 내에서도 종종 기회가 포착되며 앞으로 특수상황투자의 기회는 늘어갈 것입니다.

특수상황투자는 특히나 자본기반이 적은 분들에게 유리합니다. 유동성이 없는 투자 기회에 제도권은 등 돌리기 마련이기에, 개인 혹은 매우 작은 자산운용사가 큰 수익을 내기에 적합한 부분입니다. 이는 반대로, 여러분이 만약 매우 특별한 특수상황투자자가 된다면 여러분들의 가장 큰 적은 특수상황투자를 통해 크게 키워졌을 여러분의 투자금일 것입니다. 너무도 당연한 얘기이지만 모든 시장을 이기는 한 가지 투자법은 없고, 모든 투자전략에는 그 한계가 있음을 인지하는 게 중요합니다. 특수상황투자도 다르지 않습니다. 특수상황투자로 인해 여러분들의 투자금이 여러분의 적이 되기를 응원하겠습니다. 마지막으로 모리스 실러가 1964년 책에 쓴 맺음말로 이 책을 마무리하겠습니다.

"The turn of the cycle at this writing seems to favor activities in mergers and acquisitions and liquidations of the "sellout" class. However, corporate action investors have advantages over ordinary investors, since their knowledge gives flexibility in the application of trading know-how to the seasonable point of the economic cycle. Our trading procedures have taken us around the full cycle of securities investing for capital gains—ways of investing during average times, recessionary periods, and prosperous years. Thus, we close this journey—you know the way. 이 책에서 이야기한 내용을 인수, 합병, 청산 등을 즐기는 전문가들이나 좋아할 만한 내용이라 생각할지도 모르겠다. 그러나 특수상황투자자는 항상 일반적인 투자자보다 우위에 설 수 있다. 특수상황투자자가 가진 지식 덕분에 시장의 호황과 불황의 주기마다 적절한 투자 방법을 유연하게 선택할 수 있기 때문이다. 이 책에서 말한 투자 방법을 잘 적용하면 평범한 시기에도, 불황기에도, 호황기에도 늘 투자수익을 올릴 수 있다. 이제 여행을 마친다. 여러분은 방법을 안다."

모리스 실러Maurece Schiller(1901~1994)

1922년 월스트리트에서 애널리스트로 일을 시작했다. 당시 미국 주식시장의 잘못된 관행과 1929년의 대공황으로 인한 엄청난 시장 폭락을 지켜보았고, 이를 계기로 개인 투자자의 위험을 극도로 제한하는 특수상황투자에 뛰어들었다. 이후 뉴버거Research at Newburger, 롭앤코Loeb & Co.에서 두각을 나타내 리서치 임원의 자리에 오르면서, 더욱 적극적으로 특수상황투자 방법을 연구했다. 이로 인해 그의 투자자들은 주식시장에서 거의 위험을 부담하지 않고도 수익을 낼 수 있었다.

1955년부터 1970년 사이에 5권의 투자서와 1편의 긴 에세이를 썼다. 실러는 첫 책을 출간하며 이렇게 말했다. "이 책에 나오는 내용을 다룬 책은 지금까지 없었다. (특수상황투자는) 내 스스로 고안한 것이다." 그는 특수상황투자의 선구자로서, 처음으로 다양한 특수상황의 사례를 모으고 구조화했다. 또한 실제 사례를 바탕으로 여러 특수상황의 성격을 유형화하여 오늘날까지도 계속 적용 가능한 특수상황투자 기회를 분석하고 찾아내는 투자 방법을 창조했다. 이 책은 그가 출간한 5권의 투자서를 하나로 엮은 값진 결과물이다.

《주식과 채권에 있어 특수상황투자》(1955)
Special Situations in Stocks and Bonds

《주식시장의 특수상황에서 수익을 거두는 법》(1959)
How to Profit from Special Situations in the Stock Market

《주식시장의 특수상황에 존재하는 부》(1961)
Fortunes in Special Situations in the Stock Market

《특수상황투자를 통해 거두는 주식시장의 수익》(1964)
Stock Market Profits Through Special Situations

《주식시장에서 특수상황투자를 하는 투자자를 위한 안내서》(1966)
Investor's Guide to Special Situations in the Stock Market

최형규 엮음

연세대학교 경영학과를 졸업했고, 펜실베이니아대학의 와튼 스쿨에서 MBA를 취득하였다. 영국의 공인회계사(ACA)이며 국제재무분석사(CFA)이다. 스위스의 패밀리오피스에서 글로벌 특수상황투자 포트폴리오를 운영하였고 현재 특수상황투자를 연구하는 Archerfish Pond[물총고기연못]의 대표이다. 모든 투자는 가치투자라 생각하며 제도권을 벗어난 특수상황투자는 개인 투자자들의 투자전략 수립에 좋은 재료가 될 것이라 믿는다.

심혜섭 옮김

서울대학교 법학부를 졸업했고, 같은 대학원에 재학 중이다. 47회 사법시험에 합격했고, 37기 사업연수원을 수료했다. 법무법인 세종 등에서 근무했고, 현재 개인법률사무소를 운영 중이다. 스스로 소수주주권을 행사하거나 변호사로서 소수주주권 행사를 도왔다. 대한민국의 가치투자자는 더 영리해져야 한다고 생각한다. 독특한 거버넌스가 작용하고 있기 때문이다. 이 책을 번역한 이유다. 《버핏클럽 issue1》, 《버핏클럽 issue3》에 참여했고, 《주식시장을 더 이기는 마법의 멀티플》을 공동 해설, 번역했다.

특수상황투자
Special Situation Investments

초판 1쇄 발행 2022년 4월 20일

지은이 모리스 실러(Maurece Schiller)
엮은이 최형규
옮긴이 심혜섭
편집 김은지
디자인 이우빈

펴낸곳 주식회사 해와달콘텐츠그룹
브랜드 오월구일
출판등록 2019년 5월 9일 제 2020-000272호
주소 서울특별시 마포구 양화로 183, 311호
E-mail info@hwdbooks.com

ISBN 979-11-91560-17-6 (13320)